师范生
职业生涯规划
与就业指导

主　编：毕洪东
副主编：邵明燕／马巾越／任瑛姿
滕美玲／刘富强

浙江工商大学出版社
ZHEJIANG GONGSHANG UNIVERSITY PRESS
杭州

图书在版编目(CIP)数据

师范生职业生涯规划与就业指导 / 毕洪东主编. —杭州：浙江工商大学出版社，2019.9(2025.7重印)
ISBN 978-7-5178-3410-6

Ⅰ. ①师… Ⅱ. ①毕… Ⅲ. ①大学生—职业选择—师范大学—教材Ⅳ. ①G647.38

中国版本图书馆 CIP 数据核字(2019)第170302号

师范生职业生涯规划与就业指导
SHIFANSHENG ZHIYE SHENGYA GUIHUA YU JIUYE ZHIDAO
主　编：毕洪东
副主编：邵明燕　马巾越　任瑛姿　滕美玲　刘富强

责任编辑　谭娟娟
封面设计　王　辉
责任印制　屈　皓
出版发行　浙江工商大学出版社
(杭州市教工路198号　邮政编码310012)
(E-mail:zjgsupress@163.com)
(网址:http://www.zjgsupresscom)
电话:0571-88904980,88831806(传真)
排　　版　杭州朝曦图文设计有限公司
印　　刷　广东虎彩云印刷有限公司绍兴分公司
开　　本　187mm×1092mm　1/16
印　　张　14.75
字　　数　262千
版 印 次　2019年9月第1版　2025年7月第4次印刷
书　　号　ISBN 978-7-5178-3410-6
定　　价　45.00元

目　录

第一章　导　论

第二章　师范生的职业生涯规划

第三章　师范生的大学规划与就业能力养成

第四章 师范生就业政策与求职应聘

第五章 师范生就业程序、心理调适与权益保障

第一章

导　论

思维导图

第一节　师范生的职业与就业认知

一、师范生的职业认知

如今师范生的职业选择虽然越来越趋向多元化，教育行政管理、教育科学研究、艺术行业等逐渐成为师范生职业选择的新领域，师范生的学历结构也部分向硕士研究生层次转化，但是教师仍然是绝大部分师范生的理想职业选择。在教育大众化背景下，在进行职业选择前，师范生最关注的职业问题主要有以下五点。

第一，职业待遇。据调查，师范生在职业选择时关注职业待遇的情况较为普遍。要科学客观地认识和评价职业待遇，师范生需明确以下几个方面的问题。首先，应明确教师在不同的经济形态中有着不同的待遇和地位。在农业社会，知识对于经济的贡献几乎未被认识和重视，教师的待遇总体上是比较低的。在工业社会，教师是普通脑力劳动者，教师的待遇和经济增长之间有了初步联系，教师的待遇有所提高。在当前知识经济时代，世界各国纷纷制定教育优先的发展战略，而教育的发展、人才的培养，关键在于教师。近几年来，我国教师的待遇在平稳地逐步提高。其次，重点关注教师职业待遇的四个主要方面。一是教师工资数额，看工资的数额是否超过了地区各行业职工的平均工资水平，看工资绝对收入以外的奖励及其他收入情况。二是教师安居条件，关注教师家庭人均居住面积是否达到城镇居民人均居住面积的标准，更切实的是看学校能否为教师提供过渡性住房或租房补贴。三是“五险一金”,重点关注教师的医疗、养老、失业、工伤、生育保险和住房公积金等社会保障制度是否落实到位。四是关于教师待遇的最新政策,比如绩效工资改革等。

第二,职业能力。“由于社会结构和教育结构的复杂性”,现代社会对教师的职业能力要求越来越高。作为师范生,应重点关注以下四个方面的职业能力。一是适应现代课堂教学要求的教学控制能力。教学控制能力是教师为了保证教学的成功,达到预期的教学目标,在教学的全过程中积极主动地对其进行计划、检查、评价、反馈、控制和调节的能力。该能力主要包括:课前计划与准备能力、课堂评价与反馈能力、课堂调节与控制能力、课后总结与反思能力。二是适应信息化教育环境的获取与利用信息资源的能力。随着移动互联网技术的发展,教师需具有很强的信息获取、信息分析和信息加工的能力,使现代教育技术与学科课程有机整合。三是塑造和培养学生健康个性的能力。教师是人类灵魂的工程师,塑造学生的健康人格既是现代教师的劳动特点,也是学校教育的目标之一。教师要根据学生不同发展阶段的生理和心理特点,针对不同个性进行人格教育的整体设计。所以教师必须具备一定的培育能力,包括敏锐的观察力、良好的记忆力、灵活的思维能力、丰富的想象力、大胆的创造力及心理教育过程中的自我监控能力。四是教育创新能力。现代教师只有具备较强的创新能力才能在教育教学过程中自觉地将已有思想、已有知识的传授和创造性思维相结合,挖掘学生的创新潜能,捕捉学生创新思维的闪光点,多层次、多角度地培养学生的创新精神和创新能力。教师的创新能力主要表现为教育教学的求异性、新颖性及教育科研能力。

第三,职业适应。职业适应作为人的社会适应的一个重要方面,是指在积极的职业价值观念指导与统率下所形成和维持的职业心态、职业能力、职业关系等,能使职业劳动者与其环境之间保持和谐的状态。教师的职业适应涵盖的内容较为广泛,一般来说,包括职业技能适应、人际关系适应和职业心理适应。职业技能适应是职业适应最基础的环节。教师的职业技能适应主要体现在教学、管理和科研三个层面,具体包括熟悉书本知识、高质量完成备课工作、高质量完成教学工作、高质量完成辅导工作、熟悉学生个性、熟悉学生成绩、善于管理学生、较高的教育科研水平和善于心理辅导。人际关系的适应属于较高层次的职业适应。从其内容上看,它主要包括与单位领导、同事、同行和学生的相处情况。职业心理适应是职业适应中最高的适应层次,它也是职业适应水平的一个综合反映。心理适应所涵盖的内容比较广泛多样，比如对教师职业的满意度、对目前工作的喜欢程度、工作开心程度等。

第四，职业竞争。竞争是人类活动的客观需要，也是教师业务活动的必然，更是一种正常的互动提高过程。教师竞争是指教师吸纳和运用各种知识的综合能力的竞争。它包括教师的知识吸收力、知识传授力、教学引导力、知识更新力、实践创新力、科研钻研力、人格吸引力、行为反思力、公关协作力和多媒体制作运用力等的竞争。目前在我国的教育系统中已经形成了开展良性竞争的大环境。但是由于改革、考核等因素带来的竞争压力，教师心理负担普遍加重，导致不少地区和单位存在着恶性竞争的现象。我们提倡师范生在从事教师职业后，应理性认识竞争，要开展良性竞争。也就是说，一方面要敢于竞争，努力超越他人；另一方面要永不满足，努力超越自我。同时，应该注意在开展良性竞争时正确处理好"合作"与"竞争"的辩证关系，及时总结每一次竞争的经验教训，保持持续竞争的良好势头，鞭策自己不断进步。

第五，职业发展。从理念层面来看，师范生关注的是"自主发展"。面对知识和技术不断创新、信息爆炸的时代，教师必须不断学习、不断提高，才能不被时代淘汰。时代要求教师做"活源泉"，教师必须不断更新自己的知识，改进自己的技能，必须具有终身学习能力和可持续发展素质，换句话说，教师要能够"自主发展"。它要求教师逐渐成为全能型教育家、知识体系的建构者、课程教材的研究者及人际关系的艺术家。教师的自主发展是教师适应社会发展需要的必然趋势。教师素质的提高不能简单地依靠学校教育来实现，它需要教师在其职业生涯中通过自主发展来完善。教师只有通过主动参与、不停探究和不断反思，才能实现专业素质的持续发展和全面提升。从现实层面来看，师范生更关注个人发展的机遇，比如学校的培训进修条件、更新和提高渠道、与同行指导与交流的机会等。

二、师范生的就业认知

近年来，随着师范类毕业生就业政策的放开，在就业市场化边缘徘徊多年的师范类毕业生开始真正进入就业市场。这对师范生来说是机遇，也是挑战。一方面，师范生就业渠道进一步拓宽，而且由于我国实施九年义务教育制度，大力发展高中教育、职业教育，师范院校毕业生的就业形势相对于其他专业乐观一些。另一方面，师范生就业的潜在危机亦十分突出。受高校扩招的影响，师范类毕业生数量逐年增加，而社会总体需求及师范生初次就业率却呈逐年下降趋势。同时，师范生要和非师范生一样接受用人单位的考核，就业压力增大，师范生也越来越关注自身的就业问题。师范生的就业认知体现在以下五点。

第一，市场供需状况。近年来，全国高校毕业生就业形势持续严峻，作为社会上较为特殊并且备受关注的师范生也面临着“普遍就业难”的困境，尤其是对于省属师范院校的毕业生来说更是“难上加难”。师范生就业市场表现出以下几个特征：一是随着全国大学生就业压力的增大和基础教育岗位待遇的逐年提升，全国师范生就业市场竞争越来越激烈，就业市场建设已经从区域性的占领紧缩到“点位式”的角逐。二是“事业单位招考制度”在“户籍限制”方面虽有调整，但师范专业毕业生就业“路径性”障碍依然突出。一方面，地方级城市的“户籍限制”虽有所放松，但为吸引和招纳优秀外来人才，在学历方面仍有严格要求；另一方面，县市级城市的户籍要求没有明显变化，对外来人才的招纳仍有诸多限制。三是基础教育系统招聘门槛提高，研究生进入基础教育系统用人单位就业已成趋势，非师范专业毕业生也利用庞大的师范就业市场“借船出海”谋求稳定的教师职业。

第二，就业政策。大学生就业政策是国家关于大学生就业的指导性文件，它体现了国家对大学毕业生择业的政策导向。师范生作为大学生中的特殊群体，其就业政策在整体大学生就业政策的演进过程中也呈现出阶段性的特点。准确地把握这些特点，对于从宏观上做好师范生的就业指导工作具有方向性的指导意义。在统包统分阶段，师范生享受国家提供的足额助学金，其就业一直在教育系统内部计划分配。在双向选择阶段，对于师范生就业仍然实行行业保护与流向控制的手段，基本特征是在教育系统内就业。进入自主择业阶段，师范生就业政策改革力度加大，逐步与非师范生就业政策并轨。随着开放的教师教育体系的建立，教师职业资格的实施，教育人事制度改革的深入，师范生就业市场化取向更加坚定，部属师范专业恢复免费就读，将有更多的品学兼优的考生报考这些部属师范院校的师范专业。

第三，就业决策。就业决策，就是为了达到某个预定的工作目标，在若干个不同的行动方案中，决定一个最佳行动方案的过程。这类决策属于不确定性分析，这是因为大学生不了解各状态发生的概率。对于师范生来讲，进行就业决策时应注意以下几方面：一是密切关注就业市场，增强信心。要关注国内人才市场的新变化和新特点，对于未来的人才市场的激烈竞争，要有充分的心理准备和应对策略。知己知彼,方能百战百胜。只有了解市场,才能有的放矢地去寻找择业方向,才能合理和科学地进行择业定位。二是要树立“先就业、后择业”的“阶梯式就业”观念。可以通过“先就业”来解决生存问题,做到自食其力;通过“后择业”来解决发展问题,做到不断进步。实现就业理想是有一个过程的,要通过不断的努力来逐步实现。三是比较鉴别,选择最佳。大学生在择业时,需要从两个方面的比较中来找自己的位置。一方面,将职业要求与自身条件进行比较。即将职业对人的要求具体化,将个人的优势素质与职业的特殊要求进行对比,把那些与个人优势条件相接近的职业作为选择目标。另一方面,比较选出的多种职业目标方案。目标确立后,根据收集的信息,通过罗列多种可供选择的方案、审视各种方案可能导致的后果、分析各种结果发生的可能性、评价各种方案及其结果的意义等程序,比较各种方案,选择那些更符合自己的特长、经过努力能很快胜任的职业。

第四,就业竞争力提升。所谓“骏马能历险,犁田不如牛;坚车能载重,渡河不如舟”。大学生在选择职业岗位时应该努力做到扬长避短,充分发挥优势和特长,并适时调整选择的目标与方向,提升就业竞争力,如此才能获得成功。一方面,要对自己进行客观正确的自我评价,清楚地知道自己的长处何在,短处又是什么,扬长避短,选择与自己的理想、爱好、个性特点、特长相匹配的职业。另一方面,职业生涯规划只是一种计划,具有可变性,应该随着客观条件的变化和对自己认识的不断深入对规划进行适时调整,不断把握机遇,以实现自己的事业目标。此外,在求职过程中,要想把握住更多的机会,就必须具备较高的综合素质。在知识面广、专业技术精通、业务能力强的基础上,还必须提高个人的修养,在日常的生活学习中养成良好的习惯。

第五,就业指导服务。有效的就业指导服务是保障师范生顺利就业的必要条件。根据国家政策,毕业生可以获得以下就业指导和服务。一是师范生在校期间,由学校就业指导中心提供就业咨询、用人单位招聘及实习实训信息、求职技巧及实用技能培训、职业生涯辅导、毕业生推荐、实习实践能力培训和就业手续办理等多项就业指导和服务。二是由公共就业服务机构提供服务,即由省(自治区、直辖市)毕业生就业指导中心、省(市)人才交流服务中心、职业服务中心或人力资源市场、街道社区劳动服务站(所)等提供就业指导服务。三是由市场经营性服务机构提供就业指导服务,主要包括从事人力资源服务的经营性企业或机构,如国有企业、民营企业、中外合资企业,原人事、劳动系统所属服务机构自办或以股份形式合办的企业等。师范生可以通过以下渠道获取就业信息：一是浏览各类就业信息网站，包括中央有关部门主办的全国性就业信息网站、地方主管部门主办的就业信息网站、各高校就业信息网站及校内BBS求职版面、其他专业性就业网站等；二是参加各类招聘和双向选择活动，包括国家有关部门、各地、学校、用人单位等相关机构组织的各类现场或网络招聘活动；三是参与校企合作实习，包括社会实践、毕业实习等活动；四是查阅媒体如报纸、刊物、电台、电视台、新媒体等的广告；五是他人如导师、校友、亲友等的推荐。六是主动到单位询问等。此外，师范生还比较关注离校后未就业回到原籍能得到哪些公共就业服务。根据国家相关政策，他们能享受到的公共就业服务主要包括：获得就业政策法规咨询、职业岗位供求信息、市场工资指导价位信息、职业培训信息，以及职业指导和职业介绍、对就业困难人员实施就业援助、办理就业登记和失业登记、其他公共就业服务。

第二节　师范生的就业形势

一、大学毕业生的就业总体形势

大学生就业难是一个现实问题，更是一个社会问题。社会主义市场经济体制的建立和发展，产业结构的不断优化升级，正猛烈地冲击着我国的高等教育，大学生就业在社会转型期遇到了很大的挑战，总体就业形势不容乐观。首先是我国城镇新增劳动力就业、下岗失业人员再就业和农村富余劳动力转移“三碰头”，使本来就存在的就业困难更加突出。其次是企业改制减少用工、采用高新技术等原因，使市场对劳动力的需求呈下降趋势。并且随着改革的深化，农民进城的门槛不断降低，进城农民工日益增多，进一步增加了城镇就业压力。近年以来，全球经济复苏势头仍然脆弱，面临的不稳定和不确定性突出，深层次的结构性矛盾尚未得到根本解决。一些国家内缩倾向加重，贸易保护主义抬头，逆全球化思潮涌动，使得我国经济不可避免地受到冲击。最后由于全国高校大规模扩招太急促，一些学校升格或教学条件下降而导致教学质量滑坡，人才培养没有与社会发展需求很好地结合，一定程度上造成高校毕业生的就业困境。

（一）就业人数庞大，就业高峰持续时间长，形势严峻

自2000年以来，普通高校毕业生的人数每年都在增加，2011年毕业生的人数

是2001年的5倍多。据教育部统计,2013年全国普通高校毕业生为638.72万人,比上年增加13.99万人,增长2.24%;2014年毕业生为659.37万人,比上年增加20.65万人,增长3.23%;2015年全国应届大学毕业生人数激增至680.89万人,比上年增加21.52万人;2016年达到704.18万人,比上年增加23.29万人;2017年为735.83万人,比上年增加31.65万人;2018年为820万人,比上年增加84.17万人。而且随着中专、职高、技校等学校的毕业生也将集中进入就业市场,应届大学毕业生的就业问题仍将集中显现。

近几年来,全国高校毕业生人数逐年剧增,加上往年沉淀下来的毕业生,大学生总体就业形势一年比一年严峻。虽然这几年全国高校毕业生就业率基本持平,但由于毕业生人数逐年剧增,绝对数在增加。可以预见,在未来相当长时期内大学生就业压力不会减弱。

(二)存在结构性"供过于求"现象

我国已经成为世界第二大经济体,市场对人才的需求是比较旺盛的,目前我国专业技术人才仍然是供不应求的。但是由于我国经济结构调整和区域经济结构、职场、经验准入要求等市场需求因素发生的变化与大学生适应这一变化所需的知识结构、专业素质、职场经验、就业观念、信息占有、高校分布和专业人数分布不匹配,引发了职位空缺和失业并存现象。因此,出现大学生就业困难的局面的根本原因并不是因为大学生太多了,而是结构性过剩,也就是劳动力供求结构不一致,导致大学生结构性失业,如专业设置和社会需求不相适应,学生素质和社会需求不相适应,大学生就业观念滞后,区域结构性矛盾突出等。

二、大学生"就业难"的成因分析

(一)产业转型升级短期内对毕业生就业的冲击

产业转型升级为高校毕业生就业给出了多样化选择,创设了良好环境与条件,但由于目前我国产业的总体结构布局还未形成一个较为完善的竞争系统,缺乏必要的自主知识产权和先进技术,从短期来看,第三产业的迅速发展、高校毕业生不能完全满足用人单位对人才的需求等原因使得产业转型升级为大学生就业带来了很大的压力。

(二)大学生就业市场进一步由"卖方"走向"买方"

随着高等教育由"精英教育"走向"大众教育",大学毕业生数量急剧增加。据教育部统计，2008年全国只有559万高校毕业生，而2018年达到了820万人，10年间增加了261万人，而且每年还有部分未就业的往届毕业生也会加入求职队伍中。大学生与社会需求之间的关系由“供不应求”转为“供需平衡”，直至“供大于求”，大学生就业市场化，价格机制在就业市场中的调节作用越来越大。而现在社会高等教育的高入学率、社会总就业形势紧张和劳动力市场是严重分割的。高校扩招由于速度过快、增幅巨大，大学生供给短时间内爆发，超过社会经济增长水平和速度，社会对人才的需求与大学生的供给不平衡，越来越多的大学生面临失业危机，就业形势日趋严峻。

（三）大学毕业生就业结构不合理

大学生就业出现结构性矛盾，包括专业结构、地区结构等。在专业结构上，存在学校专业设置与市场需求之间的矛盾。高校扩招以来，大学生数量急剧增加，许多高校仍然沉溺于计划经济的惯性之中，寻求市场和信息观念不强，并没有根据社会和企业的需求及时调整专业设置和招生人数，导致学校专业设置、教学方式与社会经济发展不相适应，加上市场对人才需求的变化快于高校对人才的培养速度，形成人才供需市场配置的时间差，导致过去的热门专业现在有可能变成了就业“困难户”。另外，一些高校专业设置有较大盲目性，追求专业齐全，不注意专业设置与市场的紧密结合，造成一些专业供过于求，毕业生缺乏竞争力，部分大学毕业生其专业知识与社会需求不相适应，进入社会后适应能力不强，找不到学以致用的岗位。从地区结构来看，就业受到经济发展的影响，经济较发达的地区，就业形势好，就业渠道比较畅通；而欠发达地区，就业情况不太好，缺乏人才，又留不住人才，造成人才流失。

就业难的问题除社会的客观原因外，也与毕业生自身的观念跟不上形势有着密切关系。毕业生的就业期望与社会实际需求之间存在着巨大的反差，是就业困难的一个重要原因。有些毕业生专业知识掌握不牢，又缺乏实践经验和实际操作能力，却好高骛远，缺乏对社会合理的认识，找不准自己的定位，就业观念偏离就业现实，很少考虑自己的期望是否脱离现实，是否有利于自己的发展，不是从自己所学专业知识和自己的兴趣、爱好、能力、性格出发去找工作，而是无的放矢、随大流，盲目乐观，严重脱离客观实际，所以不可能找到适合自己的职位和工作。

（四）大学生对就业形势和政策及就业过程不了解

大学毕业生供需矛盾突出是近年来社会公认的大学生就业难的一个直接原

因，毕业生就业结构失衡，供给与需求矛盾突出。高校毕业生的总体供给与社会需求的矛盾，实质是高等教育的快速发展与社会发展和经济发展所处的转型阶段不匹配的矛盾。

第一，中国处于人口高峰期，存在大量的新增劳动力需要就业。“中国现有人口近14亿，人口基数大，新生劳动力增长过快，远远超过经济增长创造就业岗位的速度，未来劳动力资源的自然增长每年可以建立两个海南省，这对大学毕业生就业产生一定影响。”整个社会出现了毕业生数量急剧增长，而就业岗位增长缓慢，经济高增长与就业增长脱节的困难局面。

第二，随着中国高等教育的不断发展，在短短几年内，高等教育进入大众化时代。高等教育大众化已成为一种必然，但一些问题也由此而来，教育大众化要求中国普通高校进行大规模扩招，而扩招的直接结果之一就是高校毕业生的数量快速增长。在社会人力资源需求没有明显增长的前提下，全国普通高等学校毕业生数量的大幅变化对毕业生就业工作的影响是巨大的，大学生就业也从大众化走向了精英化。且根据教育部发布的最新信息，2018年全国高校毕业生人数达到820万，超越2017年的735.83万，高校毕业生人数创历史最高，2018年堪称史上更难就业季。

第三，社会发展的区域存在不平衡，东部发达地区为毕业生提供了良好的生存环境和有较好回报的发展前景，成为人才输入省。在这些地区，人才竞争激烈，很多大学生未能有效就业，这些人即使处于失业状态也不愿去西部地区就业。在西部地区，却存在大量的岗位无人去做。

第四，大部分在校学生没有意识到就业人数的递增速度已远远超过工作岗位的增加速度，忽略了解就业形势和政策及就业过程的重要性，只顾埋头苦读，热衷考证或忙于各类社团活动，这些充实了他们的头脑和经验，而他们在实际就业供需矛盾面前仍束手无策。

（五）大学生就业信息获取不及时

用人单位招聘信息的发布缺乏时效性，大学生没能及时获取相应的信息，大学生发布了应聘信息但由于种种原因用人单位没有获取，这些情况造成了很多大学生找不到工作、用人单位招不到人的局面，延长了大学生和用人单位相互搜寻的过程。

用人单位盲目设置的各种条件也带来了就业难。其中最主要的就是经验障碍,很多用人单位特别是企业动辄要求求职者两至三年的工作经验,许多应届毕业生往往因缺少实际工作经验而难以落实工作。另外,有些用人单位盲目提高选才标准,追求高学历。相当多的用人单位存在着重学历而轻视实践的倾向。

(六)大学生自我能力与现实要求不匹配

在大学毕业生"难就业"的同时,用人单位也普遍存在着"选材难"的问题。我国的教育体制多年来按照一种模式培养人才,专业设置脱离社会需求,不注重学生实际能力的培养。大学生有较扎实的专业知识,但缺乏良好的心理素质、礼仪和法律观念。大学生自身存在的问题也带来就业难。其一是大学生不合时宜的职业价值取向和就业观念。大学生作为公认的精英阶层,传统的儒家思想所编织起来的"精英情结"深深地束缚了他们的观念。"北京社会经济科学研究所'当代大学生就业状态研究'课题组在《中国教育报》上公布了他们的调查,大学生目前的择业观念,在单位的选择上,选择科研机构、党政群体、中外企业的占总人数的63%,而选择乡镇企业、大中学校、集体企业的,只有7%。在地区的选择上,选择大城市的有20.8%,而选择小城镇、农村、老少边地区三项的仅有5%。"其二是,大学毕业生自身综合素质不高,适应社会的能力差,难以符合用人单位的要求。

一些大学生在学校里只满足于学好所学课程,缺乏广博的知识积累和解决实际问题的能力,加之语言表达能力不足,在应聘场合紧张、胆怯,不能充分展示自己,从而错过了许多工作机会。另外,大学生在择业时,缺乏对自己的清晰定位,择业缺乏目的性也导致成功率不高。

(七)大学生缺少职业生涯规划

高校在自身发展过程中存在的一些问题也不利于大学生就业。一些学校的办学方法和办学观念落后,学校缺乏市场意识,专业设置与市场需求脱节,大学生所学专业不符合市场需求,出现了供需的结构性矛盾。此外,部分高校对毕业生就业工作指导的重视程度不够,缺乏系统性和科学性,就业工作指导往往毕业前才进行,很多仅仅是一种职业介绍,且在某种程度上还是脱离实际的泛泛而谈。"调查显示,非常需要职业指导的大学毕业生对本校就业指导机构的了解程度多寡不一,其中非常了解和比较了解的只有1/3的人,有10%的人根本不知道学校有这样的机构。"这说明大学生职业指导工作还有很大的发挥空间。

(八)大学生就业期望和实际现状不符

大学生做事眼高手低,理论知识与实际工作脱节,还存在就业后稳定性差、离职率高等问题。多数大学生缺乏吃苦耐劳精神，薪酬期望值高出社会现实水准，不愿从基层做起，宁愿等待，只选择在发达地区、高薪部门工作，不愿意去偏远地区工作；人际沟通能力差，缺乏团队合作能力，“有业不就”造成人力资源的浪费。社会壁垒、就业市场分割的现实加大了大学生就业的难度。近年来，高校毕业生自主择业已成主流，然而户籍、档案等因素仍然是大学生就业的绊脚石。许多大学生在找工作时都有“非本市户口免谈”的痛苦经历，由于没有用人单位所在地户口，大学生与许多好的工作机会失之交臂。

三、师范生的就业形势

随着大学扩招政策的推行，经济和产业结构的调整，国内就业结构总体呈现不平衡状态。当前乃至今后相当长的一段时期内，师范生就业形势依然严峻，就业矛盾依然突出。

（一）自主择业渐成主流

我国高等教育体制和人事制度的改革，使师范生的就业方式由过去的“统包统分”转变为“市场导向、政府调控、学校推荐、学生与用人单位双向选择”。自主择业就业政策的实施，改变了国家“包分配”的就业方式，使师范生有更多自由选择权，用人单位有更多的用人自主权，这有利于人力资源的合理配置。但是，竞争日趋激烈的人才市场对师范生综合素质的要求提高，加上社会上就业机会减少，使得师范生的就业形势越来越严峻。

（二）师资来源日趋多样化

《面向21世纪教育振兴行动计划》提出要开展面向社会认定教师资格工作，拓宽教师来源，引入竞争机制，完善教师职务聘任制度。各地逐步开始实施教师准入制度，严把教师“入口关”，对新任教师一律实行公开招聘、统一考试、竞争上岗、择优录用，打破了师范与非师范的专业界限。非师范生开始进入基础教育教师就业市场，给师范生就业带来了新的挑战，增加了师范生在教育系统内就业的难度。

（三）各层次师范院校毕业生竞争激烈

从用人单位的招聘要求来看，城市优质学校普遍要求应聘者的毕业学校为“985”“211”重点院校，或具有研究生学历学位，本科毕业生就业空间受到挤压。在此形势下，师范生面对用人单位的严格要求，其工作选择空间大不相同：研究生及重点高校毕业生较受用人单位欢迎，而一般院校的毕业生则面临较大的压力，师范生之间的竞争更加激烈。

（四）供需出现结构性矛盾

经济发达城市的师资趋于饱和，贫困、偏远地区的师资却极度短缺。由于经济发达城市交通便利、生活便捷，当前师范生大都选择到大城市或经济发达地区就业，导致毕业生就业集中于某一区域，增加了就业的难度。经济发达城市长期吸纳大量应届生，师资早已接近饱和，对应届生的需求数量逐渐减少，使得岗位竞争更加激烈。与之形成鲜明对比的是，偏远地区由于经济落后、交通不便，很多毕业生不愿前往就业，即便去了也不打算长期在那里工作。同时，私立学校由于发展预期不明朗、职业前景不明确、工作压力偏大等原因，师资力量也相对紧缺。于是，出现了经济发达城市学校应聘者络绎不绝，偏远地区及私立学校几乎无人问津的尴尬场面。

四、师范生“就业难”的具体分析

（一）就业准备不足，核心竞争力不强

用人单位在招聘师资时，不仅注重其扎实的专业基础知识，更注重其师范技能与教学经验。而以全日制教学为主的师范类院校，多注重对学生理论知识的传授，忽视对其师范技能的培养及教育实践的训练，导致学生虽学到了系统的学科知识，却未能具备较高的师范技能。此外，学生教学实习时间较短，加上个别学生不重视实习，在实习期只是混日子，导致部分师范生实习经验缺失。师范技能的缺乏会导致其就业核心竞争力偏低，没有求职优势，即便走上了工作岗位，其也往往力不从心，难以适应岗位要求和学生需求。还有部分师范生不喜欢教师职业，在校期间不认真学习，没有进行职业生涯规划和职业认知的培训，毕业时对用人单位的要求及劳动力市场的需求一无所知，不知道自己能胜任什么工作。

（二）就业观念陈旧，就业倾向偏高

多数师范生眼高手低，缺乏准确定位，在求职中期望值过高，希望到发达地区工作，倾向于高薪、高福利且发展空间大的岗位，而没有认识到自身能力能否胜任，拔高了求职门槛，减少了就业机会，造成偏远欠发达地区和部分私立、民办学校苦于招聘难而应届师范毕业生找工作难的两难局面。有的师范生宁愿待业，也不愿意到基层、偏远地区、欠发达地区就业，一味地追求就业要“一步到位”，这些就业观念不仅不适合社会实际需要,也影响了毕业生自身职业的发展。

(三)就业指导教育欠缺,毕业生求职规划缺乏

新形势下,就业市场对毕业生的多元化要求,使得毕业生的职业目标、自身定位和应聘技巧等在其就业过程中起着举足轻重的作用。高校就业指导课程是学生优化职业生涯规划、合理定位职业目标的主要渠道,但多数师范类院校的就业指导仍然处于初级阶段,指导对象多是大四学生,缺乏从大一到大四的就业观指导和学生职业生涯规划指导。同时,教育内容缺乏系统性,过多局限在对就业政策的解读、就业形势的介绍、求职技巧的培训等理论的传授上,缺乏针对性和有效性。就业指导教育只关注"结果",轻视"过程",注重短期效果的即时教育,忽视了就业指导的制度化、规范化和科学化,无助于大学生树立正确的价值观和择业观。

(四)就业信息不畅通,就业渠道受阻

随着互联网的发展及移动终端的普及,很多招聘信息都通过网站、微博、微信等来发布。而部分师范生对信息的敏锐度不够高,对信息的关注度不够强,对信息的筛选能力较差;有的没有信息共享意识,或者依赖性较强;有的就业态度不端正,就业意识较弱,对就业新政策、招聘信息、就业程序缺乏足够的认识和理解。与此同时,部分师范生受传统就业观影响,不愿意去非公立学校就业。另外,受现行户籍关系、人事档案、社会保险等制度制约,师范生从公立学校到私立学校的流动存在不少困难,毕业生到私立学校就业的积极性不高。一些城乡基层中小型私立学校制度不健全,管理不规范,难以吸引和留住人才。城乡基层学校对高校毕业生有较大需求,但由于相关制度不健全,配套政策不完善,大学生下基层就业的渠道不畅通。

(五)人才市场供需脱节,结构性失业频现

受历史与传统的影响,当前不少师范院校的专业设置与社会需求脱节。一方面,部分学科专业结构设置与人力资源市场需求脱节;另一方面,毕业生就业期望、就业能力与岗位要求不完全匹配。另外,师范类院校语文、数学等传统学科毕业生多,市场已经饱和,科学、地理、舞蹈、生物、历史等学科由于报考人数较少,近年来出现供不应求的情况。部分师范院校盲目追求考研率,师范生课程多围绕考研内容开设,使学生在就业时专业技能不能满足岗位要求。同时,中国城乡收入差距大,愿意到农村工作的学生越来越少,农村长期出现人才不足的问题。

（六）教师编制“凡进必考”，增加了就业的不确定性

继人力资源和社会保障部发布《事业单位公开招聘人员暂行规定》（人事部令第6号）后，教育部又出台《关于进一步做好中小学教师补充工作的通知》，文件要求“从2009年开始，各地中小学新任教师补充应全部采取公开招聘的办法，不得再以其他方式和途径自行聘用教师”。全面落实严格的“凡进必考”制度，拉长了毕业生求职时间，增大了求职变数和求职难度，所以由“凡进必考”政策带来的就业不确定性十分明显。

（七）一线城市“落户”要求提高，师范生进入难

师范毕业生大多要进入公办学校工作，户口的迁入和编制的解决成为他们最大的需求。部分城市的“户口限制”政策阻碍了师范生就业。

进京限制政策愈加苛刻，由“双非”变为“三非”，即在原有“非北京生源”“非北京高校毕业”本科生不能进入中心城八区基础教育系统就业的基础上，增加了“非北京市急需专业人才”（机械及自动化、临床医学、建筑工程、生物医药类、化学化工类、材料学）不能进入。而北京的郊区和县市的就业市场又因为实行“三支一扶”计划，占用了绝大部分编制。

上海出台“户口打分制”政策，推出《2018非上海生源应届普通高校毕业生进沪就业申请本市户籍评分办法》（以下简称《办法》）。《办法》规定，毕业生的评分达到72分及以上才有资格办理上海户口。按照《办法》中的评分标准衡量，一般重点院校毕业生（33分），只有同时具备成绩排名前25%（8分）、通过CET-6级（8分）、通过计算机省级二级（7分）、省级荣誉称号（5分）、省级以上学术或文体奖（5分）、科研创新或自主创业（5分）、用人单位要素（平均5分），才可以获得76分，而同时具备上述条件对于绝大多数毕业生来说是一个“不可能的任务”。虽然《办法》同时规定，不能取得上海户口的毕业生可以办理“人才居住证”，持有“人才居住证”的毕业生在医疗、社保、购房贷款、子女入学、工资福利等方面享受与上海市民同等待遇，但这种户口政策限制了师范生的进入。

（八）硕士研究生及非师范专业毕业生进入基础教育系统，冲击师范专业的就业市场

由于硕士研究生的大量扩招及高等教育就业市场普遍需要博士生，迫使硕士研究生就业层次整体下移。同时，经济发达地区基础教育系统用人单位倾向于选拔硕士研究生，尤其是南部沿海城市对硕士研究生的需求极为旺盛。该地区基础教育行业省级重点示范性高中为了提高师资素质、优化教师结构,在同等条件下优先选拔硕士研究生,后考虑本科毕业生。

教师资格证制度已在全国执行,非师范专业毕业生可以考取教师资格证,获得进入基础教育系统的“准入证”。因此,师范院校的非师范专业毕业生及部分综合类大学毕业生冲击着基础教育就业市场。

第三节 师范生的学习、工作与生活适应

一、适应大学学习、工作与生活的基本策略

大学不是天堂,也不是娱乐场,而是步入职业前充电加油的场所。大学也会与想象中的不一样,大学生原先升学的愿望已实现,新的目标尚未找到,难免陷入暂时的迷茫,同时也感觉到大学与中学有着截然不同的生活、学习方式,需要尽快转变角色,适应大学生活。在大学里,首先要学会做人,其次要学会做有用的人。

大学生活是集体生活,又是独立的生活。进入大学,生活环境会发生很大的变化。同学们来自五湖四海,生活习惯、脾气秉性和个人爱好会有所不同,所以产生一些矛盾是难免的,主要的是要怀着宽容理解的心去妥善处理好这些矛盾。

生活上,必须学会独立,要树立正确的生活观念。大学生活是丰富多彩的,应该做到有效的学习、有序的生活、有益的娱乐、有心的交往和有度的消费。

学习上,要学会安排自己的时间。大学中很多时间是留给大学生自己掌握的,因此要把预习、做作业、锻炼身体、娱乐及休息时间安排好,要管得住自己。

工作上,要懂得树立正确的学习工作观,学会科学地制定、严格地实施自己的学习和工作计划。在安排工作的时候,要考虑学习的安排,提高个人的思想觉悟和文化素质,不断增强自己思考问题、解决问题的综合能力,能够把自己在工作中所增长的能力应用到文化课的学习中,再把自己从专业文化课上学到的专业知识放到实际工作中,协调好工作和学习的关系。

(一)做到“五个转变”

大学新生要适应大学的生活环境,应该做到五个转变。

1. 社会角色的转变

大学生与中学生担任的校内角色不同。在中学时,不少人是在校内或班内担

任一定职务、受人尊敬的学习尖子，而在人才荟萃的大学校园里，他们中的大多数可能成为不担任任何职务的普通学生。大学新生须适应这种由出人头地到默默无闻的转变。此外，大学生与中学生所担当的社会角色也不同。中学生的心理和思想正在发展中，职业方向和社会角色不够确定；而大学生的职业方向基本确定，社会地位有了较大提高，社会对大学生的期望和要求标准要比中学生高得多。因此，大学新生要实现从中学生到大学生这种社会角色的转变，处处用大学生的标准严格要求自己，既学做人又学做事。

2. 奋斗目标的转变

大学是人生成才、成就事业的一个新起点。古人云："有志者事竟成"，"为学必先立志"。大学生应从高考胜利的满足和陶醉中清醒过来，根据学校教学的客观现实和自己的实际，制定出个人在学业、思想道德、心理发育等素质培养方面的奋斗目标和行动方略，以增强进取的内动力，为再创大学阶段的辉煌打下良好的基础。

3. 思维方式的转变

与中学相比，大学的生活节奏快，活动空间大，结交的人多，面对这些环境条件的变化，大学新生的思维方式要做到由"非成人化"向"成人化"转变。在思考处理所遇到的问题时，要力求做到辩证全面而不要唯心片面，要远见务实而不要目光短浅，对人生重大问题的选择要深思熟虑，三思而后行，而不要盲目冲动或感情用事，要加强道德和法制观念，做事要考虑后果。

4. 生活方式的转变

在中学时，有些生活琐事依靠亲友的帮助，进入大学后，衣食住行等个人生活事宜都由自己处理安排，自主、自立、自律是大学生活的主旋律。大学生应适应这些生活方式的变化，自主而合理地处理好个人的学习和生活问题，注意培养独立生活的能力，要自觉遵守学校的规章制度和作息时间，养成良好的生活习惯；要积极参加学校、班级组织的文体活动和第二课堂活动。

5. 交往方式的转变

大学生与中学生的来源不同。中学生大多在家乡就读，同学间充满乡音乡情；而大学生来自全国各地，其语言、个性、生活习惯有较大差异，这就要求交往方式要有所转变。新生们要注意从以"自我"为中心向以"集体"为中心转变，在班级里要多关心他人，在宿舍里要相互礼让。一是要做到相互了解，相互适应，要提倡主动交往。二是同学间要相互尊重，相互关心，为人要诚恳热情，待人要宽律己严，大事讲原则，小事讲风格。三是与同学交往要坚持与人为善，要搞“五湖四海”、全方位交往，而不要有老乡观念，拉帮结伙搞宗派等，注意人际关系的和谐性。交往中要注意给人以良好的印象。比如衣着整洁大方，言谈举止要文明礼貌，待人诚恳，不卑不亢，讲信用，守时间等。四是要消除交往中的羞怯情绪，培养交谈中“说”与“听”的技能。五是注意提高个人修养水平，养成良好的行为习惯。六是培养全方位的交际能力和掌握处事艺术。

（二）了解大学的不同

大学教育的根本是基础知识的灌输和人文精神的培养，大学的学习已完全不同于中学。迈入大学校园，学生面临的是一个全新的学习和生活环境。学习任务十分艰巨，既要学专业知识，也要学专业外的知识；要学科学研究方法，也要学实验、技术操作；既要学做事，也要学做人。首先，大学里所学知识是由基础课、专业基础课和专业课组成的，循序渐进，一环扣一环，前面任何一环没有学好都将会影响到后面课程的进行。另外，学生在校期间还要通过大学英语四、六级考试和计算机水平测试，学习的任务并不轻松。其次，高等教育和中小学教育有着显著的区别。主要表现在学习任务不同、学习内容不同、学习方式和学习方法不同。

学习任务不同。中小学的学习任务是学习各种科学文化的基础知识，为进一步的升学或就业做准备。大学则是以培养各类高级专门人才为目标，既要学习专业知识，又要掌握专门的技能，大学的学习任务与整个社会需求紧密地结合在一起，具有很强的实践性和针对性。

学习内容不同。大学的学习是一种专业性很强的学习，其课程都紧紧围绕一个中心，就是为培养专门人才服务。此外，大学还根据培养专门人才的要求，开设大量的选修课、专题讲座，开设实验、实习及社会调查等许多反映现代科学技术发展的新知识和新内容的课程。大学里各种各样的讲座很多，大学生要积极参加学校里的文化活动，应多与学者交流，多与同学交流。

学习方式和学习方法不同。大学学习充分体现出学生学习的主动性、积极性和自觉性，大学生应不断探索和总结适合自己的有效的学习方法。大学生在大学学习时一定要改变往日应试教育的学习方式，积极参加课外实践和各种兴趣小组，这对于未来的发展十分重要。

（三）树立正确的恋爱观

学生从中学转入大学，自然而然增加了一个人生问题——恋爱。正确对待这个问题，对大学新生来说极其重要。

第一，分清爱情与友谊的界限。

第二，爱情要服从于学业。对大学生来说，爱情服从学业，就是要把学业放在第一位，并保证理智超越感情，真正地把握住自己的行为。

第三，要遵守恋爱道德。

第四，正确对待恋爱挫折。

（四）筹划好未来

进入大学并不是大学生们的最终目的，大学对于他们只不过是步入职业生涯前的充电加油场所而已，每个大学生最终都要走出校园去实现自己的梦想。然而，事实上许多在校大学生并不在意自己以后会做什么，也不清楚自己能够做什么，更没有考虑过筹划自己的未来，一切等毕业后再说。直至临近毕业就业时才感慨："如果重上一次大学，从大一开始就规划自己的职业生涯……"好在这"一声叹息"已引起越来越多的关注。

筹划自己的未来就是规划自己的职业，而规划职业生涯包括规划近、中、长期的职业目标，培养实现目标所需的能力和条件，根据个性、兴趣、人格特点、专业能力和社会需求调整自己的计划和目标。每个人最终要走出校园去实现自己的梦想，在大学做好自己的职业规划，有目标有计划地去完成十分重要。

具体来说可以分为以下几步：

第一，规划职业的第一步是全面审视自己，正确地对自己做出评价，知道自己的兴趣、能力、价值观和理想，优势和劣势。在大学期间挖掘出真正令自己感兴趣的领域，从而确定自己的职业方向。了解自己的价值观，有助于搞清自己以什么样的心情看待周围的世界和以什么样的方式生活。

第二，为自己的规划目标设计几种方案，研究每个方案所需要的能力和条件。当然任何一个方案，都应该根据自己的专业特点而设计，因此如何基于自己的专业进行职业规划，正是每个大一新生应该认真思考的问题，了解专业特点及各专业主要面向的职业领域，是规划目标设计的前提。在明确自己想干、能干的专业领域的同时，依据社会需求确定最佳方案。

第三，了解各个职业目标的具体要求，其后具体执行计划，并根据社会需求调整方案和计划，以适应职业发展的需要。

第四，参加与自己的职业目标相关的实习，增强自己的能力，增强自己对职业规划的直观了解。

二、大学新生的“四要”“四不要”

一要学。学生以学为主，这是千古不变的真理。大学之前的学习目标是“考大学”，老师“填鸭式”的教育，题海战术，是被动的学习；而大学不同，是“我要学”，这就增强了学习的目的性，因此新生要尽早确立适合自己的学习目标，激发自己的成就欲望。大学的学习氛围较为宽松，老师不再对学生学习什么、怎样学做出具体的要求，学生可以自我支配的时间较多，学习的自主性增强，如果同学还是坚持用中学时的学习方法，可能无法适应大学的学习，会感觉紧张，学习吃力。大学新生要确立明确的学习目标，使用科学的学习方法，注意科学地安排学习时间，培养自己良好的学习习惯，提高学习效率。

二要玩。大学生以玩为辅，而且要有目的地玩，玩出“价值”来。这些丰富多彩的课余生活，对陶冶情操、提高素质、培养人文修养具有非常重要的意义。

三要观察。这里所说的观察不仅是对科学现象有敏锐、独到的观察力，还要对身边所有的人和事都要有观察力。尤其是在与人交往的过程中，善于观察，不仅能交到真正的朋友，更能学到许多宝贵的经验。

四要勤思考。观察之后，便要学会思考。刚进大学，所有的事看起来都是如此新鲜。就拿“学生社团”来说，并不都好，选择时必须多多思考，不应一时兴起而草率决定。

一不要妄自尊大。大学是各门各派知识精英的汇集之地，你的老师可能是学界名流；你的学长可能已小有成就；相对而言，你目前“什么都不是”。在各个方面你都要做到虚心求教，不要妄自尊大，多向周围的老师、同学学习。

二不要锋芒毕露。可能有的同学对这条有些不理解，不是说要“体现个人价值”吗？既然要“体现”，却又不能锋芒毕露，怎么做？毕竟多数大学新生涉世不深，涉猎不广，年轻气盛又容易偏激。大学生最好先多看多听，说话做事三思而后行，才能逐渐趋向成熟。

三不要钩心斗角。所谓“家和万事兴”，学校即是“家”，要团结同学、舍友。相互理解，学会宽容；求同存异，善于沟通。

四不要为情所困。大学里对“爱情”的态度，基本上是“不提倡”也“不竭力禁止”。那么大学生应如何处理好与异性之间的关系呢？首先，应端正交往动机。

以正确的人生观和道德观为基础,发展健康文明的异性关系。其次,广泛交友,以获得更多的友谊。要多参加男女同学共同参与的活动,与不同的异性交往,可以从不同人身上学到更多的东西。再次,保持适当的人际距离,注意把握分寸。最后,与异性交往时不要有过多的单独活动,即使客观上需要,也要选择适当的环境与场所。遵循上述原则,就会有健康的异性交往关系,就会与异性建立起良好和谐的人际关系。

三、如何调整入学后的不适心理

1. 要学会正确认识与评价自我

正确的自我认知是调整心理不适的关键。在世界万事万物中,人们最不了解、最难了解的就是自己。认识自己虽然不容易,却是必需和可能的。正如马克思所说的,一切真理的精华在于人们最终会自己了解自己。

2. 努力塑造自我

在自我认知的基础上,应该发挥自身优势,扬长避短,重新塑造自我。应全方位提高自己,充分展现自己的优势、特长,用实力证明“我将会成为一个什么样的人”。

3. 实现自我价值

大学生正处于世界观、人生观的形成时期,这一时期最重要的就是根据自己的实际情况确立人生奋斗目标,树立职业理想,努力学习,掌握相关知识与技能,为将来走上社会做好准备。

大学生活是一段全新的生活,每个人都要正视现实,重新给自己定位,站在新的起点上,描绘未来的人生蓝图。谁都可能成功,谁都可能遇到挫折,但有一点可以坚信:只有自己才能使一切美好的目标得以实现。只有奋斗于目前,才能收获于未来。

第四节　师范生职业生涯发展的基本路径

职业生涯是指一个人一生中在职业活动上的全部经历。一个人是否能拥有满意的职业,是否能顺利地在职业生涯道路上有所发展,很大程度上决定了这个人的生活质量。所以,每个人都希望在事业上取得成功,实现自己的职业目标。

在职业生涯道路的选择上，我们应该根据自己各方面的具体情况，如自身的性格特长等，结合各种客观因素，如工作环境（包括自然环境及人文环境）等，来选择适合自己的职业生涯发展道路。

当我们开始从事第一份工作时，就开始了我们的职业生涯，走上了我们的职业生涯发展道路。但职业生涯道路的规划并不是以第一份工作为起点的，根据美国学者金斯伯格的职业发展理论，职业发展不是某时刻偶然完成的，而是从幼儿时期就开始，经长年酝酿积累，从一连串设想中反复比较，最终由社会需求促成的。而在这一过程中，进入具有职业限定性的高等教育机构中学习直至最后确定职业则是职业的实现时期，这个时期职业目标的确定及职业道路的制定对今后的职业生涯有着很大的影响。

一、教师的个体职业生涯发展路径

针对师范生的特点，我们将师范生职业生涯发展的基本路径做以下分类。

（一）公办幼儿园、小学教师

师范教育是培养师资的教育，学前教育专业、小学教育专业就是为幼儿园、小学培养师资的，师范生在这里接受教师职业知识和能力的训练，学习所教学科的专业知识，以及教师所必备的其他素质。

传统观念中，幼儿园、小学教师就是教书匠，他们的任务就是教会学生考试所需要的知识，帮助学生取得理想的成绩。而现在，教师，尤其是幼儿园、小学教师的职业发展越来越受关注。我们从两个维度对幼儿园、小学教师进行角色的定位：从社会的维度来看，教师是知识的传授者、班级的管理者、学生心理健康的咨询者，教师除了要提升自己的课堂教学能力之外，还应该关注自己在思想道德教育及心理辅导方面的能力培养，关注学生的健康成长，真正成为学生的良师益友；从教师自身的维度来看，教师是学习者、教学的研究者、学生家长的代理者，除了进行课堂教学之外，还应将其提升到理论层次上，为教育事业添砖加瓦。随着课程改革的不断深化，幼儿园、小学教师的角色也在不停地发生转变，师范生应该在校园里多多了解各方面的政策，与时俱进，为以后成为一名成功的一线教师奠定良好的专业及其他方面的基础。

目前幼儿园、小学教师的职称发展一般为三级教师→二级教师→一级教师→高级教师→正高级教师。

职称的评定是需要满足一定条件的，既有学历、教龄的规定，也有在国家级、省市教育系统的各项评比中取得成绩的要求、教研成果的要求等。当然，根据学校所在地区及学校自身条件的不同，教师在职称的评定上也会不同。

（二）民办学校（幼儿园）及教育培训机构教师

教育培训是由社会组织提供的有计划、有组织、有目的的职业技能培训，它的培训内容是根据个人近期的发展需要针对某一特定的职业或岗位，进行知识更新，传授新的职业技能，而个人所需掌握的知识类型及数量则视工作内容而定。教育培训市场的兴起，是随着市场经济及人们对教育的理解的深入而发展起来的。在校学生为提高学习成绩或自身素质，在职人员为晋职、转岗等，参加诸如外语、职业技能方面的培训，这使教育培训成为终身学习的一个重要组成部分，而不仅仅是学校教育的附属。

近年来，国内涌现出许多著名的教育培训机构，如英语类的新东方、剑桥少儿英语，IT类的北大青鸟，中高考培训的学大，考研类的启航、导航·领航，学前、小学潜能开发方面的金字塔，等等。除此之外，全国各大网站也纷纷邀请权威人士进行全国范围内的教育培训机构的评比，教育培训越来越受到人们的关注，它的市场前景也越来越好。

传统观念认为，在教育培训机构工作无法得到各方面的保障，在待遇问题上，编制、薪金、保险、公积金等问题也时时困扰着毕业生及家长们。近年来，随着机制的不断健全，教育培训单位的管理也越来越规范。以新东方为例，它有非常健全的教师选拔、培训、考勤、薪金等方面的制度，多劳多得、凭能力说话的氛围也让年轻人在这片天地里有了更广阔的发展前景。

对于教育培训机构来说，在招聘培训教师时，一般会要求教师有教学经验，或是在培训的相关专业领域达到较高的水平，这些要求对师范生来说是比较占优势的，他们既可以应用自己的专业，又在性质上比较对口。有志于进入教育培训机构的师范生，应在学习期间寻找教学实践的机会，不断积累教学经验，并明确职业目标，提升自己在专业领域的教学能力。

（三）公务员

公务员考试分为国考和省考。国考一般在每年10月的中下旬启动，省考一般在每年3月的中旬启动。考核步骤为报考（资格审查）、笔试（公共科目、基础知识、专业科目、专业知识）、面试及心理测评、体检、考核、审批、录用。而公务员的职业发展一般是逐级(由15级至1级)晋升的,每一个级别对不同岗位来说,也对应着不同的职务。报考公务员必须具备一定的条件,除国家和主考机关规定的成为某职位上的公务员不可缺少的起码的资格条件之外,各个需求岗位还会对工作经验、专业英语水平、计算机水平等有所要求。毕业生应该密切关注国家及各省区市公务员的招聘公告,选择专业对口或符合报考条件的岗位,认真准备公共科目及基础知识的考试,关注时事政治。

(四)其 他

由于国家对大学生自主创业的鼓励政策不断深入,大学生自主创业在近几年被炒得越来越热,随着网络等信息技术的发展,资金问题不再是大学生创业最棘手的问题。创业培训免税政策、小额国家贴息贷款,同时有了诸多优越的平台,师范生也可以好好利用各种机会,开发自己的潜能,闯出自己的小小天地。

二、教师职业生涯发展路径的运动形式

一个人的第一份工作可能会关系到他的整个职业生涯道路但不一定会决定他今后的职业发展。在具体运作上,职业生涯的发展路径又可分为以下几类。

(一)直线型职业发展路径,也叫单一型发展路径

这种发展路径主要是指人在一生的职业发展中只从事一种职业,职业发展目标就是晋升。这种职业发展一般都是逐级晋升的,但也会因为岗位急需、业绩突出而出现越级晋升等破格提拔的现象。如从事护士职业,陆续担任护士→护师→主管护师→副主任护师→主任护师;从事教师职业,则是根据职称由低到高向上发展,在直线型职业发展这条路上,职业发展需要个人努力,更受单位梯队建设等因素的制约。

(二)双重型职业发展路径,也叫平行型发展路径

这种发展路径主要指人的职业生涯发展是由两个可以相互跨越的职业发展通道交织而成的。这种职业生涯发展路径与第一种的差别在于:第一种发展路径只有一种职业发展通道,或是管理型,或是技术型;而双重型职业发展路径则可以选择两者兼顾的发展路径。比如有些师范生成为一线教师之后,同时在学校内部担任某些行政工作,参与学校行政事务管理,或担任某学会理事等,这就是双重型职业发展路径。

（三）螺旋型职业发展路径，也叫混合型发展路径

这种发展路径主要是指员工在职业发展中从事两种或两种以上职业，通过学习和积累可以在不同的职业甚至是行业中寻找不同的发展机会。如有人先做记者，后做公关，他的职业目标是在传媒业的大空间内拓展自己的事业——做策划或广告；如有人在做外贸信息收集员后，做某网络公司策划总监，其原有市场经验和信息收集分析的经验都为从事策划奠定了基础……这种发展路径的通道不明晰，关键是满足成就感，职业发展主要靠个人的设计与管理。有些师范生在毕业之后进入教育培训部门进一步积累教学经验，同时学习他人的管理经验，待自己具备各方面的条件之后，再进行自主创业，这就是混合型发展路径。

“统一招生，免费入学，统一分配”的师范生政策已经成为历史，在“供需见面、双向选择”的今天，师范生们更应拓宽眼界，明确自己的就业目标，摒弃“60分万岁”的想法，抓住每一个锻炼自己、提升自己的机会，这样纵有千军万马，也定能在就业大军中一马当先。

1. 结合所学内容，对自己意向生源地近几年的就业形势进行分析。
2. 结合就业形势，说说你的看法及你应对的措施。

第二章

师范生的职业生涯规划

思维导图

第一节　自我认知

从小学开始，学校就给我们灌输了一种竞争的思想，老师给我们灌输了一种埋头学习的思想，家长给我们灌输了一种比较的思想。我们在与他人的比较中活了十几年，不断地竞争，仿佛只要成绩好就胜过一切，我们读课外书的机会少了，我们认识自己的机会少了，我们建立优良人格的机会没有了。进入大学，我们从繁重的课业中解脱出来，有了更多的时间去读各种书，去认识自己，抓住大学的机遇，培养自己的品格、人格和健康心理是最重要的事。

世界上最难了解的人不是别人，恰恰是自己。人们常说："人贵有自知之明。"只有正确认识自己，客观地评价自己，并愉快地接纳自己，才能发展自己，成就自己，实现人生价值。本部分旨在从大学生的身心发育特点及个性环境等方面帮助同学们正确认识自我。

一、兴趣认知

（一）兴趣的定义

兴趣是个体积极探索某种事物，力求认识、掌握某种事物并经常参与该种活动的心理倾向，它表现为个体对某种事物或从事某项活动的选择性态度和积极的情绪反应。对有兴趣的事物，个体愿意关注，愿意了解与之有关的知识，愿意探索与之有关的未知领域。职业兴趣就是个体力求了解某种职业或进行某项职业活动的心理倾向。个人对某种职业感兴趣，就会对该种职业活动表现出肯定的态度，并积极思考、探索和追求。

（二）兴趣的产生与发展

兴趣的发展经历一定的阶段性：有趣、乐趣、志趣。

有趣是兴趣发展过程的第一个阶段。人们由于对某一事物好奇，而格外注意，并由此产生了兴趣。看了一部小说，听到一首歌，参观一个展览，玩了一个游戏，尝试了某项活动，都会激起人对某种事物的兴趣。例如，偶尔看到一部电视，对里面塑造的教师角色很喜欢，尝试与小朋友们玩教学游戏，觉得很有趣。然而，若是没有进一步的刺激或感悟，没有对这个事物的一定的知识积累，这种与新奇感联系的兴趣往往短暂易逝。从这个角度上说，兴趣的产生与个体的涉猎范围有关。保持心态开放、多做尝试、扩大视野有利于培养或发现兴趣所在。这个阶段最大的特点是不稳定、多变，容易转移。

乐趣是兴趣发展过程的第二个阶段。对感到有趣的事物有了逐步深入的认识，产生了参与意识，兴趣趋向稳定和专一，深入而具有长久性，成为一种爱好。例如，对教学感兴趣的同学加入培训或辅导学生课业的组织。

志趣是兴趣发展过程的第三个阶段。当乐趣同你的理想、奋斗目标结合起来时，乐趣便变成了志趣。志趣最大的特点就是具有自觉性，个体愿意把全部精力投注在与志趣相关的工作上，即使遇到障碍，志趣也会推动着个体孜孜不倦地前进以求成功。例如，对教育感兴趣的同学即使家人反对也要报考师范学校，做一名教师。

（三）兴趣对职业生涯规划的影响

职业兴趣是一种相对稳定的心理品质，它能增进个体对职业的满意度和忠诚度。子曰：“知之者不如好之者，好之者不如乐之者。”因此，兴趣在一个人的职业生涯发展中具有重要的地位，其影响主要表现在以下几个方面。

1. 兴趣是职业选择的重要依据

职业兴趣会影响人们的职业选择，是人们选择职业时重要的参考因素之一。对有兴趣的职业，人们会有积极追求、深入了解的愿望。兴趣是最好的老师，能够引领个体发挥主观能动性，积极学习相关的职业知识，勤于钻研，大胆探索，勇于创新。诺贝尔物理学奖获得者丁肇中教授说：“任何科学研究，最重要的是要看对自己所从事的工作有没有兴趣。换句话说，也就是有没有事业心，这不能有丝毫的强迫。比如搞物理实验,因为我有兴趣,我可以两天两夜,甚至三天三夜待在实验室里,守在仪器旁,我迫切地需要我所要探索的东西。"满怀兴趣去工作,就是"我要工作",而不是"要我工作"。兴趣是选择职业最重要的依据之一,因为只有兴趣才能带给人奋斗的激情和创造的智慧,带给人持之以恒的毅力和克服困难的勇气,顺着兴趣的指引,更容易攀上事业的顶峰。

2. 兴趣是职业发展的持久动力

兴趣是工作动力的主要源泉之一。一个人对职业感兴趣,就会对职业表现出肯定的态度,积极思考、探索和追求。有关资料表明,如果一个人对某一工作有兴趣,就能够发挥他全部才能的80%～90%,并且能较长时间保持高效率而不感到疲劳;而对工作缺乏兴趣的人,只能发挥其全部才能的20%～30%,也容易疲劳、厌倦。职业兴趣能使人发挥主动性和创造性,在职业中取得新发现、新突破、新成果。工作环境对这些成就的积极反馈及取得的成就感本身都会进一步促进个体付出更大的努力,做出更大的成就,从而保持工作的持续动力。

3. 兴趣需要职业的培养和保护

兴趣能够通过职业生涯来培养。对于现在的青少年来说,周围世界提供了丰富的刺激和选择,很多人在30岁之前的职业兴趣还停留在有趣或乐趣的阶段,并未形成坚定的职业志趣。有很多人的职业志趣是在职业环境中通过职业活动激发和培养出来的。所以在没有尝试之前,并不能认为自己没有兴趣而轻易否决一个职业。比如遇到好的职业督导或通过自身努力,对所从事的职业了解增多,取得工作成就或得到同事的认可,积极反馈增多,就可能慢慢产生兴趣。这就是对工作由"相识"而逐渐"相爱"的心理发展历程,即所谓"干一行,爱一行"。

(四)兴趣探索的方法

那么怎样了解自己的兴趣呢?除了在生活中仔细观察、及时反省之外,经常需要用到心理评估。所谓心理评估,是指通过多种方法和手段,对心理特质的水平、特点做出全面的鉴定。这些方法包括标准化评估与非标准化评估。标准化评估指应用标准化心理测验或其他有明确实施过程、计分要求、解释规则的评估手段。这类评估的结构性相对较强,需要有专业人员来施测、计分和解释。非标准化评估没有严格的实施过程、计分要求和解释规则,一般结构性不强,如观察法、活动法等。

下面介绍几种探索兴趣的心理评估方法。

1. 标准化评估

目前使用比较广泛的兴趣测验是霍兰德自我探索量表(Self Detector Search,SDS)。20世纪50年代霍兰德在提出特质取向的职业选择理论基础上,编制了职业偏好问卷,1971年进一步修订成为自我探索量表。几经修订,现在最新的版本是1994年发行的第四版自我探索量表,其包括两部分内容:自我导向探索问卷和职业索引。问卷部分包括:理想职业、喜欢做的活动、擅长做的活动、喜欢的职业、能力和技能自我评估、计分及职业查询等。测试者完成整个问卷后,可以根据自己在不同类型中的得分高低,得分最高的前三位构成自己兴趣类型的霍兰德代码。测试者可以根据自己的霍兰德代码到职业索引中查询自己适合从事的职业。

霍兰德所划分的六种职业兴趣类型分别是现实型(Realistic)、研究型(Investigative)、艺术型(Artistic)、社会型(Social)、企业型(Enterprise)和常规型(Conventional)。

现实型的基本人格倾向是偏好于具体任务,不善言辞,做事保守,较为谦虚;愿意使用工具从事操作性工作,动手能力强,做事手脚灵活,动作协调;缺乏社交能力,通常喜欢独立做事。

典型职业:以物体、机械、动物等为对象,从事有规则的、明确的、有序的、系统的活动,如技术性职业(计算机硬件人员、摄影师、制图员、机械装配工)、技能性职业(木匠、厨师、技工、修理工、农民、一般劳动者)。

研究型的基本人格倾向是分析型的、智慧的、有探究心的和内省的,考虑问题理性,做事喜欢精确,喜欢逻辑分析和推理,不断探讨未知的领域;是思想家而非实干家,抽象思维能力强,求知欲强,肯动脑,善思考,不愿动手。

典型职业:从事智力的、抽象的、分析的、独立的、带有研究性质的职业活动,如科学研究人员、教师、工程师、电脑编程人员、医生、系统分析员。

艺术型的基本人格倾向是具有想象、冲动、直觉、无秩序、情绪化、理想化、有创意等特点,乐于创造新颖、与众不同的成果,渴望表现自己的个性,实现自身的价值;做事理想化,追求完美,不重实际,不善于事务性工作。

典型职业:要求具备艺术修养、创造力、表达能力和直觉,并将其用于语言、行为、声音、颜色和形式的审美、思索和感受,如艺术方面职业(演员、导演、艺术设计师、雕刻家、建筑师、摄影家、广告制作人),音乐方面职业(歌唱家、作曲家、乐队指挥),文学方面职业(小说家、诗人、剧作家)。

社会型的基本人格倾向是合作、友善助人、负责任、圆滑、善于社交言谈、善解人意等；喜欢社会交往，关心社会问题，比较看重社会义务和社会道德，具有教育能力和与人相处等人际关系方面的能力。

典型职业：从事提供信息、启迪、帮助、培训、开发或治疗等事务，如教师、公务员、咨询员、社会工作者等以与人接触为中心的社会服务型工作。

企业型的基本人格倾向是喜欢冒险、精力充沛、善于社交、自信心强；做事有较强的目的性，追求权力、权威和物质财富，喜欢从事为获得利益而操纵、驱动他人的活动；具备经营、管理、劝服、监督和领导才能。

典型职业：实现机构、政治、社会及经济目标的工作，如项目经理、销售人员、营销管理人员、政府官员、企业领导、法官、律师。

常规型的基本人格倾向是顺从、谨慎、保守、实际、稳重、有效率、善于自我控制；尊重权威和规章制度，喜欢按计划办事，细心、有条理，习惯接受他人的指挥和领导，自己不谋求领导职务；喜欢关注实际和细节情况，通常较为谨慎和保守，缺乏创造性，不喜欢冒险和竞争，富有自我牺牲精神。

典型职业：从事记录整理档案资料、操作办公机械、处理数据资料等有系统有条理的活动，如秘书、办公室人员、记事员、会计、行政助理、图书馆管理员、出纳员、打字员、投资分析员。

2. 非标准化评估

(1)叙事法。通过讲述生活经历中的事件来分析和澄清自己的兴趣所在。如你最喜欢的课程是什么？做什么事情的时候你会忘记时间？做什么事情你最有成就感？你最喜欢的三个人是谁？你喜欢看什么样的电视节目、书籍、杂志？如果有时间，你最想去做什么？

通过对问题的回答，反思答案之间有没有内在一致性，对其进行分析，以此来帮助确认职业兴趣。

(2)活动法。通过一些活动来确认兴趣，如兴趣岛、生涯幻游、职业卡片分类等活动。

你第一选择的是你最主要的职业兴趣，次要选择的则是辅助性的兴趣所在。大家可以对照前面所介绍的霍兰德六种兴趣类型对自己进行分析。

生涯幻游是指通过冥想的方式，在完全放松的状态下想象自己要过的生活和从事的职业。如想象十年后典型的一天，对想象的内容和个体对此的感受进行分析，确认个体潜在的职业兴趣。

职业卡片分类是利用职业兴趣卡,在咨询师的指导下对卡片按照喜好程度的不同进行分类,以归纳分析自己的职业兴趣。

拓展测试

第一组

1. 你喜欢自己动手修理收音机、自行车、缝纫机、钟表一类的器具吗?(　　)
2. 你对自己家里使用的电扇、电熨斗、缝纫机等器具的质量和性能了解吗?(　　)
3. 你喜欢动手做小型的模型(诸如滑翔机、汽车、轮船、建筑模型等)吗?(　　)
4. 你喜欢与数字、图表打交道(诸如记账、制表、制图)的一类工作吗?(　　)
5. 你喜欢制作工艺品、装饰品和衣服吗?(　　)

回答"是"的次数(　　)

第二组

1. 你喜欢在别人买东西时给他们当顾问吗?(　　)
2. 你热衷于参加集体活动吗?(　　)
3. 你喜欢接触不同类型的人吗?(　　)
4. 你喜欢拜访别人,与别人讨论各种问题吗?(　　)
5. 你喜欢在会议上积极发言吗?(　　)

回答"是"的次数(　　)

第三组

1. 你喜欢没有干扰地、有规则地从事日常工作吗?(　　)
2. 你喜欢对任何事情都预先做好周密的计划吗?(　　)
3. 你善于查字典、辞典和资料索引吗?(　　)
4. 你喜欢按固定的程序有条不紊地工作吗?(　　)
5. 你喜欢把事物分类和归档的工作吗?(　　)

回答“是”的次数(　　)

第四组

1. 你喜欢倾听别人的难处并乐于帮助他们解决困难吗?(　　)
2. 你愿意为残疾人服务吗?(　　)
3. 在日常生活中,你愿意为他人提供帮助吗?(　　)
4. 你喜欢向别人传授经验和知识吗?(　　)
5. 你喜欢防病治病和照顾病人的工作吗?(　　)

回答“是”的次数(　　)

第五组

1. 你喜欢主持班级集体活动吗?(　　)
2. 你喜欢接近领导和老师吗?(　　)
3. 你喜欢在人多时当众发表自己的观点和意见吗?(　　)
4. 如果老师不在,你能主动维持班里学习和生活的正常秩序吗?(　　)
5. 你具有强烈的责任感和工作魄力吗?(　　)

回答“是”的次数(　　)

第六组

1. 你特别爱读文学著作中对人物内心世界的细致描写吗?(　　)
2. 你喜欢别人与你谈论他们的活动和想法吗?(　　)
3. 你喜欢观察和研究人的心理和行为吗?(　　)
4. 你喜欢阅读有关领导人物、政治家、科学家等的名人传记吗?(　　)
5. 你很想了解世界各国的政治和经济制度吗?(　　)

回答“是”的次数(　　)

第七组

1. 你喜欢参观技术展览会或收听(收看)有关技术新消息的节目吗?(　　)
2. 你喜欢阅读科技杂志吗?(　　)
3. 你想了解生机勃勃的大自然的奥秘吗?(　　)

4. 你想了解科学精密仪器和电子仪器的工作原理吗?(　　)
5. 你喜欢复杂的绘图和设计工作吗?(　　)
回答"是"的次数(　　)

第八组

1. 你想设计一种新的发型或服装吗?(　　)
2. 你喜欢绘画创作吗?(　　)
3. 你尝试着写过小说吗?(　　)
4. 你很想参加学校宣传队或演出小组吗?(　　)
5. 你喜欢用新方法、新途径来解决问题吗?(　　)
回答"是"的次数(　　)

第九组

1. 你喜欢操作机器吗?(　　)
2. 你很羡慕机械类工程师的工作吗?(　　)
3. 你想了解机器的构造及其工作性质吗?(　　)
4. 你喜欢交通驾驶一类的工作吗?(　　)
5. 你喜欢参观和研究新的机器设备吗?(　　)
回答"是"的次数(　　)

第十组

1. 你喜欢从事非常具体的工作吗?(　　)
2. 你喜欢做很快就看到产品的工作吗?(　　)
3. 你喜欢做让别人看到效果的工作吗?(　　)
4. 你喜欢做耗时短、易于完成的工作吗?(　　)
5. 你喜欢做具体的事情(诸如编织、烧饭等)而不是喜欢抽象的活动吗?(　　)
回答"是"的次数(　　)

统计方法:

通过上述训练,找出你的兴趣类型,答"是"的次数越多,相应的兴趣类型就越符合你的职业兴趣特点;答"是"的次数越少,相应的兴趣类型越不符合你的职业兴趣特点。然后按照各种兴趣类型所对应的职业，给你的职业生涯定位。

二、能力认知

（一）能力与技能

1. 能　力

所谓能力是人们顺利实现某种活动所必须具备的特征，"必须"意味着如果不具备这种能力，相关的活动就无法进行。例如，一位教师所具有的教学能力、记忆力等，都是能力。还有其他一些特征也会影响活动的进行，如气质、性格，表现在人的活动中并对活动的完成产生一定的影响，但它们不直接决定活动的完成，因而不属于能力的范畴，它们的作用在于使个体的活动带有各自独特的色彩。能力表现在所从事的各种活动中，并在活动中得到进一步的发展。

能力是各种各样的，根据表现范围可以将其分为一般能力和特殊能力。一般能力是指在不同种类的活动中所表现出来的能力，例如，思维力、想象力、观察力、抽象概括力、创造力等都属于一般能力。特殊能力是指在某种特定的专业或职业活动中表现出来的能力，如运动能力、绘画能力、舞蹈能力、指挥能力等。

不同的职业对于能力的要求并不相同。相比其他职业，从事教育工作的教师所需的一般能力起点较高，需要具备敏锐的观察力、持久的注意力、准确的记忆力、丰富的想象力和灵活的思维能力，以及良好的人际沟通能力、实际操作能力、口头表达能力和体语表现能力。而教育能力是教师一般能力的延伸，是与教育教学活动密不可分并直接影响其活动质量与效率的多种特殊能力的有机结合，是教师从事教书育人活动所必须具备的带有职业特点的能力。李斌将教师的教育能力分为三个基本要素：教学能力、育人能力和拓展能力。

教师的教学能力是教育能力中最主要的能力，包括基本教学能力和特定学科专业教学能力。能够有效地将需要掌握的知识通过课堂传递给学生，是体现一个教师能力的主要方面。育人能力则是教师普遍应具备的培养学生优良的思想品德和健康心理的综合能力，包括思想品德教育能力、生活指导能力、班队管理能力、心理健康教育与咨询能力。优秀的教师不但应该教会学生如何做事，更应该培养学生如何做人，使学生发展为一个人格完善的人。对学生进行心理健康教育正日益受到重视，学生正处于人生观、价值观及个性形成和发展的重要阶段，教师掌握一定的心理学知识，有助于及时发现、正确关注、有效处理学生成长过程中的心理问题，这是时代对教师提出的一项新要求。教师的拓展能力则使教师自己的思想、业务及人格不断趋于完善、完美，其主要包括学习能力、教育科研能力和创造能力。特别是在如今的信息时代，教师需要通过不断学习，从知识的广度和深度上调整自己的知识结构体系，做到知识储备与时俱进，这样才能使课程常上常新，度过职业发展的“高原期”。教育科研能力可以使教师在发现问题的基础上，进一步认识教育教学规律，不断提高教育教学的质量和效率，提高专业化水平。另外，教师工作本身就是一种创造性劳动，只有以创新精神对待教育教学工作，才能使教育教学工作持续发展和提高。

2. 技　能

技能是指掌握和运用专门技术的能力，是在工作和求职中最被看重的因素之一。在日常生活中人们可能会把技能与能力混淆，但两者是有区别的。能力是指成功完成事情的潜能，而技能是经过学习和练习获得的能够完成一定任务的动作系统。技能按其熟练程度可分为初级技能和技巧性技能。初级技能只表示“会做”某件事，而未达到熟练的程度。初级技能如果经过有目的、有组织的反复练习，动作就会趋向自动化，而达到技巧性技能阶段。职业咨询师辛迪尼·梵(Sidney Fine)和理查德·鲍尔斯(Richard Bolles)把技能分成三个基本类别：功能性或称可迁移技能(用动词来表示，如调查、讲解)，专业知识技能(用名词来表示，如历史、英语)和适应性技能(用形容词表示，如热情、耐心)。

(1)可迁移技能，也称为通用技能，是指在很多种工作中都能运用到的技能，可以通过生活中的方方面面甚至是工作之外得到发展，但可以迁移应用到不同的工作中去。例如，组织朋友举办休闲聚会的技能也可以迁移到组织班级活动中。可迁移技能通常用动词表示，如教学、管理组织、分析设计等。赫伍德·斐格勒(Howard Figler)作为美国著名的心理学家和职业专家，在1988年对可迁移技能进行了十类划分，并对这些技能在职业竞争中的作用做了高度的评价。这十种技能分别如下：

①预算管理，表现为对现有资源的最佳运用。

②督导他人，表现为执行、实现能力。

③公共关系，表现为良好的氛围营造能力。

④应对最后期限的压力，表现出强烈的攻坚能力。

⑤磋商和仲裁，表现出合理适当的妥协共存能力。

⑥公共演讲，表现出公共引导和宣传方面的潜力。

⑦公共评论协作，也是公共引导和宣传的表现。

⑧组织、管理、调整能力，是领导和资源协调能力的综合体现。

⑨与他人面谈的技巧和能力，个体交往潜力的集中表现区域。

⑩教学和教导能力，传授、方面的潜质。

随着职业的发展，其对综合能力的要求越来越高。个体拥有的可迁移技能越多越复杂，选择职业的自由度越大，也越容易获得上升的发展空间。

(2)专业知识技能。专业知识技能是指那些需要通过教育或者培训才能获得的特别的知识或者能力。这些技能是某个学科比如物理、数学、化学、计算机、教育学等特有的，很难迁移到其他领域。专业知识技能一般可以用名词来表示，是可迁移技能的宾语。例如，教授英语、讲解中国发展史、审计数据、指导学生等。专业知识技能一般需要经过有意识的、专门的培训才能掌握，是大学阶段最重要的学习内容。但其获得的途径除了正规的专业教育外，也可以是课外培训、专业会议讲解或者研讨会、自学等。

(3)适应性技能。这种技能是指有助于个体更好地适应周围的环境，调整自己从而更好地表现的能力。适应性技能包括与人相处、自我管理、团体合作、处理冲突等的能力。使用这些技能使个体建设性地应对周围环境的变化，更好地使用和发挥可迁移技能和专业知识技能。通常以形容词或者副词来表达，如忠诚、有责任感、公正、随和等。由于被用来描述人的某些特征，通常这种技能被认为是人格特质，但它们可以通过反复练习获得，并不像人格特质那样稳定和难以改变。

原苏联乌克兰心理科学院教学心理实验室，曾对学生心目中的教师应具备的重要品质进行调查，学生认为最重要的品质是①善于生动有趣、通俗易懂地讲课；②对待学生公正和客观；③拥有渊博的知识；④有极强的组织才能，善于维持纪律；⑤平易近人，善于了解学生；⑥热爱事业，具有强烈的事业心和责任感；⑦遇事沉着，与人为善，彬彬有礼；⑧待人诚恳，关心别人；⑨有自我批评精神，乐观、认真、机智、信任、坚定。日本心理学家大竹成调查了日本初一和高二共698名学生，得出学生喜欢的教师品质，其排名次序是理解学生；亲切，平易近人；能信赖；公正；教得清楚；开朗；感情真挚；教育热心；守时，不懒惰；活泼；教得有趣；知识丰富；责任心强；认真；教学水平高；民主；一丝不苟；品德高尚；有信仰；文雅。可见适应性技能在其中占了相当的比例，这是一个受欢迎的教师必须拥有的。

（二）能力探索的方法

1. 正式评估——心理测验

（1）一般职业能力倾向测验。一般职业能力倾向测验主要测量的是各种职业都会涉及的通用能力，一般来说属于综合能力测试。常用的测验如一般能力倾向成套测验（General Aptitude Test Battery，简称GATB），它由美国联邦劳工部在20世纪40年代编制，目前使用的GATB由8个纸笔测验和4个仪器测验共12个分测验组成，可先对9种能力倾向进行评定，即一般学习能力（G）、言语能力（V）、数理能力（N）、空间判断能力（S）、形状知觉能力（P）、书写知觉能力（Q）、运动协调能力（K）、手指灵巧性（F）和手腕灵巧性（M）。

（2）特殊职业能力倾向测验。行政职业能力倾向测验是特殊职业能力倾向测验中的一种，是世界各国公务员录用考试中重要的筛选工具，主要预测被试者在行政职业领域内取得成功的可能性。行政职业能力倾向测验内容包括言语理解与表达（对语言文字的综合分析能力），数量关系（包括数字推理、数学运算），判断推理（包括图形推理、演绎推理、定义判断、事件排序、机械推理），常识判断（涵盖法律、政治、经济、管理、人文、科技等方面，考查受测者在这些方面应具备的最基本知识，以及运用基本知识分析判断的基本能力），资料分析（对文字、图形、表格三种形式的数据性、统计性资料进行综合分析推理与加工的能力）。

2. 非正式评估

能力探索的非正式评估方法有我最成功的事情、工作能力排序等。通过成功经验或者能力排序情况分析个体的优势和特长。

三、价值观认知

（一）价值观与职业价值观

价值观是心理结构的核心因素之一，价值观是个体关于什么是值得的、有价值的一系列信念，指个体对客观事物（包括人、物、事）及对自己的行为结果的意义、作用效果和重要性的总体评价，是推动并指引一个人做出决定采取行动的原则与标准。而职业价值观是个体一般价值观在职业生活中的体现，是人们依据自身的需要对待职业行为和工作结果的比较稳定的具有概括性和动力作用的一套信念系统。它不但决定了人们的择业倾向，而且决定了人们的工作态度：它是个体在长期的社会变化中所获得的关于职业经验和职业感受的结晶。

职业价值观以价值观为认识基础，与人的世界观和人生观相联系，一旦形成，就具有较强的稳定性。但职业价值观也是具有阶段性的。人在不同的阶段有不同的需要，低层次的需要满足以后，会产生更高层次的需要。职业价值观根据人的需要而产生，会因需要的不同而表现出不同。它体现了一个人真正想从工作中得到什么，它对于个体的职业选择与发展起着方向导引及动力维持的作用。

（二）职业价值观的内容

心理学家马丁·凯茨（Martin Katz）通过研究250种左右的职业，找出了十种与工作有关的价值观，认为在它们背后隐藏着我们的重要性倾向。这十种价值观分别是

1. 高收入

高收入特指对超出实际需要的收入的强烈预期，除生活所需以外还有很多可以自由支配的收入，可以消费奢侈品或进行投资，但也不一定必须指向某个或某些具体的用途。

2. 社会声望

个体在社会生活中具有威望，因地位和名誉等因素得到重视。

3. 独立性

在工作中具有做决定的自由，有较大自由发挥的空间。

4. 帮助别人

帮助别人即以改善他人的健康、福利、教育状况为职业的主要内容。

5. 稳定性

工作受经济形势、技术或者政策的影响较小，收入稳定，不会轻易失业。

6. 多样性

工作中需要经常面对新问题、新环境和新的人际关系。

7. 领导力

在工作中能够管理和激励他人，承担责任，影响事情的发展。

8. 兴　趣

所从事的职业符合个人的兴趣特点。

9. 休　闲

所从事的职业能够不影响甚至有利于个人的休闲爱好。

10. 尽早工作

尽早工作是在对教育和实践关系上更热衷于后者的一种倾向。希望早日参加工作，认为积累工作经验和获得收入要比继续学习更有价值。

按照马丁·凯茨的职业价值观内容，要在一份工作中满足所有的价值观是不可能的。比如"高收入"和"休闲"就在一定程度上是冲突的。在这十种价值观类型里面根据重视程度排出优先次序，这种选择就体现了个人的职业价值观。

（三）教师的职业价值观

选择一份职业，就选择了一种生活方式，选择了一种价值信念。教师工作价值观是人们对教师职业所赋予的一定看法、意义的总和，是教师自己或他人对教师职业的意义和价值的认知，是人们对待教师职业的一种信念和态度。它反映了人们对教师职业的基本价值取向，是教师价值观的重要组成部分。教师作为一个教育工作者，承担着传承知识，培养未来的建设者和接班人的责任，在人类社会发展中起着承前启后、继往开来的作用，具有非常大的社会价值和精神价值。同时，教师作为一种职业而言，本身具有相当的稳定性，工作时间相对灵活，工作方式相对独立，对学生具有指挥权和建议权，能够带来较大的成就感和尊严感，根据马克思、恩格斯对于不同社会状态下人的自由程度的不同而经历的生存、享受、发展三个层次的划分，基于人们对教师职业价值的现实观念，将教师的职业价值观分为生存型、享受型、奉献型和发展型四种。

生存型教师职业价值观认为，教师仅仅是为了谋生和养家糊口而从事教师职业。持此观点的教师主要是从生计出发，站在功利的角度，以被动和消极的眼光看待自己的职业，如把教师看成知识的搬运工，把教师的工作看成无可奈何的选择，将教师的职业当作寻找"更好"职业之前的跳板等。由于从事这一职业更多的是出于无奈，因而他们感到困惑和痛苦。在这类教师身上我们看到的是对职业的厌恶和疏远，教师与职业是分离的，他们是"subsistence"。

享受型教师职业价值观认为，教师是为了体验人生和品味幸福而从事教师职业的。持此观点的教师主要是从兴趣出发，站在非功利的角度，以对教育事业和学生的热爱来对待自己的职业，如把学生的成长当成教师自己最大的快乐，对工作充满热爱，在付出与给予中获得内心满足等。他们从事这一职业是因为自己喜欢，因而感到快乐和幸福。在这类教师身上，我们感受到他们对教师职业的热情和积极的态度，教师与职业是融为一体的，职业本身就是"life"。

奉献型教师职业价值观认为,教师是为了服务社会和奉献自我而从事教师职业的。持此观点的教师主要是从社会和学生需要出发,站在超功利的角度,以为社会做贡献的立场看待自己的职业,他们从事教师职业是为了学生的成长和发展,因学生的良好发展而感到自豪,感到自己奉献的价值。如把学生的成长当成自己最大的骄傲,在平凡的工作中甘当燃烧自己、照亮别人的"蜡烛",为学生、为教育事业奉献自己的一切,把教师职业看作一种奉献和牺牲的活动等。在这类教师身上,我们体会到他们对培育学生的迫切愿望和富于牺牲的奉献精神。教师以职业为工具,教师与职业是分离的,他们一直在"give"。

发展型教师职业价值观认为,教师是为了服务社会和完善自我而从事教师职业的。持此观点的教师主要是从自身和社会需要出发,站在超功利的角度,以完善自我、为社会做贡献的立场看待自己的职业,他们从事这一职业是为了过一个更有意义的人生,因而感到崇高而有价值。如把教师看成教育活动的反思者和研究者,以终身自我教育作为教育生涯的推动力,视教师职业为不仅给予也在收获的有意义的活动等。在这类教师身上,我们体会到他们对提升自己的迫切愿望和富于创造性的教育智慧,他们是超越职业的,是以"教育家"为发展目标的,他们一直在"grow"。

当然,教师职业价值观的这四种类型并不是相互排斥的,持享受型、奉献型与发展型职业价值观的教师也有生存的需要,持发展型职业价值观的教师也有"享受"和"奉献"的需要,只是这四种教师职业价值观显示出不同的教师在不同的阶段,对于教师职业的认知境界不同。就个体而言,在现实中,完全符合这四种职业价值观中某种的教师是很少的,多数教师的职业价值观是属于两种或几种类型的混合型。就群体而言,在一个学校、一个地区乃至一个国家中可能持生存型、享受型、奉献型和发展型四种以至更多种职业价值观的教师并存,这体现了教师对其职业价值的不同认知水平。这种不同的认知水平决定了他们对待职业的不同态度、不同的行为选择,也由此决定了教师不同的职业发展水平。

(四)价值观的探索方法

1. 标准化评估

舒伯的职业价值观问卷:舒伯和他的同事于1970年研发的职业价值观问卷(Work Value Inventory),包含三个维度十五个因子,从中可以了解人们对于工作中各项特征的重要性的排序。

上述三个维度十五个因子分别是①内在价值维度，指工作本身的一些特性，包括七个因子，分别是智力激发、利他性、创造性、独立性、美感、成就、管理；②外在价值维度，指与工作内容无关的外部因素，它包括四个因子，即工作环境、同事关系、监督关系和变动性；③外在报酬维度，指在职业活动中能获得的因素，它包含四个因子，即声望、安全性、经济报酬和生活方式。

2. 非正式评估

活动法：咨询师通过举办虚拟拍卖会或者设置虚拟的危机事件，让参与者在有限时间内对一定数量的价值种类进行选择，咨询师根据参与者的最终决定和决策过程，进一步分析讨论，确定参与者的价值观念。

四、自我评估与调整

（一）大学生的自我意识能力

自我意识是多维度、多层次的复杂心理现象，主要由自我认知、自我体验和自我调节三部分组成。大学生的自我意识能力发展呈现以下特点。

第一，自我认知更趋主动、客观。自我认知是自我意识的认知部分，包括个人的自我感觉、自我分析和自我评价等。大学生的自我认知更具主动性和自觉性。这是因为：一方面，个体生理趋于成熟；另一方面，随着交往关系的扩大，个体的独立意识与社会化意识得到强化。

大学作为青年走向社会、走向工作岗位的准备过程，其中的个体不仅要考虑自己与周围环境的关系，还要考虑自身的社会责任与前途等问题。因此，大学生跨入校门之后首要面对的问题就是对自己做出一个较为符合实际的评价，即我是什么样的人，我应该怎样，我能成为什么样的人，等等。在评价的过程中，由于各类知识的增多、生活经验的扩大，大多数大学生对自己的分析、评价逐渐变得客观、现实和全面。

第二，自我体验更加丰富复杂。自我体验是自我意识的情绪成分，是人对自己情绪状态的反映。自我体验可以表现为自尊、自豪、自爱、自卑、自怜等情绪状态。大学生活实际上是个体对自我的重新认定和确证过程。中学时期的目标比较简单，就是考上大学。而进入大学之后，大学生面临交友、恋爱、职业选择等一系列新的问题。因此，处于青年中期的大学生的自我体验仍然有一定程度上的波动性。如取得成绩时就能产生积极、肯定的情绪体验，容易骄傲自满，忘乎所以。

而遇到挫折时，容易自卑、悲观、失望。多数大学生具有较强的自尊心，自尊心较强的人不仅对自己持肯定态度，也往往能够接纳别人，乐于参加社会活动。

第三，自我调节能力提高。自我调节是自我意识的意志部分，表明个体的自觉过程，包括监督、自我激励、自我控制、自我暗示等形式。大学生是一个特殊的群体，其社会责任感和成就动力强烈，能够自觉、主动地确立自己的价值目标，并在实现自己理想的过程中调节自己，使自己的努力沿着既定的方向发展。他们期望摆脱对成人的依赖，独立地进行思考、判断；喜欢当众表达自己的主张，以显示自己的价值和存在。

（二）大学生如何正确认识自己

人生之路没有坦途。挫折使我们痛苦，但它同时又是一种挑战和考验，激励我们成长，这是生活的辩证法。问题的关键不在于挫折的有无和强弱，而在于我们对待挫折的态度。如果把挫折比喻为人生的风雨，把大学时代比喻为多雨的季节，那么，当雨季来临的时候，我们就该及时地自问：我该怎样面对雨季？我的伞在哪里？

1. 正确地认识自我并客观地对待自我

自我悦纳是发展健康的自我体验的关键和核心。具体地说，自我悦纳要求做到：

①接受自己，喜欢自己，觉得自己独一无二，有价值感、自豪感、愉快感和满足感；

②性情开朗，对生活乐观，对未来充满憧憬；

③平静而又理智地看待自己的长处和短处，冷静对待自己的得与失；

④树立远大的理想，激励自己不断克服消极情绪；

⑤既不以虚幻的自我补偿自己内心的空虚，也不消极、回避、漠视自己的现实来否定自己，更不以怨恨、自责以至厌恶来否定自己。

2. 正确地自我评价

一个人必须建立在正确的自我认知基础上，正确地自我悦纳，积极地自我体验，有效地自我控制。自我悦纳是自我意识健康发展的关键所在。悦纳自我首先要接纳自己，喜欢自己，欣赏自己，体会自我的独特性，在此基础上体验价值感、幸福感、愉快感与满足感；其次是理智与客观地对待自己的长处与短处，冷静地看待得与失。在生活中注重自我，自我意识是将注意力集中在自我的一种状态。积极的策略是关注你自己的成功，并将优势积累，每个人身上都有无数的闪光点，重点在于寻找你自己的闪光点并将其构成亮丽的人生风景线。

3. 适度宣泄，尽早摆脱

如果心中苦闷，不妨找两个亲近的人，把心里的话倾吐出来，这样，不健康的情绪就得到了宣泄。宣泄是一种自我心理救护，它可以消除因挫折而带来的精神压力。但宣泄应当适度，乞丐型、攻击型等的宣泄方式是不值得采纳的。每个人都应该活得有尊严，相信"心若在梦就在""我们还可以从头再来"，不要像"祥林嫂"那样总是述说"阿毛"的故事，那只能说明你还没有从痛苦的阴影里走出来，你的哭泣只能提醒人们注意你曾经的无能。但也不要有压力而不及时排遣，若累积在心，稍有不慎就大打出手造成严重的后果。用适当的方式排遣压抑，用节省下来的时间去做你应该做的正事，那就能让你远离"压力风雨"的影响。

(三)大学生认识自我需要注意的问题

在新的环境下，部分学生的成绩有所下滑，表现不如以前并非个人因素所致，而是环境发生了变化，比较对象与以往不同，没必要为此自卑而丧失信心。

同学之间有差距是自然的，因为大家中学时的学习条件和生活经历是不一样的。比如，一些农村学生在进入大学之前没有操作过电脑，不知道条形码是什么，等等。这都与农村的教育条件和生活环境有关，与个人的智力、能力无关，这些学生唯一要做的就是努力地适应新环境，尽快跟上所处环境的步伐，认真分析自己的优势所在，对自己的能力、性格、优缺点做客观的评价，做到有自知之明，扬长避短，并取长补短，不护短。

不要过分追求完美。追求完美是可以的，但是不要过分追求，认为理想自我与现实自我相差过大，从而对自己提出过高的要求，要形成悦纳自我的积极态度，敢于表露自我，要把自己变成一个适应良好的、富有成效的人，最终方式是使自己透明，允许别人来了解自己，客观地评价自己。很多大学生极力避免表露自己，避免使自己尴尬或者不受尊重。但是，透明的真实的自我，不会一味地因迁就别人而耗费精力。更重要的是，只有通过表露自我，你才能真实地逐步认识自己。

面对严峻的就业形势，为自己职业发展着想，我们有必要按照职业生涯规划理论加强对自身的认识与了解，找出自己感兴趣的领域，确定自己能干的工作也即优势所在，明确切入社会的起点，其中最重要的是明确自我人生目标，即给自我定位。自我定位，规划人生，就是明确"我能干什么？""社会可以提供给我什么机会?”“我选择干什么?”等问题,使理想可操作化,为介入社会提供明确方向。

(四)就业意识中自我定位问题

第一,自我认知不清,定位不准。

很多大学生找工作的时候,常常缺乏定位,只要见到有公司招聘,不管自己适合不适合,都往里投简历。事实上,很多简历都被浪费了,那些公司可能从来不看这些简历,原因在于大学生的自我定位和职业意向与用人单位并不一定吻合。大学生一定要有对自己的一个自我认知、自我分析和自我定位,比如你的志向是什么,你是更擅长跟人打交道还是跟事务打交道,你是否掌握某种专业的技术,你能做什么,你看好什么行业和领域,以及你如何才能进入这个行业。事实上,到某单位应聘的时候,有三个因素影响着你,第一个是你想做什么,第二个是你能做什么,第三个是企业通过了解,认为你能做什么。换言之,能否成功应聘是看自己和别人怎么看你的一种眼光的聚合,当这两种看法比较一致,那么大家的结果就比较理想。很多大学生并没有自己的定位,这就好像一个产品一样,你认为你可以将它卖给所有的企业,最后你可能很难卖出去。

第二,很多大学生不重视第一份工作,初期选择处于混沌状态。

有人说,毕业后找的第一份工作就是养活自己,不是职业,更不是事业,其实这是一个误区。第一份工作对于一个人的职业生涯来说非常重要,除非这个人具备做高级白领和职业经理人的天才或者运气和机遇非常好,否则一个人一旦工作之后,未来将在多大的圈子里面流动,基本上从第一份工作开始画圈。大学生刚刚踏入社会,第一份工作为你带来的是一种职业习惯的养成。因此,大学生选择工作的时候,不能抱着暂时养活自己的心态,也不能说今天干的不是自己的事业,也不是职业,所以先就业才是根本,冷静、谨慎、认真地选择才是根本。

第三,很多大学生不知道如何判断一个工作机会是不是好。

大学生心中都会有一些自己的认识,比如外企好、国企好等,但是一旦遇到合适的机会,大学生又开始犹豫,特别是有多个机会可以选择的时候,常常这山看着那山高,最后导致好机会溜走才后悔莫及。这说明,很多大学生并没有深入地了解职业发展的成功因素,一个人成功的因素包括四个方面,分别是知识结构、技能、思维和社会资本。一个单位先不管背景,但是必须让一个人在这四个方面中的某一个方面或者某几个方面受益才是一个好单位。第一,这个工作是不是有助于你拓宽知识结构,比如你可以在工作中学习到很多自己所不具备的知识;第二,这个工作是不是能够带给你某个细分的职业技能,这个职业技能你本身不具备或者你并没有实践经验,但是通过工作你可以在某个领域成为一个专业人员;第三,这个单位是不是有助于你形成某些思维,包括你看问题的视角,看社会的视角,看世界的视角,而这些视角可能给你带来新的价值;第四,你在这个单位是不是可以获得社会资源,或者提升整合社会资源的能力,比如你可以广泛地结交朋友,认识专家,或者提升自己的社会资本。如果一个单位这四个方面的价值都不能带来,那么这样的单位只能解决吃饭问题,并不能解决职业问题。

第四,大学生的职业心态欠佳。

由于来自社会各个方面的压力,大学生在踏上找工作之途后,很容易陷入迷茫、焦灼的状态,特别是四处碰壁的时候。很多大学生找工作常常遵循这样的规律:第一阶段,非常"高调",估价过高;第二阶段,非常"低调",碰壁之后就开始变得不自信,然后就开始降低期望,或者越来越觉得自己不值钱,甚至洗碗都觉得可以尝试了;第三阶段,开始"跑调",在接连碰壁之后,大学生就乱了阵脚,失去了方向。当然,社会上很多说法也会导致大学生很难适从,比如,认为大学生一定要做白领才好,如北大才子卖肉了等,就觉得不划算了,但是这些人不是也在自己的岗位上做得很好吗?这个问题需要辩证地看,我们不能阻止个人想当领袖的欲望,但是大学生还是要清醒地认识一点,职业是不分贵贱的,既不要对自己期望过高,也不要碰几次壁就失去自我。"心态决定一切",这是职业人生存的关键法则。

(五)如何做好就业中的自我定位

1. 明确自身优势

明确自己的能力大小,给自己打打分,看看自己的优势和劣势,这就需要进行自我分析。通过对自己的分析,深入了解自身,根据过去的经验选择,推断未来可能的工作方向与机会,从而彻底解决"我能干什么"的问题。只有从自身实际出发,顺应社会潮流,有的放矢,才能马到成功。要知道个体是不同的,有差异的,我们要找出自己与众不同的地方并发扬光大。定位,就是给自己亮出一个独特的招牌,让自己的才华更好地为招聘单位所识;同时,对自己的认识分析一定要全面、客观、深刻,绝不回避缺点和短处。你的优势,即你所拥有的能力与潜力所在。

2. 发现自己的不足

(1)性格的弱点。人无法避免与生俱来的弱点,必须正视,并尽量减少其对自己的影响。譬如,一个独立性强的人会很难与他人默契合作。而一个优柔寡断的人绝对难以担当组织管理者的重任。卡耐基曾说:“人性的弱点并不可怕,关键要有正确的认识,认真对待,尽量寻找弥补、克服的方法,使自我趋于完善。”因此要注意安下心来,多跟别人好好聊聊,尤其是与自己相熟的人,如父母、同学、朋友等。看看别人眼中的你是什么样子,与你的预想是否一致,找出其中的偏差,这将有助于自我提高。

(2)经验与经历中所欠缺的方面。“金无足赤,人无完人”,由于自我经历的不同,环境的局限,每个人都无法避免经验上的一些欠缺,特别是招聘单位纷纷打出要求数年工作经验条件的时候。有欠缺并不可怕,怕的是自己还没有认识到或认识到而一味地不懂装懂。正确的态度是认真对待,善于发现,并努力克服和提高。

3. 明确选择方向

通过以上自我分析认识,我们要明确自己该选择什么职业方向,即解决“我选择干什么”的问题,这是个人职业生涯规划的核心。职业方向直接决定着一个人的职业发展,职业方向的选择应按照职业生涯规划的“四项基本原则”,结合自身实际来确定,即选择自己所爱的原则:你必须对自己选择的职业是热爱的,从内心自发地认识到要“干一行,爱一行”,只有热爱它,才可能全身心地投入,做出一番成绩;择己所长的原则:选择自己所擅长的领域,才能发挥自我优势,注意千万别当职业的外行;择世所需的原则:所选职业只有为社会所需要,才有自我发展的保障;择己所利的原则:应该本着“利己、利他、利社会”的原则,选择对自己合适、有发展前景的职业。

4. 用长处来经营自己

有的毕业生存在过分的自卑心理,总认为自己技不如人,拿自己的短处与别人的长处去比,因而不敢主动地推销自己。其实每个人都有自己的长处与短处,所谓”尺有所短,寸有所长”。成功人生的诀窍就是经营自己的长处!因此,在人生之旅上,一个人如果站错了位置,用他的短处而不是长处来谋生的话,那后果肯定不会理想的,他可能会在永久的卑微和失意中沉沦。故在选择职业时要注意发挥自己的一技之长。先你不要过多地考虑这个职业能给你带来多少钱,能不能使你成名,而是应该把最能发挥你个人优势的职业作为首选。因为,你若能发挥自己的特长,钱是可以慢慢积累的;经营自己的长处能给你的人生增值,而经营自己的短处会使你的人生贬值!

总之,职业生涯目标的确定,是个人理想的具体化和可操作化。职业目标的选择并无定式可言，关键是要依据自身实际，适合自身发展。值得注意的是，伴随现代科技与社会进步，个人要随时注意修订职业目标，尽量使自己职业的选择与社会的需求相适应，一定要跟上时代发展的脚步，适应社会需求，才不至于被淘汰出局。

一般来说，大学生在遇到就业压力问题时，应该从以下角度做好自我调整。

第一，注意培养自己良好的性格，增强心理耐受度和抗挫折能力。

第二，建立客观的自我评估系统，调整自己的期望值，对可能遇到的问题做充分的估计。

第三，建立一个支持系统，包括家人、朋友、老师等，遇到问题不要一个人扛着，而要找人倾诉。一方面，可以宣泄情绪，获得力量和支持；另一方面，可以集思广益，把问题看得更清楚，获得更多解决问题的办法。

第四，注重心理健康，学会调控自己的情绪，学习通过放松训练、呼吸冥想等方法缓解自己的焦虑、紧张、不安等负性情绪。

第五，长期压力过大无法缓解或遇到其他心理问题时，应及时找心理医生寻求专业帮助。

相关测试网站

霍兰德职业兴趣测试：http://www.apesk.com/holland/index.html。

MBTI职业性格测试最新版：http://www.welefen.com/lab/mbti/。

DISC性格测评：https://www.xycareer.com/disc。

一苇网测评中心：http://www.yiiway.com/。

第二节　师范专业认知（以嘉兴学院为例）

一、学前教育

实习生的幼儿园一天

（一）培养目标

本专业旨在培养德智体美全面发展，适应现代社会经济发展，富有仁爱之心，具备良好的文化素养，学前教育专业理论基础坚实、技能扎实并掌握一定的特殊教育、运动与健康教育和早期教育等基本知识与技能，具有创新精神、实践能力、专业发展能力和国际视野，能够在各类保教机构从事保教、研究和管理等方面工作的高素质、融合型幼儿特色教师。

（二）毕业要求

1. 师　德

（1）师德规范：贯彻党的教育方针，以立德树人为己任，遵守幼儿教师职业道德规范，依法执教；有扎实学识、仁爱之心，能保持平和心态，为人师表。

（2）教育情怀：认同教师工作的意义和专业性，尊重婴幼儿及其之间的差异；富有爱心、责任心，工作细心、耐心，有接纳“特需儿童”之心；做全体儿童身心健康成长的启蒙者和引路人。

2. 教　学

（1）保教知识：具有一定的文化素养，掌握学前教育专业基本知识和一定的特殊教育、运动与健康教育、早期教育、融合教育及现代信息技术知识；掌握幼儿园教育教学的基本方法和策略。

（2）保教能力：能运用婴幼儿保育与教育知识，科学规划一日生活；具备观察与分析婴幼儿行为的能力，幼儿园活动设计、组织与实施的能力，特殊儿童融合教育能力，运动与健康教育能力，早期教育能力，现代信息技术运用能力，环境创设与利用能力，与家长沟通、互动的能力，教育反思与评价能力及探索与研究能力。

3. 育　人

（1）班级管理：掌握幼儿园班级管理和特殊教育需要儿童融合教育班级管理的特点。合理规划和利用时间与空间，创设良好班级环境；了解婴幼儿特别是“特需儿童”社会性—情感发展特点和规律，充分利用各种教育资源，为全体儿童建立良好的同伴关系和师幼关系。

（2）综合育人：理解环境育人价值，了解园所文化和一日生活对婴幼儿发展的价值；综合利用幼儿园、家庭和社区各种资源，全面育人；注重培养全体儿童良好意志品质和行为习惯。

4. 发　展

（1）学会反思：具有终身学习与专业发展的意识与能力，了解国内外学前教育改革发展动态，能够适应时代和教育发展的需求，进行学习和职业生涯规划，初步掌握反思方法和技能，具有一定的创新意识，运用批判性思维方法，学会分析和解决问题。

(2)沟通合作:理解学习共同体的作用,具有团队协作精神,掌握沟通合作技能,具有小组互助和合作学习的能力。

(三)主干(核心)课程

心理学基础、教育学基础、教育研究方法、婴幼儿生理基础、儿童发展(英)、婴幼儿保育学、特殊儿童发展与学习、学前融合教育、美术基础、音乐基础、幼儿体育与健康、幼儿园课程、幼儿园(五大领域)活动设计、就业实习、毕业论文(设计)。

(四)基本学制

基本学制为四年;学习年限为三至六年。

(五)毕业、学位条件

第一,学生符合以下条件,准予毕业:完成规定课程学习,成绩考核合格,所获学分达到最低毕业学分要求;毕业时的体质测试成绩达到教育部颁发的《学生体质健康标准》要求。

第二,学生符合以下条件,授予教育学学士学位:达到毕业条件;在学校规定的学习年限内达到国家学士学位授予条件和学位授予规定。

二、小学教育

(一)培养目标

本专业旨在培养德智体美全面发展,适应现代经济社会发展,了解国内外教育发展动态,熟悉小学教育现状,掌握教育学基本原理和方法,具有良好的职业道德素养、合理的知识结构和较强的专业实践能力,教育理念先进、勇于探索创新,能在小学、教育科研和教育管理部门从事多门学科教学、科研和管理工作的高素质应用型人才。

实习生的小学一天

(二)毕业要求

1. 践行师德

践行社会主义核心价值观,贯彻党的教育方针,以立德树人为己任;遵守法律法规和教师职业道德规范,具有依法执教意识,立志成为有理想信念、有道德情操、有扎实学识、有仁爱之心的好老师。

热爱小学教育事业,具有正确的儿童观、学生观、教师观和教育观;具有“学生为本、师德为先、能力为重、终身学习”的专业理念；具有爱心、耐心、细心等优良品质，能够为人师表，教书育人；做学生锤炼品格、学习知识、创新思维、奉献祖国的引路人。

2. 学会教学

具有一定的人文与科学素养。掌握主教学科的基本知识、基本原理和基本技能，理解学科知识体系基本思想和方法，了解学习科学相关知识；了解兼教学科的相关知识、原理与技能；了解学科整合在小学教育中的价值。

在教育实践中，能够依据所教学科课程标准，针对小学生身心发展和认知特点，运用学科教学知识和信息技术，进行有效教学。

3. 学会育人

树立德育为先理念。了解小学德育原理与方法；掌握班级组织与建设的工作规律和基本方法；能够在班主任工作、少先队活动和社团活动等实践中，开展德育和心理健康教育等教育活动。

了解小学生身心发展和养成教育规律，理解学科育人价值，结合学科教学进行育人活动；了解学校文化建设和教育活动中的育人内涵与方法，参与学校组织的各项教育活动。

4. 学会发展

具有不断提高自身专业素质和教师专业发展的意识。了解基础教育改革发展动态，适应时代和教育发展的需求；具备专业发展必备的认知能力、学习能力和创新能力等，能科学地制定个人专业发展规划并能主动付诸实践；初步掌握反思方法和技能，学会分析和解决教育教学问题。

理解学习共同体的作用，具有团队协作精神，掌握沟通合作技能，具有小组互助和合作学习的体验。

（三）主干（核心）课程

儿童发展（英）、教育心理学、小学课程与教学论、班级管理、小学综合实践活动、高等数学、汉语通论、书写技能、毕业实习、毕业论文（设计）。

（四）基本学制

学制为四年；学习年限为三至六年。

（五）毕业、学位条件

第一，学生符合以下条件，准予毕业：完成规定课程学习，成绩考核合格，所获学分达到毕业最低学分要求;毕业时的体质测试成绩达到教育部颁发的《学生体质健康标准》要求。

第二,学生符合以下条件,授予教育学学士学位:达到毕业条件;在学校规定的学习年限内达到国家学士学位授予条件和学位授予规定。

第三节　教师职业认知

一、幼儿教师

(一)社会地位

近年来,随着人们对教育的重视程度不断提高,幼儿园教师也越来越受到重视。幼儿园教师这一行业的重要性在于,它面对的是年龄较小、身体及智力发育不成熟、对人生及社会没有一定了解的儿童。幼儿教育是人生的启蒙教育。

但是,目前幼儿园教师这一行业的社会地位并不是很高。目前我国城市的幼儿教育获得了一定的发展,其师资队伍也在不断得到强化。但是在农村等地区,幼儿教育及幼儿教师却没有得到应有的重视。原因在于人们对这一行业还缺乏正确的认识。对于幼儿的传统教育使人们在现实中很容易仅仅把幼儿教师简单地等同于保姆。同时,目前幼儿园中的教师素质良莠不齐,而幼儿教育的成果也没有一定的标准可供参考。然而,幼儿教育真的就不重要吗?

研究表明,学前期是人的情感、性格和认知等方面发展的关键时期,这一时期幼儿如果没有得到合理的教育,就会对其以后的成长和发展造成一定的负面影响。因此,幼儿教育是极为重要的,这需要社会和家庭为幼儿创造良好的教育环境,这也凸显了幼儿园教师这一行业的重要性。

(二)队伍构成

教师队伍的专业化程度逐步提高,其保教幼儿的能力明显增强。随着学历层次的提升和教育改革的推进,广大幼儿园教师的专业水平有了较大的改善:他们了解国家的幼儿教育方针,认真贯彻落实国家有关幼儿园保育教育工作文件的精神;他们具有较为扎实的幼儿生理学、幼儿心理学、学前教育学等系统的专业理论基础,也具有了解幼儿、与幼儿建立积极互动关系、支持他们的学习和发展的能力。多数教师不断学习的愿望强烈,他们积极接受继续教育,踊跃参加教研活动,不断积累实践经验，主动反思和改进教育教学，提高自己的专业素养；他们的科研意识和能力也明显增强。目前，幼教类刊物中，一线教师发表的文章已占相当比例。2017年浙江省人民政府办公厅印发的《浙江省发展学前教育第三轮行动计划（2017—2020年）》中提出，到2020年，建成城乡全覆盖、质量有保证的学前教育公共服务体系，全省普惠性幼儿园比例达到83%左右。学前教育管理体制和办园体制逐步理顺，与普及目标和普惠要求相适应的学前教育经费保障机制普遍建立，幼儿园运行保障能力显著增强。幼儿园教师配备和工资待遇保障机制逐步完善，师资力量进一步加强。学前教育从业人员准入制度逐步健全，即幼儿教师、医师、护士应当取得相应的职业资格，持相应教师资格证的专任教师比例达到95%以上。

（三）准入条件

幼儿教师的工作主要是负责幼儿园一个班级的幼儿生活及教育。教育对象和教育环境的特殊性也对幼儿教师提出了具体的要求，主要有以下几个方面。

1. 保教结合

由于幼儿在学前教育期身体、智力发展都不成熟，缺乏一定的生活自理能力，需要幼儿教师的精心照顾。因此，作为一名幼儿教师，必须能够做到保教结合，即保育与教育相结合。

2. 知　识

由于幼儿教师要做到保教结合，因此其必须具备相关的知识。幼儿教师不仅需要具备教育学、心理学、自然科学及历史学等各方面的基本知识，同时还必须学习婴幼儿的护理知识和基本技能，这样才能在遇到问题时合理地解决。

3. 技　能

幼儿年龄较小，接受能力比较差，因此要求幼儿教师在教学过程中采用适合幼儿的方式，寓教于生活、游戏之中，使幼儿能够在不经意中接受知识。

4. 形　象

幼儿学习的一个重要方式就是模仿，而他们模仿的主要对象就是他们身边的人。作为经常接触幼儿的教师，其一言一行、一举一动都深深地影响着幼儿。因此，幼儿教师必须严格要求自己，注意自身的语言、态度、外在形象等，为幼儿树立良好的榜样。

5. 学　历

随着社会的不断发展和竞争的日渐激烈，对教师的学历要求不断提高，这是与社会发展相一致的。

以杭州市余杭区2019年教育系统第一批中小学、幼儿园教师招聘为例，幼儿教师报考的学历条件应为“全日制普通高校师范类学前教育专业应届本科毕业生”。

（四）发展路径

鉴于社会上幼儿教师队伍中存在的良莠不齐的问题，我国相关部门应该着力塑造幼儿教师的形象，规范幼儿教师的行为，制定统一的标准。幼儿教师自身也要不断提高专业知识和技能等，加强自身的职业道德建设，从而促使幼儿教师这一职业真正得到社会的认可，同时获得自身的发展。可以从以下几个途径来拓展幼儿教育这一行业的发展路径。

1. 由传统的单纯“保教结合”的幼儿教师发展为幼儿教学的研究者

按照传统的观点，幼儿教师就是在生活上照顾幼儿，在学习上传授幼儿简单易懂的知识，只需要应用他人的理论，借鉴他人的教学经验，而不需要创造知识，也不需要自己通过教学及学习来研究出一些成果。长此以往，不仅幼儿教师自身无法获得一定的发展，而且不利于整个幼儿教育事业的发展。

随着社会的发展和时代的进步，人们希望自己的孩子能够在幼儿园获得更广、更深、更有用的知识，对幼儿教师这一职业有了更高的要求。这需要幼儿教师通过不断学习提高自身的专业知识，同时拓宽自身的知识面，从而为幼儿提供更多、更有效的知识。在教学过程中，幼儿教师也应该不断发现问题，并且根据问题提出合理的解决方案，而不能仅仅套用以往的教学经验和教学理论。幼儿教育事业的不断发展及幼儿教师自身能力的不断提高，无疑能够逐渐满足家长们的要求。

2. 由传统的幼儿园单独安排课程转变为幼儿教师亲自设置幼儿园课程

幼儿教育和中小学教育不同，它的课程不是统一规定的，而是可以由幼儿园自主设置的。目前，很多幼儿园的课程千篇一律，许多课程都是为了迎合家长的需要而设计的，如英语、美术、音乐等。当然，这些课程能够在一定程度上提高幼儿的知识，同时也有助于促进他们的成长。但是教育应该是全面的，尤其是针对幼儿的教育。这就需要教师根据自身的知识水平和教学经验，以及本园幼儿的实际需求、接受能力和幼儿园实际的环境等因素来合理地设置课程，从而最大限度地促进幼儿的发展。

幼儿教师要参与建设本园的课程，需要具备深厚的知识功底，这就要求他们积极扩展自身的知识水平，提高学习能力、研究能力、教学能力和创新能力。因此，使幼儿教师参与到课程的建设中来，不仅可以促进幼儿教师的发展，使他们能够迎接挑战，不断发展自己，同时也有利于幼儿教育事业的发展，能够催生出很多新的幼儿教育理论，积累更多经验。

3. 由传统的单纯室内教学转变为教学资源多元化

在幼儿教育的课程编制过程中，需要一定的人力、物力及自然资源。幼儿教师应该根据实际情况，尽量开发一切可以利用的资源。

传统的幼儿教学往往局限于教室内部，教师单调地将知识通过语言、图像、声音等传授给幼儿，这种教育方式很容易使幼儿注意力分散。因此，就需要教师寻找一切有可能进入课堂，能够使教学活动的效果最大化的资源。课程资源的开发对幼儿教师来说是一个非常大的挑战，它需要教师具有较高的专业水平和卓越的创造力。在课程资源开发的过程中，幼儿教师通过与人、自然、社会的接触和认识，可以不断拓宽自身的知识面，提高自身的领悟力，从而促进自身的专业化发展。同时，对这些课程资源的开发与应用能够使幼儿更有效地学习，获得更大的收获，从而促进整个幼儿教育事业的发展和完善。

二、小学教师

（一）社会地位

2012年8月20日，国务院制定印发了《国务院关于加强教师队伍建设的意见》（下文简称《意见》）。《意见》对全面加强教师队伍建设、创新教师管理体制、加强教师工作薄弱环节等关键问题提出了具体的任务、要求和措施，提出“切实保障教师合法权益和待遇”，如强化教师工资保障机制、健全教师社会保障制度、完善教师表彰奖励制度、保障民办学校教师权益等意见。

（二）队伍构成

2013年全国“单独二孩”政策的实施，促进了适龄儿童人数的增长。至2019年，这批儿童中已有适龄儿童即将升入小学，因此对小学教师的数量和质量也提出了新的要求。2015年前后，浙江省各地市陆续取消了专科师范生考取小学教师编制的资格，小学教师准入合格学历陆续确定在本科及以上；目前，浙江省小学教师中拥有大学本科及以上学历者超过85%。

(三)准入条件

第一,教师资格证制度。现阶段我国小学实行的是国际上通用的教师资格证书制度,培养模式还是以高等师范院校为主,同时积极鼓励其他各类特别是综合性大学承担部分师资培养的任务。这不仅有利于改变现阶段传统单一的教师结构,同时也会增强传统师范教育的市场竞争能力,培养高素质、高标准的教师队伍。对教师的选用不再拘泥于师范院校,那些有志于教育事业的人通过严格的教师职业训练,具备了做教师的资格后都可以进入教师队伍。这样在保证新进教师素质的同时,抬高了教师职业的门槛,进而提高了教师职业地位。

第二,学历要求。大学本科及以上。

第三,业务能力(主要是教学能力,包括普通话水平、板书等)要求。教师的教学能力是教师队伍水平高低的重要表现,决定了课堂教学的效率。提高教学能力即训练教学基本功,包括课前准备基本功(如分析学生情况、分析教材、编制教案等),课堂教学基本功(如组织教学语言、板书、组织教学、根据情况选择教学方法等),学科专项基本功(如教师口语、英语知识的掌握等),信息技术辅助教学基本功,活动课教学基本功,思想教育与能力培养基本功,教学测量评价基本功和教学研究基本功,等等。只要把各项基本功都练好了,教学能力自然会提高。

第四,身体健康要求等。

(四)发展路径

根据小学教师队伍现状及存在的问题,我国应从以下几个方面加强小学教师队伍建设,以全面提高教师的整体素质。

一是建立科学有效的教师培训制度。标准不同,培训的类别也不同。按培训时间,可分为周末培训、假期培训等;按教师入职年限,可分为教师入职培训、在职培训等;按培训内容,可分为学科专业培训、教育新理念培训、学历培训等;按培训形式,可分为面对面培训、网上培训等。教师可根据不同的需求,选择适合自己的培训方式和培训产品,以实现培训的时效性和实用性。讲授式培训若结合实践性较强的参观学习、榜样示范等会效果更好,更能促使教师及时更新知识结构。培训的时间要以教师的正常教学工作时间和休息时间为准,例如,可精简培训内容、缩减培训时间、借助网络培训等。此外,学校和各级教育部门要适当增大支持力度,避免教师因其他原因无法参加工作和自身发展所需要的培训。

二是提高教师的学历水平。提高教师的学历水平首先要在职提高,鼓励有条件的教师深造，通过函授、自学、研究生课程班等方式提高现有教师的学历层次；其次，补充新教师时要高起点、多渠道。高起点即城镇小学教师的补充应以本科学历为主。多渠道开拓教师补充渠道，即除了从师范院校引进新教师外，还可结合教师资格制度，面向综合院校或社会招聘具有教师资格的优秀人才，从根本上提高教师队伍的水平。

三是培养与基础教育课程改革相适应的新型教师。基础教育课程体系改革，将单科性课程整合为综合性课程并增加了心理健康教育课，而目前能够完全胜任或适应课程改革的教师还很缺乏。这就需要一方面以高等学校和研究机构为依托，加强对现有教师各学科师资新课程理念和实际操作技能的培训，拓宽他们的学科领域和知识体系；另一方面，承担师资培养任务的师范类高校要根据基础教育课程改革和其他的教育行动，积极、及时地进行专业结构调整，提高未来教师的水平。

三、教育培训

（一）社会地位

培训师与传统的教师有所不同，他们具有一定的专业性和社会复杂性，但是仍然属于教育的范畴。随着竞争逐渐激烈，社会对人们的专业技能等方面的要求越来越高，企业、个人等对培训的需求也逐步增加。社会上的培训师虽然很多，但是真正合格的却较少。同时，由于人们对培训师这一行业的要求很高，培训师的发展现状依赖于社会对该培训师及其课程的认同度，因此，真正成功的培训师并不是很多。然而，这并不能阻止一些人对成为培训师的向往。

培训是培训师最为主要的工作，其工作内容主要包括以下几个方面。

1. 分析培训需求

培训需要通过具体的调查，根据社会和个人的需要，找出现实需求与人们能力之间的差距，从而为制订培训计划做好充分的准备工作。

2. 制订培训计划

针对前期对社会需求的调查，培训师可以制订具体的培训计划。计划的主要内容应根据工作性质等方面的变化而变化。计划通常包括目标、措施、步骤和约束条件四个因素。制订培训计划不仅要考虑计划实现所需的时间问题，同时也要考虑经费问题，尽量做到效益最大化。

3. 设置培训课程

在培训计划制订结束后，就要展开具体的课程设置工作。这是培训工作的重点，它不仅与现实需求相连接，同时也对培训师自身提出了较高的要求，能充分体现培训师的知识水平及教学技能等。在授课过程中，培训师可以要求学生对自身做出培训评价，指出自身的优缺点，从而改善自身的不完善之处，发挥自身的长处，在不断提高自身水平的同时，使学员获得更大的收益。

4. 组织管理教学活动

培训师针对的客体是来自全国各地的不同年龄、不同性别、不同部门的学员，因此在培训时，要合理地组织教学活动。一般需要安排好教室、教学设备，协调好教学时间等。同时，针对不同类别的学员，要做全面的准备工作，使自己所讲授的知识对每一位学员都有帮助。这就要求培训师不仅具有较高的专业知识水平，同时还要扩展自身的知识面，了解多方面、多领域的知识。

由于社会对培训师的要求比较高，培训师的收入还是比较可观的。一般的培训师工作一天能够收获几百元甚至数千元，而知名的培训师每个月甚至可以赚取数十万元的报酬。这也是很多人希望成为培训师的原因之一。

（二）准入条件

1. 兴　趣

做任何工作，首先都需要培养对这一工作的兴趣。只有有了对工作的兴趣，才能积极主动地投入工作之中，认真发现工作中存在的问题，并不断针对问题提出合理的解决方案，从而在工作中实现自身的价值。要想成为培训师，也要培养自己对这行业的兴趣，随时发现与行业相关的问题，考虑社会和个人的需求，在授课时善于发现问题，不断充实自身的知识。

2. 口　才

培训师授课的主要方式就是面对学员讲授知识，这就要求培训师具备较好的口才。否则，即使有再多的知识，再高的水平，没有办法讲出来或者讲不清楚，也无法得到学员的认可。

3. 形　象

作为一名培训师，面对的是众多的学员，因此，培训师一定要注意自身的形象，对于自己的教态、语速、衣着等都要加以注意。一个衣冠不整、扭捏作态的人是不可能成为合格的培训师的。只有不断完善自身的形象，才能使学员接受自己，达到较好的教学效果。

4. 知　识

培训师是为学员传道授业解惑的，因此必须具备专业的理论知识，高超的教学技能、经验。这不仅需要日积月累，还需要培训师不断发现问题，投身实践，锻炼自身的技能。培训师要讲授的东西不是一成不变的，要与时俱进，紧随时代脉搏，这就要求他们具备深厚的基础知识和经验，以及思考问题的能力、理论联系实际的能力和创新能力。

（三）对培训师的素质要求

要想成为一名合格的培训师，首先，要具有一定的逻辑思维能力，讲课时能够做到思路清晰，有条不紊。其次，需要较强的语言表达能力，能够将问题表达清楚，使学员能够较好地接受知识。最后，需要有良好的职业道德，对学员负责。这些只是成为一名合格的培训师所需要具备的最基本的条件。要想成长为一名优秀的培训师，还必须具备以下条件。

1. 优化的知识结构

要成为一名优秀的培训师，需要具备优化的知识结构。培训师要培训他人，首先必须掌握较高水平的专业理论知识，能够较好地把握本专业的发展动态、焦点问题，以研发课程。不仅如此，还要具有科学知识、相关的信息知识等。优化的知识结构是复合型的而非单一的，它要求培训师必须掌握多方位、多角度的知识，改善自身的教学态度，完善自身的教学技能，从而为学员提供更高水平的培训。

2. 较高的教学水平

一名优秀的培训师要熟练掌握讲课时所需要的各种技巧，在课堂上能够利用各种方式教学，例如，采取传统的讲授方式、借助电子工具向学员展示更容易理解的声像案例、组织讨论等。这样，不仅能够充分调动学员的积极性，也能够将自己所有的知识较好地传授给学员。要按照专业培训师的标准严格要求自己，在授课的语速、话语方式、语调、语音、形象等方面加以注意，不断完善自身形象。在具备一定的教学经验基础之上，要探索适合自己的授课方式和讲课风格。一些流行的授课方式并不一定适合所有人，只有运用适合自己的方式才能达到最好的效果。

3. 完善的培训理念

培训师在培训时，必须要做到以学员为中心。因为培训是针对学员的，培训师是教学的主体，学员是教学的接受者，是培训师教学的对象，培训的目的就是要使学员能够充分吸收知识。因此,培训师在进行培训时必须做到一切从学员出发,培训方式、培训内容等都要从学员的具体情况出发。

培训师要尽量调动学员的学习积极性,与学员相互交流,教学相长。培训师可以采取不同的教学方式为学员提供课堂参与的机会,通过培训使学员明白学习的意义,提高学员学习的主动性。

4. 持续的学习和实践

社会在不断进步,因此要求培训师必须紧随时代脉搏,不断提高自身的知识水平。这就需要培训师通过不断学习来提高自身水平。培训师在学习过程中可以采取不同的方式,例如,通过阅读书籍,浏览文章,关注社会最新动态,参加网上课堂等,不断提高自身的理论水平和实践技能。同时,培训师在学习的过程中还要重视对知识加以利用,将自身的知识应用于实践,深入实践,通过理论来指导实践,通过实践来检验自身知识的正确性。只有这样,才能更好地结合实际来培训学员。

(四)发展路径:培养"双师型"培训师

教育培训师在一定程度上体现了教育机构的实力,因此,无论是社会、企业还是个人,对培训师的要求都越来越高。许多培训师也逐渐意识到自己职业发展的重要性,因此树立目标并为之努力奋斗,将自己变成行业的多面手。

1. 素质与能力并重

培训师是个高薪职业,与普通教师相比,他们的收入令人羡慕。这就需要培训师具有良好的思想道德素质和较高的职业素养,忠于教育事业并愿意为之奉献力量。同时,他们还要具备扎实的理论知识和较高的教育教学能力及较深的行业实际操作能力。这就需要培训师不断地学习新知识和锻炼能力,以增强自身的综合素质。

2. 持证上岗

除了必备的文凭外,培训师还要考取资格认证证书、专业技术等级证书等,并以此作为评级晋升、评奖评优的先决条件,从而不断加强自身发展。

第四节　师范生职业生涯规划的制订和实施

教师职业生涯是一个人作为教师从事教师职业的整个过程。因此,教师的职业生涯规划是对有关教师职业发展的各个方面进行的预设和规划，具体包括对教师职业的选择，对教师职业目标与预期成就的设想，对工作单位和岗位的设计，对成长阶段步骤及环境条件的考虑等。对于目前在校的师范生来说，从职业选择角度来看，大部分人职业发展的方向就是成为一名合格的教师。因此，从接受师范教育阶段就制订一份教师职业生涯规划不仅可以使师范生在上大学期间学有目标，不断充实、提高自己，也是他们未来教师职业成功的保证。

一、制订职业生涯规划的步骤和方法

作为一名师范生，一般来说缺乏社会经验，对于职业的了解和体验没有一点积淀，因此，在制订职业生涯规划的时候必须注意和思考以下问题。

1. 了解自己

了解自己实质上就是对自己进行反思，通过自我反思，充分认识自己的发展状况。自我反思是对自己各方面情况进行的一种回顾、分析和总结，明确自己处于什么样的状态，反思自己的特点，挖掘自己的优势和潜能，清晰地发现自己的劣势。自我反思应尽量全面而具体，并且要尽量客观、真实地分析当时的特点、优势和劣势。

第一，对自身素质特点的反思。反思自身素质，是为了搞清楚自己的长处和短处，以利于在职业规划中扬长避短，或扬长补短。

反思的具体内容包括：

(1)知识状况：比如，知识面宽不宽？哪些方面的知识多，哪些方面的知识少？学习活动中常常因为缺乏哪些知识而被困扰？读过多少书？对最新的知识及其动态是否了解？

(2)能力状况：哪些能力强，那些能力弱？学习活动中常常因为缺乏哪些能力而被困扰？

(3)个性特点：是内向的还是外向的？独立性强还是从众性强？是理智型还是情感型？和同学、老师相处容易吗？因为缺少哪些素质而影响和同学、老师的关系？

(4)总的特点：我是属于何种类型？

第二，对成长历程的反思。对成长历程的反思，有助于增强自身的生涯意识、成长意识、发展意识，有助于了解自己已取得的成绩和存在的不足，了解自己所处的成长阶段。

反思的内容可以包括:我现在在哪里?我现在在成长阶梯的哪一级?我的成长历程已经经过了几个阶段?这几个阶段各自解决什么问题?有哪些成长的经验?还有哪些成长的问题和障碍?有哪些关键性因素影响了自己的成长?自己未来成长的可能性有哪几种,各自的可能性有多大?我的终极愿望和需要是什么?我要到哪里去?通过什么途径能够达到这样的目标?等等。

2. 了解学校

学校是师范生未来职业发展的空间,因此制订职业生涯规划必须了解学校,否则,职业规划会缺乏操作性。对学校的了解可以从以下几个方面进行:学校能为教师提供多大的发展空间?学校为教师的发展提供了多少可资利用的资源?同时,学校的发展环境对教师的成长也是非常重要的。同样水平的教师在不同的学校教学,经过若干年的发展,肯定有很大的差别。选择好学校固然重要,但充分利用学校现有的发展资源亦同样重要。学校的发展资源主要包括学校运行制度、学校的办学思路、可开发的课程资源和学校教师的总体素质。学校的发展环境可以从两个层面加以把握:第一层面,学校的发展潜力,即学校里有哪些东西是基本不会改变的,有哪些东西是近期内可以改变的,有哪些东西是今后必然会改变的;第二层面,自己可获得的发展资源,比如,自己哪些方面的优势在这个环境里能够得到充分发挥?

3. 了解职业前景和专业前景

有人说现在的教师非常辛苦,身心疲惫;有人说教师仍然是一个备受尊重的职业。而在师范生的眼里,教师这个职业的前景究竟是什么呢?教师这个职业是好还是坏?好在哪里又坏在哪里?现在教师教育体制也在逐步改革,这些改革对教师职业会有什么影响?一句话,作为师范生对自己将要从事的这个职业要有深入思考,要思考在中国社会中教师这个职业有什么发展前景,也需要思考将来所教授科目的专业前景。

4. 明确目标

在对自身的实际和学校的发展环境进行分析之后,对自身发展潜力和发展空间也有了一个全面的了解,职业发展的目标也就逐渐凸显出来。此时,师范生可根据个人的特点、兴趣、能力、经历等,制订一个适合自己的工作目标。在人生发展过程中缺乏目标引领的人是没有追求的人,也是蛮干的人。从时间上看,目标大体上可以分成近期目标、中期目标和长远目标。

这里详细讲解长远目标的确立。成为高级教师、模范教师或者特级教师，是每一位教师孜孜以求的目标，但这只是外在的东西。教师的长远目标应当是教育水准的不断提升，教育思想的渐进深刻，教育影响的持续拓宽。每一所学校，好教师不少，各有特色，既有以教学见长的教学型教师，又有以教育科研见长的教研型教师，同时也有以学校经营见长的领导型教师。因此，师范生应根据自身的知识结构、职业素养及思维方式选择发展路径。

职业规划中的三个层次的目标详略是不同的。长远目标注重长远，只要目标明确，有个大体构想即可；近期目标则要目标具体、行动明朗、弹性适度；中期目标要求阶段性目标清晰，工作重点明确。

5. 撰写职业生涯规划书

撰写职业生涯规划书实质上就是为实现自己的职业目标制订计划，也就是行动计划。一般来说，确定职业生涯发展目标后，就要制订相应的行动方案来实现目标，这就如同攀登阶梯，需要明确又具体。职业生涯规划书一般可以采用计划式文章的形式表达，也可以采用表格或图形（阶梯式、圆周式、模型式等）的形式表述。不管采用什么表达形式，其所包含的主要内容都是一样的。

二、职业生涯规划的内容

著名职业生涯学研究者与培训师程社明博士提出，一份内容完整的职业生涯规划应包括相互密切关联的九项内容。

（1）题目，包括姓名、年限、年龄跨度、起止日期。

例如，XXX五年教师职业生涯规划：2019年9月至2024年9月，22—27岁。

（2）职业方向及总体目标，指从业方向和当前可以预见的最长远目标。

（3）社会环境分析结果，包括对政治环境、经济环境、法律环境的分析，还包括职业环境分析。

（4）行业分析结果，指对打算从业的教师职业进行行业分析，包括对行业文化、发展领域等的分析。

（5）自身条件及潜力测评结果，包括了解自己的目前状况和发展潜能。

（6）角色及其建议，记录对自己职业生涯影响最大的一些人的建议。

（7）目标分解及目标组合，分析实现目标的主要影响因素，通过目标分解和目标组合得出成功的标准。

(8)差距,即自身现实状况与实现目标要求之间的差距。

(9)缩小差距的方法及实施方案。

三、职业生涯规划的实施

职业生涯成功是个人职业生涯追求目标的实现,也是师范生自我价值的实现。爱迪生有句名言:“天才是1%的灵感加99%的汗水。”付诸行动的努力是实现职业生涯规划目标的唯一途径和选择。

对于师范生来说,在确定了职业生涯发展路线和目标之后,行动就成为取得职业生涯成功的关键环节。没有达成目标的行动,就不可能有达成目标的事实,也就谈不上职业生涯的成功。对目标的追求,就是通过具体措施不断向目标接近直至实现的过程。这些措施通常包括学习、训练、实践等方面。职业生涯规划的基本要素可以归结为知己、知彼、抉择、目标和行动,其核心是行动。

如何才能通过不懈的追求使自己的职业生涯成功呢?在实施过程中必须把握好几个方面的内容,即对准差距、把握原则、危机与挫折应对等。

(一)对准差距

追求教师职业生涯成功的过程实质上是一个不断缩小差距,与理想目标零距离接触的过程。对准差距就是将自己的现状属性特征与目标属性特征进行比较,找出两者之间的差距。只有充分地分析目前的状况与实现目标所需要的知识、能力、观念等方面的差距,才能采取有效的行动。

1. 思想观念的差距

思想观念是对人对事的一种价值观,不同的观念会导致不同的行为方式,其中一个重要的内容就是职业价值观。教师职业虽然被人们比喻为“太阳底下最灿烂的职业”,但每一个师范生对其的具体理解是不尽相同的。职业目标不同的人,通常其思想观念也是不一样的。思想观念的不同,往往决定了职业目标的高低或异同。如同样是做教师,对于有的人来说仅仅是做一名好教师,而对于有的人来说则是要取得事业的成功。因此,对于师范生来说,在职业目标追求过程中,一定要通过学习、理解并反复实践来不断提升和端正自己的思想观念和职业价值观。

2. 知识的差距

实现一定的目标必须具备一定的知识结构和丰富的知识积累。在现代社会,知识的差距往往导致目标追求的失败。师范生正在努力构建自己的知识结构，这对缩小知识的差距是有利的。但同时也必须看到，人生的时间、精力有限，而人所需要的知识量又迅速增长，新知识不断涌现，新旧知识更新加快，因此，师范生要适应知识经济和信息化时代，就必须树立终身学习观念，博览群书，在追求目标之前和追求目标实现的过程中，完成知识储备，适应教师职业目标的要求。

知识的价值更在于应用。师范生除了储备一定的知识量，更为重要的是提高自己的知识应用能力和水平，增强技能素质。当今社会是一个改革的时代，教育改革是世界潮流，我国的教育也不例外。基础教育领域的各种改革信息非常广泛，师范生必须关注这些改革信息，在此基础上丰富自己的知识，只有找准自己在知识量和知识结构上与教师职业生涯目标的差距，补缺补差，才能具备追求目标的最基本的能力。

3. 能力的差距

能力是一个人达成目标的技术手段和方法应用水平，是实践和操作水平的体现。不同的职业生涯目标必须具备与之相适应的不同的能力要求，一般这种能力是指职业社会能力。从事教师职业，除了具备专业技能之外，还必须具备基本的能力素质和能力结构。基本能力包括想象能力、交往能力、适应能力、坚持能力、责任能力、分析问题及解决问题的能力、表达能力、情绪控制能力、创新能力等。例如，对于一个教育管理者，除了具备良好的教学水平外，还应该具备领导能力、决策能力和组织协调能力等；如果想成为一名教育科学研究工作者，就必须具备教育理论专业知识应用能力、调查实证和分析能力、语言表达能力、逻辑思维能力和推理能力等。

在某种程度上而言，拥有能力比拥有知识本身更重要、更关键。师范生只有不断完善自己的能力结构，通过专业学习、社会实践、人际交往等方式来提高能力和水平，并不断夯实和拓宽自己的基础性能力素质，才能适应教师职业发展对于能力的要求。

4. 心理素质的差距

心理素质涉及一个人的毅力，面对变故和挫折时的心理承受能力。美国人类行为学家丹尼斯·维特利博士根据自己多年的研究，认为成就大业者应具备十种心理素质：现实的自我觉察、现实的自我尊重、现实的自我控制、现实的自我动机、现实的自我期望、现实的自我想像、现实的自我调节、现实的自我修养、现实的人际范围和现实的交际能力。心理素质一个很重要的内容就是情绪能力(即情商),它是指了解自己的情绪,接受、调整自己的情绪,理解别人的情绪,接纳别人的情绪的能力。情绪能力不仅对一个人的行为起重要的支配作用,也直接关系到能否处理好各种各样的人际关系,从而赢得社会关系和社会资本。教师在整个职业生涯中始终与人打交道,人不仅是理性、理智化的,而且是非常感性、情感化的,善于控制自己的情绪是教师的基本功,也是教师正常开展教育教学活动的基础。因此,对于师范生来说,不断加强和提高自己的心理素质尤为重要。

(二)把握原则

在追求教师职业生涯成功的过程中,师范生实施行动时要遵循以下五个原则。

1. 自己主宰原则

在人类的所有活动中,任何行动都应该属于自己主宰的行动,被别人主宰的行动,是永远达不到自己所要达成的目标的。自己确定的目标,要想实现它,虽然在高科技迅猛发展的当今社会需借助自己周围的各种资源和力量,但最终起决定作用的还是自己。通往成功的道路有许多条,面对多种选择,最终做出决定的还是自己。做自己目标的主人,就必须清醒地意识到:“我”在做什么,爱“我”做的事,相信“我”自己,并努力履行好自己的人生职责和社会责任,在实现目标中完善自我,在完善自我中追求目标。心理学家布伯曾经指出:凡失败者,皆不知自己为何;凡成功者,皆能非常清晰地认识自己。失败者是一个无法确定地对情景做出反应的人;而成功者,在人们的眼中必然是一个确实可靠、值得信任的人。只有清醒地认识自己,才能成为自己的主人。

2. 循序渐进原则

循序渐进原则是实现教师职业生涯成功的重要方式。循序渐进原则有三层含义,即在追求目标的过程中先实现小目标和次要目标,再追求大目标和主要目标;先完成近期目标,再实现远期目标;先实现较容易实现的目标,再攻克比较难以实现的目标。

师范生要贯彻循序渐进的原则,就必须做到:

(1)从小事做起;

(2)步步为营,一步一步地走下去;

(3)学会“化整为零”,层层落实;

(4)改变拖拉的习惯;

(5)适当调整进度。

3. 有始有终原则

一个人要实现自己的职业生涯目标,只有立即行动还不够,还要不怕困难,持之以恒,有始有终。追求教师职业生涯成功就像农民打井一样,一镬头下去,看起来好像没有什么作用,但认准一个地方,一镬头一镬头地挖下去,一定会打出一眼井水。对待目标要始终如一地坚持,不可半途而废,功亏一篑。在追求目标的过程中,要认识到前进的道路上不可能一帆风顺,可能会出现各种各样的困难和矛盾。面对困难和矛盾,要敢于正视,像愚公移山那样,面对大山毫不动摇,奋斗不息,坚持不止。

4. 有效行动原则

在追求教师职业生涯成功的过程中,采取的行动务求有效,要讲究方法,合理实施教师职业生涯规划的"施工计划"。在职业生涯规划中要做到三个有效:有效的目标、有效的计划和有效的行动。

有效的行动就是行动要始终围绕目标进行,就像打靶一样,无论从哪个方向射击,无论怎么射击,都要对准靶心,把握好行动的方向,这是使自己的行动成为有效行动的前提。要做到这一点,必须加强自己行动的方向性,不偏离目标轨道,同时,还必须集中力量向目标进攻,排除无益于目标实现的活动和干扰,不受他人影响。

在计划实施的过程中,检查行动是否偏离方向和轨道的方法,是检验行动与短期目标尤其是周目标和日目标是否相符,如果不符,就应引起注意,调整自己的行动方案。要集中力量向目标迈进,不把过多的精力耗费在无谓的事务上,减少精力资源的浪费和目标的拖延;另外,还要排除从众心理和外界不利于目标实现的因素的不良干扰。

5. 目标并进原则

目标并进是指在实施教师职业生涯目标计划的同时,推进人生目标计划:在对待教师职业生涯的子目标群时,要并进处理,利用目标组合的原理,统筹规划,系统实施。目标并进原则实际上也是统筹行动原则和全面发展原则的体现,就是说在追求职业生涯目标的同时,还要兼顾其他人生目标。因为人生是丰富多彩的,而不是单一的。坚持目标并进,首先要具备较强的统筹能力,比如运筹时间的能力,还要具备处理目标关系的能力,既善于分解目标,又能合理组合目标。

(三)危机与挫折应对

目标追求不可能是一帆风顺的。在追求目标实现的过程中,目标本身也可能出现起初并没有想到的危机。目标追求危机是指在目标追求过程中的目标计划实施困境或失败。在人生发展过程中,出现目标追求危机并不可怕,关键是要善于及时发现危机,化解危机,善于积极应对挫折。

1. 目标追求危机

对于师范生来说,目标追求危机主要表现在两个方面,即目标不合理和选错职业。

没有正确的目标,就没有职业生涯的成功。由于目标本身具有动态的特点,随着师范生专业知识的日渐丰富、眼界的日渐开阔、有关因素的调整等,他们有时会发现自己设定的目标出现了方向性偏离。面对此种境地,只有两种选择:要么调整自己的行动以适应目标,要么调整自己的目标以迎合行动。但必须经过慎重的重新分析、论证和评估,以免贻误目标的确立和实现或贻误人生发展的机遇。有关调查表明,大约80%选错行业的人,最终都会在职业生涯上失败。

师范生在选择教师职业的时候,不仅要考虑自己的性格和兴趣,而且要考虑自己的特长和专长。有的人虽然不喜欢教师职业,但也许经过一个阶段的调整和适应,会产生行业荣誉感,进而爱上原以为并不喜欢的教师职业。如果经过认真思考,发现自己确实无法适应教师职业,那就要重新制订自己的职业生涯规划了。

2. 挫折应对

在追求教师职业生涯成功的过程中,遭受挫折是每个人都在所难免的。所以,对任何人来说,都应有职业生涯发展受挫的心理准备,学会从跌倒中爬起,增强耐挫力和社会适应能力。师范生增强应对挫折能力的关键是在自我教育和社会实践过程中,不断提高自己的心理素质和情绪智力,提高心理承受能力,增强社会化水平和社会适应能力,成为生活的强者。

一个人在职业生涯目标追求过程中如果遭遇挫折,一定要坦然面对,敢于接受,冷静思考,理性分析,积极寻求新的转机和希望。

推荐阅读

大一女生的职业生涯规划

我来自皖北的一座小城，父母都是农民，他们的文化程度不高，弟弟还在读高中。我家乡的教育水平和教育质量与我国大部分地区相比仍然处于落后水平。我们家以农业作物收成为主要经济来源，处于温饱水平。父母希望我把握住上大学的机会，在大学中努力学习专业知识，并积极参加学校举办的各种活动，充分利用好大学这个平台，以后回到家乡，为家乡的教育事业贡献自己的绵薄之力。

从地处南方的安徽来到位于西北地区的榆林学院，迈入大学的兴奋很快消失，随之而来的是不知所措，然后是突然失去方向的迷茫。前路如何，很少有人告诉我。面对课上老师们侃侃而谈的深奥的专业知识，课下一拨拨社团组织的纳新活动，我十分迷茫，甚至可以说失去了动力。从高考的压力中解脱出来，想得更多的是放松而不是朝着未来努力，在这个千变万化、绚烂多姿的世界，有太多东西吸引着我，让我跃跃欲试。然而，如果你连要去哪里都不知道，那还能去哪里呢?

迷惑于一串串无知的问号时，恐惧与困惑便油然而生，幸运者突出重围而春风得意，落魄者便一蹶不振而顾影自怜。规划好自己的生活，绘出一张美好的蓝图，盯紧一个坚定而又远大的目标，做到日日有计划，周周有计划，恰恰是成功的关键。要在“一沙一世界，一叶一宇宙”的平凡中蹒跚前进，不断超越自我。规划职业生涯不仅仅是规划未来你想要什么，更是明确现在你要做什么，你能做什么。

根据MBTI性格测试，我属于ENFJ型：为人热情、为他人着想、有责任心；非常注重他人的感情、需求和动机；善于发现他人的潜能，并希望能帮助他们实现；能成为个人或群体成长和进步的催化剂；忠诚，对于赞扬和批评都会积极地回应；友善，好社交；在团体中能很好地帮助他人，并有鼓舞他人的领导能力。ENFJ型适合从事的职业有广告客户管理、杂志编辑、公司培训师、社会工作者、教师等。

根据霍兰德职业兴趣测评，我属于研究型和艺术型人格：我认为人的感情是最重要的，能很自然地关心别人，以热情的态度对待生命；我会按照自己的价值观生活，对于所尊重和敬佩的人、事业和机构非常忠诚，对未知的事物充满好奇心，精力充沛、满腔热情、富有责任感、勤勤恳恳、锲而不舍；我具有自我批评的自然倾向；对他人的情感具有责任心，很少在公共场合批评人；能敏锐地意识到什么是合适的行为;具有平和的性格与忍耐力,富有同情心和理解力,愿意培养和支持他人;能很好地理解别人,有责任感,关心他人。研究型和艺术型人员适合培训、咨询、教育、新闻传播、公共关系、文化艺术等领域的职业。

从个人角度来看,我认为目前虽然教师供大于求,但社会仍然缺乏拥有高水平高技能的教师。不过,如果想在众多教师中脱颖而出,还要具有扎实的教学知识和优秀的教学能力。现在的教师招聘都要求应聘者具有本科以上学历,而且对于化学这种高中才重点开设的学科,大多要求应聘者具有研究生学历。现在国家提供了特岗教师招聘等各种类型的就业机会。

作为化学教育专业学生,我首要的选择是做一名高中化学老师。国家对能源化工行业高度重视,目前能源结构正处于转型期,需要大量相关人才。如果能做一名高中化学老师,可以在化学这个学科的启蒙阶段培养学生的兴趣,为学生将来从事能源化工类工作打下基础。

作为女生,我具有当老师所需要的细心和耐心,做事认真,有较强的上进心,肯吃苦,也有钻研难题的好奇心和决心等。

大学期间,我会努力完成学业,争取拿到各类所需的证书。大学毕业后,我计划读研,并在不耽误学习的前提下做兼职来满足自己的日常消费开支。有句话说得好:你的过去决定了你的现在,你现在所做的一切同样也决定了你的未来。同时,我将利用课余时间做家教,锻炼自己的思维和表达能力,同时掌握一些教学技巧及与学生相处的方法。

我要积极参加各种活动,增长自己的见识。在学习工作之余,常与家人联系。我希望研究生毕业后回到家乡工作,与亲人朋友相伴。

根据个人的性格类型和职业兴趣及所学的专业,我为自己设计的职业生涯目标如下:

第一,近期目标:考取计算机二级证书、英语四级证书、普通话证书、教师资格证、化学检验工资格证,获得国家奖学金、各种荣誉证书。

第二,中期目标:考上陕西师范大学研究生。

第三,远期目标:当一名高中化学老师。

在职业生涯规划方案的实施过程中,会由于各种原因产生偏差,我会根据具体情况对规划内容做合理调整,努力让规划更贴合实际。

总之,我将以最终成为一名高中老师为总目标,按照每个阶段的小计划一步步实施。由于社会对人才的需求是多元的,职业生涯规划的目标也应是多元的,但是我会坚持以总目标为主、其他目标为辅的原则,努力实现整个规划。简言之,实践是检验真理的唯一标准,规划是否成功,需要现在的努力和未来的成绩证明。

(作者:罗娇,榆林学院化学教育专业2016级本科生)

1. 结合所学内容,完成一份自我认知报告。
2. 结合对专业和职业的认知,说说你的看法,并制订一份职业生涯规划书。

第三章

师范生的大学规划与就业能力养成

思维导图

第一节　师范生的大学规划

一、师范生学业、就业、职业和事业的内涵解析

我的大学

师范生作为未来的人民教师，只有清楚学业、就业、职业和事业的内涵，明晰四业之间的正相关的关系，才能在大学学习、生活中明确目标，并为此拼搏与奋斗。

（一）学业是师范生为人师的根本保证

大学生的学业是指大学生在高等教育阶段所进行的以学为主的一切活动，是广义的学习阶段，它不仅包括科学文化知识的学习，还包括对思想、政治、道德、业务技能、组织管理、协调能力、科研创新能力等的学习。

高等师范院校按照国家人民教师的标准培养师范生，当前国家对教师的要求是专业化。教师专业化是指教师职业具有自己独特的职业要求和职业条件，有专门的培养制度和管理制度。师范生的培养是教师专业化的重要组成部分，师范生学业完成得如何、就业能力如何直接影响教师的专业化水平。

教育部中学校长培训中心主任、华东师范大学教授陈玉琨给教师专业发展提了五条建议：一是坚持教学相长，在师生交往中发展自己；二是反思教学实践，在总结经验中提升自己；三是学习教育理论，在理性认识中丰富自己；四是投身教学研究，在把握规律中端正自己；五是尊重同行教师，在借鉴他人中完善自己。

基于此,师范生应从以下三个方面来完成学业:一是培养良好的道德素质,二是培养稳定健康的身心素质,三是着力提高教学技能。

在道德素质方面,教师职业道德在一定程度上决定和制约着学生其他方面的发展,影响着学生整体素质的提高。教师的师德会经学生的"扩散作用"推广到整个社会。《中小学教师职业道德规范》明确了"爱国守法、爱岗敬业、关爱学生、教书育人、为人师表、终身学习"的要求。

几十年了,我每天的生活就是这样简单:早晨5:00起床,直奔天津市游泳训练中心,游一小时。然后,骑近一个小时的自行车,在7:30之前,赶到远在津郊小稍直口的学校,开始一天的教学和管理工作。晚上,再与我自己带的后进生夜读到22:00,回到家已过23:00,还要翻阅一天的报纸。这是我每天的工作和生活的基本模式。后来学校迁到市区,从2003年起,因故我没再坚持游泳,其他的一切都没变。天天如此,月月如此,年年如此。

也有好心的朋友劝我说,毕竟是年近古稀的人了,悠着点儿干吧,别累着自己。

说来也怪,我怎么就没有疲劳感,没感到累呢?

我思考了一下,可能是我多年坚持游泳,锻炼了一个好体质。还有,我坚信人体的潜能是无限的,只要努力就能做到。当然,最重要的还是人活着要有一种精神,要有一个目标,坚持不懈地往前奔,这是生命的动力!

我生命的动力,就是发自内心深处的对学生的爱、对教师的爱、对学校的爱。

(来自王桂儒:《托起明天的太阳》,高等教育出版社2009年版)

这就是中国当代教育名家王桂儒,她用自己的言行践行了教师的职业道德。她热爱学生、热爱教师、热爱学校,献身于教育事业。

在身心素质方面,教师心理素质在整个教育过程中也十分重要。因为没有良好的心理素质,教师的整体素质难以发展到高水平,也很难保证教学质量。当代教师应具备以下六个方面的心理素质:一是敏锐的观察力,二是高尚的情感,三是丰富的创造力,四是广泛的兴趣,五是坚强的意志力,六是健全的人格。

在教学技能方面,教师要具有课程意识、学生意识、开发意识、问题意识。具体而言,应具备八种能力:一是知识的处理能力,二是教学组织能力,三是言语表达能力,四是书面表达能力,五是研究能力,六是书写能力,七是计算机操作能力,八是制作能力。

师范生只有在大学期间努力提高自身各项能力,掌握本领,出色地完成学业,才能实现自主充分就业,在未来工作中把握自己,立于不败之地。

(二)就业是师范生安身立命之本

就业是人们改善生活的基本前提和基本途径,是关系到每个人切身利益的现实问题,也是当前世界发展进程中面对的问题之一。大学生的就业即得到一份工作。师范生的就业是指其完成学业后同生产资料相结合,得到一份工作。师范生是高校毕业生就业群体中的重要组成部分,社会也极其关注该群体的毕业状况与前景。因此,师范生在当前经济与就业形势下树立科学的就业观尤为重要。

科学的就业观是指求职者以正确认识个人与社会的关系为前提,在客观评价自我、理性认识就业环境的基础上指导求职者的职业发展,并最终使其树立自身需要与社会发展相适应的就业观念。树立科学的就业观是大学生成功就业的重要因素。

树立科学的就业观念,首先,可以使师范生认识到就业与人生发展的关系,从而发挥主观能动性,有意识地结合职业理想,自我发展,真正实现"要我学"到"我要学"的转变;其次,可以使师范生正确认识自己的特点与职业需要,全面分析专业对口、事业发展、职业规划等方面,找到岗位和自己的对接点,积极就业,从而实现人职匹配、人职和谐;再次,可以使师范生正确认识自我发展与社会需要的关系,既尊重自身的发展,也注重到祖国最需要的地方去,从而实现自身需要与社会发展的和谐。因此,只有树立了科学就业观,师范生才能有发自内心的学习动力;只有树立了科学就业观,师范生才可能找准自己与社会的契合点,从而顺利及时就业;只有树立了科学就业观,师范生才能无悔于自己的选择,从而快速健康发展;只有树立了科学就业观,师范生才能人尽其才,从而在根本上提高就业的满意度和工作质量。

临近大学毕业,许多老师对我表达了几乎一致的评价和信任:不管你被分配到哪里工作,一定是一个有群众观点又善于独立思考的人,一个优秀的人。

大学毕业前夕,老师们对我的评价和信任给我以极大的鼓舞,可以说"群众观点""独立思考""做优秀的人",这几个关键词早已深深镶嵌在我的大脑里,提醒着我应该怎样做事、应该如何做人。孔夫子论人生,曰:三十而立,四十不惑,五十而知天命。我的理解是,"知天命"就是对客观规律的认识。人生也是有规律可循的。人这一辈子，能做成一件事就非常不容易了。而想做成一件事，就非要有锲而不舍的执着精神不可！

2008年，一位年轻的记者听说我在109中学工作了40年，当了40年教师，还这般痴心不改，兴致勃勃，他说："您怎么就没有想过换换环境，尝试另一种活法呢？"

是啊，如今许多年轻人把"跳槽"视为一种人生"常态"，成为"跳槽一族"，自然很难理解我的"固执"。

（来自王桂儒：《托起明天的太阳》，高等教育出版社2009年版）

王桂儒老师正是在大学期间接受老师的教诲，树立了科学的就业观，在教育岗位上才一直勇往直前，没有半点懈怠与倦意，多年来拼搏在教育一线。正如王桂儒所说："我在109中学这个园地里，执着地挖掘着，痴爱学生的这口井，我付出了艰辛，也挖出了甘泉。甘泉沁我心脾，甘泉让我领悟人生的价值和意义……"（来自王桂儒：《托起明天的太阳》，高等教育出版社2009年版）

新形势下的师范生，从大一开始，就要树立科学的就业观，为将来的就业做准备，这是目前就业形势的客观要求。要以就业为导向，科学规划大学生活。当前师范生就业普遍趋于考虑经济收入和个人发展空间，大都向往到珠三角、长三角等经济发达的地区就业。但是这些地区的人才需求已经趋于饱和，而中西部地区提供了更广阔的舞台让师范生尽情地施展才华。因此，师范生在当今就业形势下要想更好地施展自身才华，树立科学的就业观就更为重要。

（三）职业是师范生为师从教的重要载体

职业从科学含义上看，是人们从事的相对稳定的、有收入的、专门类别的工作。它是人们的生活方式、经济状况、文化水平、行为模式、思想情操的综合性反映，也体现了一个人的权利、义务职责，是一个人社会地位的一般性表征。由此，也可以说，职业是人的社会角色的一个极为重要的方面。不仅如此，职业还往往成为一个人最基本的符号、最主要的特征。职业能反映个人的社会身份、社会地位与自身的文化、能力、素质水平等。

职业在人们的社会生活中居首要地位，解决好职业问题对每个人一生的顺利发展具有重要意义。从社会角度来看，职业具有五种功能：一是职业的存在及职业活动构成了人类社会存在和社会运动；二是职业劳动创造出社会财富，从而为社会的存在和发展奠定了物质基础；三是职业的分工是构成社会经济制度及其运行的主体；四是职业是维持社会稳定、实现社会控制的手段；五是职业的运动是推动社会进步的一种动力。从个人角度来看，职业具有四种功能：一是个人获得经济收入的来源；二是促进个性发展的手段，当个人从事的职业能使个人的兴趣、特长得到发挥时，也就使其个性得到发展；三是个人在社会劳动体系中从事具体劳动的体现，是个人为社会做出贡献的途径；四是个人名誉、地位和权力等的来源。因此，职业在人们的生活中占有极其重要的地位。

教师职业是社会各行各业中的一种，师范生未来从事的职业主要是教师职业。因此，师范生只有按照教师职业标准来要求自己完成学业，才能在教师职业中博得一席之地，获得安身立命之本。

教师职业标准是指衡量教师作为一种职业的准则，是对从事教师职业的专业人员的知识水平与能力、教学方法与技巧、职业道德与修养、教育评价与反思等方面的要求，是教师从事该职业的前提条件与基本准则。教师的职业标准不能只看教师的专业知识与能力，还应考察教师职业内的协作精神、道德水平、自身素养、自我评价等要素。教师职业标准是对教师职业的不可替代性和独立性的科学限定和行业要求，是教师教育各个学科专业应该达到的基本指标；教师职业有自己的职业追求与教育理想，有自身的理论要求，是和社会其他行业截然不同的、有内在独立特性的神圣的职业。教师职业标准给师范生提出了明晰的努力方向。

职业的专业形象不是由职业本身赋予的，它是由一群具有专业水准的工作着的人赋予的。职业的专业形象也不是几张诸如"教师资格证书""教师职业证书"就能赋予的，尽管学生、家长和社会都称我们为"老师"，但如果我们不能以行动赋予教师专业形象，教师专业形象就不会有实现的一天。（来自管建刚：《不做教书匠》，福建出版社2006年版）

教师的专业形象是由教师的素养、教师的文化、教师的气节、教师的胸怀、教师的智慧等诸多因素综合形成的。因此，师范生要以教师的专业形象全面、积极地规划自己的职业生涯。

职业生涯是人生中最重要的历程，是一个人的终生职业经历，是追求自我实现的重要人生阶段。职业生涯规划对一个人有以下六个方面作用：一是帮助个人确定职业发展目标；二是激发个人努力工作；三是有助于个人重点发展；四是引导个人发挥潜能；五是有助于自我绩效评估；六是明确学习目标。庄子曰："水之积也不厚，则其负大舟也无力；风之积也不厚，则其负大翼也无力。"职业生涯规划需要大学生从入校起就树立职业准备意识，更需要师范生积极地投入职业准备的行动中。这些行动包括：一是品质准备。做任何事情的前提是学会做人，师范生在获取知识的同时必须注重自身的道德修养。塑造令人尊敬的个性品质，是职业生涯成功的根本保证。二是自我探索。了解自己的做事风格，澄清自己的价值观。一个人的价值观在其取得职业成功中起着决定性作用。三是知识准备，即掌握系统扎实的专业知识和构建科学合理的知识结构。知识的积累是职业的基础和必要条件，合理的知识结构具有潜在的创造功能。四是能力准备，包括学习能力、掌握时间的能力、人际交往能力、表达能力、动手操作能力、心理调节能力、创造能力、管理能力、决策能力等。

（四）事业是师范生实现人生价值的根基所在

《易经》有云，举而措之天下之民，谓之事业。一份稳定的工作，勤劳地从事，即事业；一种通俗的志趣专注地投入，亦为事业；用一种不平凡的气概实现一个不平凡的理想，还是事业。事业无大小之分，无高低贵贱之别，勤劳、专注是做事业最基本的态度，想成就事业需立下志向，而宽大正直、毅力、乐趣所在是事业成功最主要的因素。

判断一个人是否优秀且卓越，一个核心标尺是看他把工作仅仅看作一个谋生的职业，还是一份沉甸甸的事业。

1972年，任小萍作为第一届工农兵大学生以优异的成绩毕业于北京外语学院，被分到英国大使馆做接线员。做一个小小的接线员，是很多人觉得很没出息的工作，但是小萍却把这个平凡不过的工作做得不同凡响。她把使馆所有人的名字、电话、工作范围甚至连他们的家属名字都背得滚瓜烂熟。有些电话进来，有事不知道该找谁，她就会多问问，尽量帮人家准确地找到人。慢慢地，使馆人员有事要外出，并不告诉他们的翻译，而是给她打电话，有很多公事、私事也委托她通知。一时间，任小萍成为全面负责的留言点、大秘书，成了使馆的“全权代办”。有一天，大使竟然破天荒地跑到电话间，笑眯眯地表扬她。没多久，她就因工作出色而被破格调到美国某大报记者处做翻译。在那里，她同样干得非常出色，不久，任小萍就被破例调到美国驻华联络处，因成绩突出，获外交部嘉奖。再后来，任小萍被提拔为北京外交学院副院长。

（来自崔鹤同、谷远明：《把职业当成事业》，《思维与智慧》2002年第5期，第6页）

任小萍说:“在我的职业生涯中,每一次任命都是组织上安排的,自己并没有什么自主权。但在每一个岗位上,也都有自己的选择,那就是要比别人做得更好。”任小萍是把职业当成了事业,心无旁骛,全心全意,兢兢业业,一步步迈向成功的巅峰。

人若只为岗位而工作,他就是台僵化的机器,这台机器唯一的动力就是经济利益。他与组织是交易行为,并非彼此真正需要,也很难结成长久的生存纽带。作为一个师范生要清楚,我们到底需要的是一个工作岗位,还是寄托自己最宝贵生命阶段的组织。要把工作当作自己毕业要从事的事业看待,而不仅仅把它看作一份职业而已。在工作中,认真思考自身工作的内涵,赋予它思想、情感、意愿,使它变成自己真正想要做的事情,而不是让别人代替我们思考然后来指挥我们。这样,我们就在人生的事业道路上迈出了坚实的第一步。

事业是师范生实现人生价值的主要载体。首先,事业实现了一个人的社会价值。人的社会价值是个人对社会需求的满足。一个人对社会的贡献越大,他的人生价值就越高。一个对社会没有贡献的人就是对社会没有价值的人。一个人对社会的贡献越大,提高自我价值的机会就越多。其次,事业实现了一个人的自我价值。人生价值体系中除了社会价值,还有自我价值。自我价值是个人对自身需求的满足。个人通过努力满足自身的生理、物质和精神方面的需求,即自我贡献和自我尊重。最后,事业实现了一个人的人格价值。人格价值是社会对个人需求的满足,特指作为人的权利、地位和尊严。人格价值是彰显社会文明和提升个人精神境界的主要表现。一个社会对一个人,是尊重其人格还是崇拜其地位、权力,反映了社会的文明程度。人格价值和社会价值的统一,才构成完整的人生价值,缺少任何一环都不行。所以,事业赋予了我们人生价值。师范生找到一份工作并不难,难的是敬业,要把教育工作看成教育事业而不是谋生的职业。一个恪尽职守、忠诚敬业的人,必将成就事业的辉煌。

师范生明晰了学业、就业、职业、事业的要求后,也要清楚这四者不是孤立存在的,而是有着密切的联系。首先,学业与就业的关系。学业是人才培养阶段,就业是人才作用发挥阶段。就业取决于学业,学业又受就业所导向,就业对学业有一定的要求和标准。学生的学业与就业之间同时存在着确定性关系和不确定性关系。确定性关系是指学生的就业与学业正相关,学生就业竞争力、从事的岗位、入职后的发展等受其所接受的学业影响；不确定性关系是指单纯地用学业一个要素不足以主导和控制学生的就业，这种不确定性关系是由影响就业的要素多样化、势力均衡化引起的，这些要素包括社会环境、教育机构、专业选择、学历层次、个人素质等五个方面。其次，职业与事业的关系。职业是谋生的手段。事业是乐趣所在，是人生追求，是创造价值。职业与事业的统一是最好的结合，把职业当事业的人是快乐的。在人的一生中，最能凝聚人的力量、最能激发人持久热情的是事业。对于职业，干一行爱一行，爱一行钻一行，钻一行专一行，在干和爱中、在钻和专中，职业最终渐变为人生的事业。在事业人的眼中，工作不仅仅是一种短期行为，而且是值得为之奋斗一生的事业。

二、了解大学生活

大学生活到底是什么样子的？这是每个学生在认真规划大学生活前应该去认识和了解的。

大学生活具有相同的长度，但宽度大小具有个体性。每个大学生面对的都是大学四年，它不会因为你的美丽而多眷顾你一些，也不会因为你的懒惰而刻意消减本来属于你的时间。但是个体却能赋予它不同的宽度，走在同一条路上的人，却留下了迥然不同的脚印。有的人按部就班，有的人广泛涉猎，有的人四面出击，有的人悠闲自在。当他们走到终点时，收获很多的人意气风发，所得寥寥的人失魂落魄，无所获的人追悔莫及，这也许就是大学生活落实到个体身上的弹性和张力吧！

大学生活具有相同的年数，但年级特征具有差异性。大学一年级，上课时间相对宽松，所安排的课程一般是公共课和专业基础课，更多的时间可用来了解和适应大学生活。大学二年级，专业课的比重增加，大学生的专业倾向相对稳定，面临英语考级压力。大学三年级，专业课的学习已然达到顶峰，学有余力的学生开始辅修其他专业的课程，是否考研或者就业到了必须决断的时候。大学四年级，主要是参加教育实习和完成学位论文，对专业发展要求严格的院系还会要求学生继续坚持上一部分专业课。

大学生活具有相同的模块，但模块选择具有灵活性。每个学生的时间都分为大学课程学习、校园文化活动、社会实践活动及自修社会课程等模块，这些模块培养了学生的综合素质与能力，体现在求职与职业发展方面即就业力。大学课程学习是指学生根据自身的兴趣和专业发展的需要，积极参加专业课、公共课、选修课等课程学习并取得一定成绩和学分。校园文化活动是指学生在课外时间参加某些校园文化活动，参加或支持某个或某些学生组织的活动，组织和建设某个学生组织等，学生通过校园文化活动，可以开阔个人视野、陶冶情操、提高素质和能力，如通过参加竞赛活动而获得一定奖励，或通过参加学生组织的运作方面的工作获得一定的认可。社会实践活动是指学生利用课余时间参加校园之外的某些活动，如实习、支教、兼职做家教等，通过参与社会活动增强对社会的认知和了解，并培养社会交往能力和职业技能。自修社会课程是指学生根据自身的兴趣，利用课余时间，主动参加社会培训机构举办的可以提升某种能力的课程学习，并取得一定的学习成绩，如参加GRE学习等。

三、规划大学生活

规划大学生活，即运用时间管理与目标管理的方法，来规划大学四年生活，以增强自身的综合素质与能力，在动态发展中提升就业力。这一过程，要以增强就业力为主线，以大学课程学习、校园文化活动、社会实践活动及自修社会课程等模块的动态时间划分为依托，在了解自身能力现状、设定发展目标、制订规划方案、评估实施效果等循环往复的动态中取得就业力的科学发展。那么，如何科学地规划大学生活呢？

（一）了解自身现状

第一，正视自我。金无足赤，人无完人。每个人都有优缺点，优点我们可以欣然接受，但是面对缺点很多人选择了回避，或者压根就认识不到自己的不足。这就需要我们采取各种方法，来判断自己的能力现状，以便找出差距，看到理想与现实的距离。当自己不能勇敢地剖析自己的时候，需要求助于同学、朋友或者老师，请他们指出自己的长处和不足。这样通过别人的眼睛，看到真实的自己，自己的形象会更加丰满、更加真实。

第二，挖掘自我。不能草率地对待自我剖析，不但要认真，而且要深刻。当听到自己的缺点或不足时，不但需要闻过则喜的态度，而且要进一步分析其中的成因，把这些分析都认真整理出来，立此存照以观后效。

（二）设定发展目标

发展目标要具有阶段性，最好是短期、中期和长期相结合，并注意根据实际情况不断地进行调整。设定发展目标要结合就业力的指标体系，以一定时间段为单位,制定明确的目标。时间段可以以月为单位,也可以以学期为单位。

发展目标要具有可操作性。目标的设定要适度,不要过高或者过低。目标设定得过高,不太容易实现,让个体具有挫败感,或者给人遥不可及的感觉,个体就会丧失前进的动力。反之,目标太容易实现,会丧失其设定的意义,也不利于个体的成长。另外,一旦目标实现,就要及时更新目标,使自己不断向新的境界发展。

(三)制订规划方案

制订规划方案要分清主次。在规划自己的大学生活时,要坚持学业第一原则,不为自己偏废学业寻找任何借口和理由。良好的规划是在保障学业的前提下使自己各方面素质和能力得到健康发展的先决条件。学习是学生的天职,只有掌握了扎实的基础理论知识,才能更好地将其运用到实践中去。

制订规划方案要学以致用。没有一项能力可以只通过学习掌握,还需要具体实践。否则,就是理论脱离实践,导致知识僵硬,从而不利于动手能力的培养。另外也要多项实践并举,不能只专注于自己感兴趣的领域。

(四)评估实施效果

实施效果的评估需要有个参照标准,即是否有利于自身素质的提高与发展及提高与发展的幅度。效果好的要坚持,效果不好的要及时更正。

四、师范生大学四个阶段的规划建议

大学四年,每一学年都有鲜明的阶段性特点。师范生应该结合自身具体情况,根据每一学年的不同特点合理规划自己的大学生活,这样能让自己的大学生活更有质量。

(一)大学一年级:良好的开端是成功的一半

大一阶段,有人称之为"不知道自己不知道"阶段。一年级的师范生同其他大学生一样,对大学及其未来充满了好奇和迷茫。想知道什么才是真正的大学生,什么才是真正的大学生活,高年级的学长学姐成为他们效仿的对象。同时又因为确实不知道大学的路该如何走,许多美好的遐想扎堆而来。如何让大学过得意义非凡呢?梁启超先生在《梁启超家书》所提及"无负今日"之格言,我们不妨把它作为一个参考答案。

1. 大学一年级的生活特点

大学生活的主要内容是熟悉和适应大学生活,熟悉和适应校园文化生活,熟悉和适应专业课、公共课，熟悉和适应大学闲暇生活。对已来临的大学生活，强烈的好奇心促使大一新生以积极热情的态度参与其中。新生们热情地敞开怀抱，热烈地拥抱崭新的生活。学习上，大部分新生积极进取，认真钻研，努力适应与以往不同的学习方式和学习内容。大学新生也成为校园文化繁荣的主力军和生力军。

经过一年大学生活的洗礼，也经过严格军训的锤炼，每名大学新生都成为实际意义上的大学生，自己在别人眼中的形象基本稳定下来。有的脱颖而出，成为领袖人物；有的成绩遥遥领先，成为学习精英；有的积极活跃，成为文艺才俊；还有的浑浑噩噩，成为颓废型新生。如果没有外在的强烈冲击，这样的形象将一直持续到每个人的大学生活结束。

2. 大学一年级规划建议

了解了大学一年级生活的主要内容、应该采取的态度，以及一年级生活在自己大学生活形象定型过程中的重要作用，大一新生就应该明白合理科学规划大学一年级校园生活的重要性。

(1)要充分认识大学是个人发展的重要机遇期。大学一年级是个人发展的机遇期，不可虚度与浪费。有很多高中优秀的学生，到了大学就碌碌无为、自甘堕落。相反，有的同学在高中时表现平平，但到了大学后却经过自己的努力，找准方向，完美地度过四年大学生活。这些不同发展道路的分岔口就是大一。所以，大一是人生发展的重要机遇期，也可能是人生发展的转折点。优秀的同学若能保持高中时的良好习惯，就能继续在大学生活中如鱼得水，表现得更加出色。高中时表现一般的同学不应该自暴自弃，而应该努力让自己的人生从大一开始就摆脱过去的灰色主色调。

(2)理智认识大学各维度中自身的位置。大学开学两个月，就可以显现出大一新生在学习、校园文化活动方面的基本水平。师范生一定要志存高远，结合自己的能力现状，进一步厘清自己在各方面的发展预期。

(3)保持积极乐观的心态。在走向成功的道路上，态度至关重要。在大学刚刚开始的时候，师范生一定要始终保持积极乐观的态度，用这种态度来面对自己的课程，面对自己所在的学生组织，面对自己的全部生活。乐观的人大家都愿意同他交往，乐观的人总是充满干劲，乐观的人在面对挫折时毫不退缩。用乐观的眼光看世界，世界是无限美好的、充满希望的，生活也是充满阳光的。

怎样做到积极乐观呢？

一是要拒绝自卑,正视现实。自卑是大一新生最容易产生的消极心态之一。尤其是那些来自不发达地区的学生,可能同周围的同学相比,他们在许多方面有一定差距。自卑不仅使人倍感痛苦,而且让人产生懒惰情绪。要克服自卑,就要正视社会,正视自己。任何事情都如同硬币有两面一样,是一个矛盾的辩证统一体。大学生应该面对这些现实,一切从实际出发,发挥好积极因素,处理好理想与现实的关系。正视自己,充分地认识自己的实际情况和综合实力,将主观愿望与客观实际结合起来,采取行动改变现状。

二是要勇于竞争,敢于拼搏。邹韬奋说得好:“不干,固然遇不到失败,但也绝对遇不到成功!”在遇到抉择时,勇往直前的人就是积极的人,停步不前的人就是消极的人。要想获得成功就要敢于竞争、敢于尝试。敢于竞争,首先要有竞争意识;要敢想、敢说、敢干,有敢作敢当的精神;不唯唯诺诺,不胆小怕事。敢于竞争,还要从实际出发,充分考虑到自己的专业、性格、气质、爱好等,全方位多角度审视自己。勇敢不等于蛮干。敢于竞争,也不要忘记相互学习。竞争应是在互相学习、互相勉励、共同进步中进行的。“三人行,必有我师焉”。学习别人的优点,请别人指出自己的不足,取长补短,循序渐进,必有所成。敢于竞争,就要准备经受挫折。强中更有强中手,胜利不会永远站在自己一边。

三是要不怕挫折,愈挫愈勇。挫折并不可怕,可怕的是在挫折中一蹶不振。不经历风雨,怎么见彩虹。大学生一定要正确看待生活中的磨难。遇到挫折,一定要认真分析失败的原因,做到心中有数,并及时调整自己的心理状态。多分析失败的成因,是主观努力不够还是客观要求太高?目前,一个人的抗挫折能力越来越被社会看重,并被归为与情商同样重要的逆境商的一个重要指标。遇到挫折,不要消极退缩。从根本上说,一个人战胜挫折的能力绝不是一时的努力所能养成的,还有赖于平日不断增强自身修养,学会科学地认识和分析事物,特别是主动经受一些磨难,增加一些挫折经历。

但积极要以自己的精力为基础。做到积极,首先要考虑自己能否有精力完成,完成的水平如何。积极要有一定可控的限度。积极参与不是盲目参与,不是见一个参与一个,而是要有一个限度,否则效果会大打折扣。譬如,在迎新活动中,可能会出现比赛类活动扎堆出现的情况,周三晚举办歌咏比赛,周四晚举办校园歌手大赛,周五晚举办演讲比赛,哪怕自己真的全都很擅长,也不能每个都参与,否则结果可能会惨不忍睹,只能选择自己最为擅长最有把握的,全力以赴准备,才能取得成功。

积极要有一定的规划指导。集中有限的精力,把积极的态度运用在自己最需要的方面,这就需要以规划为指导。制订自己在专业课学习、公共课学习上的明确目标,集中精力提高学习成绩,掌握学习内容;制订自己在校园文化活动方面的明确目标,认真表现,积极争取,为自己赢得同学们的支持。有的新生很明白大一充满了机遇这个道理,积极主动地参加学院的学生会、学校学生会和学生社团的活动。只要有团体招干事,他们都会积极响应,结果整天奔忙游走于各学生团体之间,学业受到了很大的耽搁,其参加的学生团体也对其表现不满,毕竟其由于精力投入不多而贡献欠佳。所以我们建议,新生不要参加过多的学生组织,最好不要超过三个,尽快适应后,选择一个最有利于自己发展的组织作为自己的组织归宿。

(二)大学二年级:为自己的前进指引航向

大学二年级,是大学生活的关键期,是学业压力最为繁重的一年,也是专业课最为集中的一年,这一学年的学习质量基本决定着大学学习的专业水平。此时,学习追求比较高远的学生开始着手辅修第二学位课程;想要在校园文化活动方面有所建树的同学,基本上也到了非常关键的时期,部分学生已经"身居要职",重要学生团体的主要领导也大部分是二年级学生。

1. 大学二年级的生活特点

(1)专业课比重加大。在大一期间还占据主体地位的公共课,在大学二年级的比重急剧下降,专业课占据绝对优势。学习专业课,强化专业素养,是大学二年级学生不得不面对和不得不完成的任务。

(2)学生组织中的话语权加重。随着自己在学生组织中的话语权的加重,自身所承担的责任及所面临的发展机遇都明显地多于以往,同时也将占用自己更多的时间和精力。

(3)思想冲突比较激烈。此时,各种事情纷至沓来,头绪繁多,需要花费精力和心思应付,思想冲突也日益激烈。这些冲突表现为学习质量与学生文化活动的冲突;勤工俭学与学生文化活动的冲突;发展的压力与自己实力之间的矛盾造成的心理压力;恋爱的人多起来,自己是否也要抓紧时间谈恋爱的内心挣扎;等等。

(4)个体发展分化明显。随着大学生活的全面推进,大学生群体中个体发展分化明显。整个大学生群体分化为几种类型:一是智商高,学习成绩好,学习上用心专一、有耐力的智力型；二是智力较好、成绩优秀、能力强、表现活跃，全面发展的智能型；三是，学习一般、能力较强的能力型；四是，学习努力、成绩一般，能力、特长一般，守规矩的一般型；五是，学习、表现均较差的落后型。

2. 大学二年级规划建议

大学生到了大学二年级时要学会客观评价自己的发展状况。征求老师和同学的意见或建议，多方位审视自己的学习能力和状况：明确自己是学有余力还是学有压力，是个别成绩优良还是全体成绩优良；如果学有余力，是否要选择辅修，辅修什么专业能够顺利拿下辅修的学位；认真审视自己参与学生组织方面的状况，是否达到了自己理想的效果，自己的哪些才干得到了施展，哪些素质还需要培养和锻炼，自己花费的时间成本是否适当，在精力投入方面是需要投入更多还是适当减少；勤工俭学的时间是否合适，是否锻炼了自己某方面的能力，如果占用时间过多是否需要调整。

此外，结合自己可支配的时间状况和自己的实力现状，科学设定自己的发展目标也是至关重要的一步。关于学习，第一名只能有一个，但优秀却可以有很多。对于学习优秀的学生来说，要继续努力，确保长期维持自己的学习优势；对于学习成绩不理想的学生来说，要千方百计地找到问题的症结，竭尽全力地攻克难关，这样才能找到更好的学习方法，才能取得更好的学习成绩，才能不断树立学习的自信。关于校园文化活动，在无碍学习大局的前提下，努力找到自己独特的优势，在活动中大胆求新，使校园文化成为完善自己综合素质的大舞台。在选择辅修方面，一定不要想当然，要慎重对待，仔细权衡，主要看自己喜不喜欢辅修的专业，是否适合学习辅修的专业，有没有足够的时间完成大约30个学分的辅修专业课程，否则不但浪费时间和金钱，而且有可能一无所获。勤工俭学的安排，一定要考虑自己的职业发展，如家教可以提高自己的课外辅导能力，学校（幼儿园）兼职能提高自己的教育教学能力，等等。如果自己没有精力追求全面开花，就需要在其中进行取舍，切忌贪多。如学习成绩确实平平，但有一定的组织能力，则可以在参加学生活动方面多下功夫，或许会有一番作为；如家庭经济负担很重，必须勤工俭学才能完成学业，那么就不可能有精力参加辅修。

（三）大学三年级：明确自己的发展目标

1. 大学三年级的生活特点

首先，专业方向课比重大，公共课进一步减少，专业基础和专业方向课占绝对优势，其中专业方向课是本学年绝对的主角。其次，学生组织中的个人发展达到制高点，大三年级是学生在大学四年中积极参加学生活动的最后一年，一直在学生组织中发光发热的大三学生已经是"多年的媳妇熬成婆"，除了学生党支部之外，各学生组织的首脑或领袖均以大三学生居多。再次，以更多的精力参与社会课程和社会实践。随着课程的减少，大部分学生的课余时间变得充裕起来，有的学生开始把目光集中到校外，积极参加相关的社会课程的学习，也有的学生积极参加各种形式的社会实践活动，以丰富社会阅历，强化职业技能。最后，大三的学生还要开始进行考研与就业的抉择。大三学年最重要的决定就是将来的发展方向。是选择就业，踏入社会；还是考研究生，继续攻读学位，深造自己？一定要综合考虑多方面的因素，根据自己的实际情况做出理智的抉择。

2. 大学三年级规划建议

（1）学习上坚持到底。大学虽然过半，但还没有到说再见的时候，因此，不管以前的学习成绩如何，一定要继续坚持：学习好的要保持优势，学习不好的仍要不断地寻求改善之法，不抛弃，不放弃。

（2）学生活动上珍惜机会。既然能够有机会参与学生活动，就一定要倍加珍惜。俗语说出力长力，参加学生活动也是这个道理。即便"身居高位"，也要珍惜这来之不易的机会，锻炼领导能力，锤炼领导艺术。

（3）社会课程上追求质量。自修社会课程，不但是对学生经济实力的考验，也是对其勇气与毅力的考验。参加社会课程的学习，一定要结合自己的职业发展方向，全力以赴。如果准备考研，社会课程的选择方面一定要以学习为核心。

（4）社会实践上强化能力。有时间参加与自己未来职业相关的多种形式的社会实践，是非常难能可贵的事情。在参加社会实践时，要积极思考，虚心求教，努力实现收获的最大化。对于从未涉足职场的师范生来说，最好能够选择一位德高望重的资深人士作为职业跟学的对象，在师德方面受熏陶，在教育教学上受指导，在校园文化活动的组织上受启发，全面促进就业力的提升。

（四）大学四年级：完成自我的升华

1. 大学四年级的特点

大学四年级是大学生活的尾声，是师范生的收获之年，也是最为忙碌的一年。在这一年里，师范生需要写一篇合格的毕业论文，需要参加教育实习，需要参加研究生入学考试，需要参加多场笔试或面试，需要找一份满意的工作。

2. 大学四年级的规划建议

(1)认真准备毕业论文。只有认真准备,才能完成一篇合格的毕业论文,才能为自己有质量的大学生活画上圆满的句号。只有认真准备毕业论文,才能主动在这一过程中不断完善自己的科研素质和创新能力,为自己未来的职业发展奠定良好基础。

(2)认真参加教育实习。教育实习是高校组织师范生到学校(幼儿园)进行实战演练的一种有效方式,也是师范生职业跟学的最直接的形式。在实习中遇到各种问题时,既有高校教师的理论指导,又有学校(幼儿园)有经验教师的实践指导,是快速提高师范生就业力的有效途径。

然而,很多师范生的教育实习流于形式。时间短,缺乏科学的计划和组织,只是当作一门课程来应付,直接导致自己在实习中参与度不够、实践锻炼机会少。师范生要寻找更多的实践机会,努力构建合理的知识结构,提高相关知识技能。

(3)认真培养求职素质。求职素质既包括一般职业技能,也包括就业观念。在培养自己的职业技能方面,首先要准确把握和筛选各种就业信息,分析各种信息的可信度,再根据自己的实际情况,锁定适合的用人单位去应聘,而不能盲目地听信每个渠道的信息,以避免上当受骗,浪费时间、精力。其次,会写个人简历、自荐书、求职信,正确填写各种应聘表格。学生应根据不同的职位在简历、求职信、应聘表中随机应变,突出自己适应这一职位的特点。最后,还要认真学习一些典型的面试案例,积极模拟面试(以试讲为主),通过参加演讲比赛、辩论比赛、课件制作比赛等,克服面试时通常会出现的紧张胆怯情绪,提高自己的教学能力,以便在面试这场应试者和主考者的全面"较量"中获胜。

很多师范生在就业时并不考虑在庞大的就业市场中自己所处的地位,自身学历、专业理论知识和技能的实际水平,好高骛远,都想去工作稳定、环境好、待遇高的公办学校就业,不愿意去条件相对艰苦、工作压力更大的民办学校就业。在巨大的就业压力面前,师范生必须转变就业观念,树立正确的就业观,接受和理解先就业后择业的重要意义。

(4)客观对待考研。考研的结果不是唯一的,每个人都有可能面临失败。所以准备考研的毕业生一定不要把所有的鸡蛋都放在同一个篮子里,而要"一颗红心两手准备"。在准备考研的同时,也要拿出一定精力,完善自己的就业力和求职技能,抓住机遇,积极应聘,努力做到求职考研两不误。

第二节　师范生的就业能力养成

一、师范生就业能力的基本概念

随着我国大学生就业制度的变迁，大学生就业规划也经历了从无到有的过程。在计划经济体制内，大学生就业实施国家分配制度，也就是说大学生还没毕业，国家就已把工作安排好了，毕业后到国家安排好的岗位上去发光发热，“个人是块砖，哪里需要哪里搬”，个人的意愿不是被考虑的重要因素，个人服从国家的就业安排。

在市场经济框架下，国家对大学生实施双向选择的就业制度，个人可以选择单位，单位也可以选择个人。在这种情况下，用人单位开始关注毕业生的基本素质，这就是就业能力的发端。随着国家经济的进步和高等教育大众化的不断推进，社会对高校培养的人才要求越来越高，大学生就业日趋多样化，成功就业的压力也越来越大。近年来，“大学生一毕业就失业”的社会质疑一浪高过一浪，越来越多的人关注大学生就业这个话题。社会各界纷纷出谋划策，寻求破题之法，其中提升大学生就业能力是得到大多数人认同的方案之一。

那么，究竟什么是大学生就业能力？关于这个论题，仁者见仁，智者见智，其中流传最广、影响最大的当数国际劳工组织对就业能力的界定。国际劳工组织指出，就业能力是个体获得和保持工作，在工作中进步及应对工作生活中出现的变化的能力。也有人认为，就业能力是指大学毕业生在校期间通过知识的学习和综合素质的开发而获得的能够实现就业理想、满足社会需求、在社会生活中实现自身价值的本领。还有人认为，大学生就业能力是大学生成功获得工作、保持工作及转换工作所具有的能力。但是通过归纳可以发现，国内学者在对大学生就业能力进行界定时，大多认为其是大学生在校期间通过学习和培养所获取的核心素质群，而不单纯指某一项技能、能力，是学生多种能力的集合。核心素质群代表的是一种与职业相关的综合能力，是一种具有适应性和灵活性，通过知识的学习和素质的提升而形成的能够实现就业理想、满足社会需求，能够在社会中实现自身价值的素质群。

我们认为，大学生就业能力是指大学生在大学生活中逐渐养成的，可以成功受聘并能够维持职业的相对稳定,促进职业健康发展的素质和能力的总和,是求职者的竞争力,是从业者的发展力。

二、师范生就业能力的基本构成

国内的学者对于师范生就业能力的基本构成有多种定义。李颖等(2017)人把大学生就业能力分为内在素质、处理工作能力和社交领导能力三个维度。内在素质包括诚实正直、吃苦耐劳、敬业精神、主动性等六个要素;处理工作能力包括判断能力、思考能力、解决问题能力、适应能力、学习能力等八个要素;社交领导能力包括表达能力、领导能力、人际交往能力等六个要素。代洪甫(2010)将大学生就业能力分为基本工作能力、专业技能和求职技能三个层次。基本工作能力是指组织管理、人际沟通、团队协作等职业基本素质;专业技能是指大学生理论联系实际、创造性开展工作的能力;求职技能是指就业信息的收集整理、自我定位和营销的相关能力。

虽然针对师范生就业能力的定义不尽相同,但大都可归纳为三类要素,分别是基本能力、发展能力和求职能力。相对于一般大学毕业生,师范生的就业能力更为具体,其既包括普通大学生所应具有的基本素质和能力,还包括作为师范生所应具备的专业素质和能力。

(一)基本能力

1. 学习能力

学习能力是人们在学习、工作、日常生活中必须具备、广泛使用的能力。现代社会的学习能力主要是指不断获取新知识、掌握新能力、接受新观念、不断完善自我、适应新要求的终身学习能力,包括常规的学习能力,运用图书资料和计算机等进行学习的能力,面对各种知识时进行选择的能力和对知识进行管理加工的能力。在CCTV《对话》节目中,一位企业家这样评价学习能力:“成功属于过去,能力代表今天,而学习能力却能决定将来。”学习能力是决定一个人未来综合实力的基石,没有学习能力,其他能力都不可能存在。要提高自己的能力素质,就必须提高学习能力。

随着科学技术的飞速发展,知识更新的周期越来越短,自主学习能力的培养变得越来越重要,甚至比在大学阶段所学的知识更为重要。当今社会对复合型人才的需求日益增加,这就要求大学生具有T形知识结构。尽管近年来各高校在逐步建立厚基础、宽口径、高素质、强适应的培养模式，但与社会的需求还有很大距离，这就要求大学生自身具有一定的自主学习能力，弥补学校教育模式的缺陷。

学习能力不是与生俱来的，它需要历经磨砺、长期培养，方能有所长进。那么如何提高学习能力呢？

(1)要提高学习能力，必须兴趣浓厚、动力十足。兴趣是最好的老师，培养学习兴趣、汲取学习的动力应在以下三个方面下功夫：一是强烈的发展紧迫感。发展紧迫感是激发人们刻苦学习最原始、最持久的动力。如果感到自身还有许多有待完善的地方，如果不努力学习就会被同学远远地抛在后头；如果感到自己在某些方面不如别人，而且在一定时间内未能得到改善，强化这方面的知识或能力会明显增强自身的综合实力，在这样的情况下都会使自己产生永不懈怠的进取心和上进心，产生强烈的学习欲望和动力。二是成才的自豪感。大学生活是个动态变化的过程，学生每个时刻都在更新自己的境界和水平。学习，尤其是学习某种被社会高度认可的知识或能力，可以使自己得到更多人的认可甚至尊敬，足以让自己产生自豪之感。三是加强自身修养。无数事实表明，一个注重自身修养的人，必然是一个热爱学习的人。"吾日三省吾身"的孔子，勤奋学习，"不知老之将至"，真正做到了"活到老、学到老"。只有常怀敬畏之心、常思做人之道，才会明白学习的真谛。

(2)要提高学习能力，必须锲而不舍、勤奋努力。学习要想有所收获，必须执着，要有坚韧的毅力。即无论遇到什么诱惑和困难都能不改初衷，一如既往地努力向前。同时学习还要勤奋。生活与学习结伴，人会变得高尚；学习与勤奋牵手，人会变得智慧。"勤能补拙是良训，一分辛苦一分才"。只有勤奋努力，才能学有所成。

要提高学习能力，必须善于思考，勇于创新。"学而不思则罔"，思考是学习与应用的桥梁与纽带。有了思考的学习，才能不断深入和发展，才能更有收获。思考就需要掌握一定的思维方法，养成良好的思维习惯，形成良好的思维能力。只有勤于思考，才能不断培养和开发学习能力。学习离不开创新，有了创新，学习才能达到一个更高的水平。在创新中开发和培养学习能力，必须自觉地在学习中培养创新方法、创新思维和创新精神，在学习中探索和感受创新的活力，只有这样，才能提高自己的能力和水平。

(3)要提高学习能力，必须敢于尝试，不断实践。实践可以检验自身的素质和能力。大学生要培养学习能力，可以从提高专业课的学习质量开始，在有余力的情况下结合自身的职业理想和职业生涯规划安排，选择与自己未来职业最相关的社会考试科目或能力考试项目进行学习实践活动，并注意不断进行总结。

2. 创新能力

创新能力是大学生的创新意识、创新思维、创新技能及创新情感与人格的具体体现，表现为思想解放，与时俱进，具有创新的精神和勇气；掌握创新方法或技能，养成创新思维方式；对新事物敏感，善于发现新生事物，总结新的经验；善于分析新情况，提出新思路，解决新问题。创新能力包括观念创新能力、制度创新能力、政策创新能力、管理创新能力、技术创新能力和方法创新能力等。

在知识经济时代，创新正在成为民族进步的灵魂和国家兴旺发达的不竭动力。《中共中央国务院关于深化教育改革，全面推进素质教育的决定》强调，素质教育应该以"培养学生的创新精神和实践能力为重点"，同时指出："智育工作要转变教育观念，改革人才培养模式，积极实行启发式和讨论式教学，激发学生独立思考和创新的意识，切实提高教学质量。要让学生感受、理解知识产生和发展的过程，培养学生的科学精神和创新思维习惯。"还明确要求，"高等教育要重视培养大学生的创新能力、实践精神和创业精神"。自2014年起，"大众创业、万众创新"作为党和国家的重大部署，是稳增长，保就业的重要基础，是实现国家强盛、人民富裕的重要途径。

创新能力的培养是个长期的过程，各个阶段具有差异性。对于大学阶段来说，既要在学习专业知识的同时注重创新素质的自我培养，又要努力在专业研究方面不断创新。另外，参与学生活动也可以培养创新素质，参与每个活动时用心地分析其中的创新因素，组织每个活动时要注意有所突破，不管是内容上还是形式上，不管是过程还是结果都要力争有所创新。既然创新能力如此重要，该如何培养呢？

(1)培养创新能力，要积极培育创新意识。充满创新向往与激情，保持充分的好奇心，发挥主观能动性，崇尚理性思考。

(2)培养创新能力，要努力培养创新思维。要敢于大胆怀疑，小心求证，坚持辩证分析问题的方法，努力运用发散思维和跳跃思维思考问题。

(3)培养创新能力，要不断探索创新方法。"三人行，必有我师焉"，注意学习别人的经验或者吸取别人的教训，在交流沟通中尝试寻找新方法、新途径、新方案，并能够勇于捕捉创新的机会。

3. 沟通能力

沟通是一种信息交换的过程,是人们为了达到既定目标,用一定的符号,把信息思想和情感在人与人之间进行传递的过程。沟通可分为横向沟通、纵向沟通、团队沟通、跨文化沟通等类型;也可以按沟通的人数,分为人际沟通、小组沟通、组织沟通、群众沟通等。

沟通能力非常重要,它是我国公务员的核心素质之一,是优秀教师的必备素质,是取得职业成功的重要素质之一。胡润认为,要想成为富豪,沟通协调能力最为关键。他表示,沟通能卖掉生产的产品,劝说官员采纳自己的意见,吸引关注,从而有展示自己、发展自己的机会。

一般来说,应从两个方面努力培养自己的沟通能力:一是提高理解别人的能力;二是提高让别人理解自己的能力。具体来说,就是要做到以下几点。

(1)仔细设想沟通的情境。一方面,不同的场合对于沟通的要求是不一样的,比如聚会、开会等,应采用不同的沟通方式。另一方面,沟通的对象也决定了沟通的语言和形式。不同的人际关系需要不同的沟通方式,比如与同事、朋友、亲戚、领导、客户、邻居、陌生人等沟通时,就应根据对象的不同改变沟通方式。这个步骤可以使自己了解需要沟通的对象和场合,以便全面地提高自己的沟通能力。

(2)客观评价自己的沟通能力。从与熟悉的朋友或陌生人沟通的效果来认真考察一下自己的沟通能力,或者在师友的帮助下重新认识一下自己的沟通水平。

(3)认真推敲沟通的细节。第一,要注意形象。不注重仪表会给沟通的对象不被重视或不被尊重的感觉,在一定程度上会影响沟通的效果。第二,要积极主动。当你处于主导地位时,就会集中注意力,主动去了解对方的心理状态,并调节自己的沟通方式,以便更好地完成沟通过程。第三,要把握时机。有情绪的时候不要沟通,当事情陷入僵局时,要耐心等待转机,而不要盲目地做决定,沟通要注意把握时机。第四,要聆听他人。要懂得聆听别人,鼓励别人多说。只谈论自己的人,永远只为自己设想。前哥伦比亚大学校长白德勒博士这样说过:只为自己设想的人是无药可救的,没有受过教育的!所以要想顺利沟通,需要聆听别人的谈话。要使别人对你感兴趣,先要对别人感兴趣。要懂得聆听别人,还要多动脑筋,学会多赞美别人,增加自己的学识。第五,要坦诚自然。大胆讲出自己内心的感受,哪怕是痛苦和无奈。坦然面对自己的弱点,尽量宽容别人的弱点。不批评、不抱怨,批评和抱怨是沟通的刽子手。尊重他人,适时说声“对不起”,勇于承认错误是沟通的软化剂。第六,要注意肢体语言。在使用肢体语言的时候,要注意使用的情境是否合适,是否与自己的角色相一致。少做无意义的动作,以免分散对方的注意力,影响沟通效果。

(二)职业能力

传统意义上认为,师范生就是未来的老师,其最主要的能力即教书育人。事实上,近年来随着经济水平和教育质量的不断提高,用人单位对师范生职业能力的要求越来越高,由原来单纯要求教学能力向立体化综合型方向转化。这要求师范毕业生不仅要有一定的语言文字功底,能够讲好一门课,而且要能够结合教学实践开展科学研究,能够管理好一个班集体,能够组织开展校园文化活动。由此,我们把师范生的职业能力分为五个方面:语言文字能力、教学能力、科学研究能力、教育管理能力和活动组织能力。

1. 语言文字能力

师范生的语言文字能力是指使用普通话和规范字进行教育教学活动的能力,包括讲普通话能力、用规范字能力和写应用文能力。具体而言,就是能够说一口标准的普通话,能够写一手漂亮的粉笔字、钢笔字和毛笔字,以及能够运用常用文体写一篇好文章。

第一,讲普通话能力。普通话是人民教师的职业语言,用普通话进行教育教学工作是合格教师的必备条件。同时,教师的教育教学工作需要有很强的口语表达能力。一般来说,普通话应达到国家语言文字工作委员会制定的普通话水平测试标准二级,即能用比较标准的普通话进行朗读、讲课和交谈。对汉语言文学专业学生的要求:北方方言区的应达到一级,南方方言区的达到二级甲等。同时,优秀的教师还要有较强的朗读、演讲和讲话能力,口语表达应做到清晰、准确、得体;需要掌握教育、教学、教读的口语特点,并力求做到科学、简明、生动。

第二,用规范字能力。用规范字能力包括规范字的识别能力和书写能力。识别能力要求掌握国家规定的3500个常用规范字,不写错别字;书写能力是指流畅美观、大方自然地书写规范字,以便未来执教中熏陶、引领学生热爱祖国的语言文字和书法艺术。

第三,写应用文能力。较好的书面表达能力是教师与学生、教师之间、教师与领导管理者、教师与学生家长沟通交流的基础,也是应对工作中的挑战的基本要求。书面写作要求格式规范,内容完整,表述恰当,逻辑清楚,标点符号运用正确,无明显的错别字或语病,文本格式与内容基本合乎工作要求。

2. 教学能力

教学能力是指教师在备课、上课、课外辅导、批改作业和评定成绩等教学环节中必备的能力,是师范生职业能力的重要组成部分。教学能力是教师运用专业知识和教学理论进行教学设计,使用教学媒体和编制的教学软件,组织课内外教学活动和进行课外辅导等所需的能力,其主要内容包括教学设计能力、现代教育技术应用能力、课堂教学能力及课外辅导能力。

第一,教学设计能力。教学设计是指教师在备课过程中,用系统的方法把各种教学资源有机地组织起来,对教学过程中相互联系的各个部分做出整体安排,形成科学合理的逻辑分析和讨论办法,制订解决问题的步骤,并对预期结果进行分析的过程。教学设计能力就是对这一过程的规划、控制和实施的能力。在当前新课程标准逐步推广和实施的情况下,教学设计需要在新课程标准的指导下,自觉主动地运用教育学、心理学等学科理论,并结合新的教育教学理念开展。

教学设计的内容包括制订教学目标,分析和处理教材及了解学生学习的特点等。其中,制订教学目标需要了解教学目标的类别,掌握制订教学目标的方法和要求,重点掌握制订课堂教学目标的方法。

教学设计的步骤包括创设课堂情境,制订教学策略,制订课程学期教学计划,编写教案,设计作业及评价课堂教学效果等。

第二,现代教育技术应用能力。现代教育技术应用能力是教师根据课程教学目的、教学内容和学生自身特点,应用以计算机多媒体技术和网络技术为核心的现代信息技术,熟练组织教学资源,进行设计制作和使用教学媒体的能力。

现代教育技术应用能力包括信息检索、加工与利用的能力,常见教学媒体使用的能力,运用教学设计思想在不同学习环境下开展教学设计的能力,理论课程与实践相结合的能力。

第三,课堂教学能力。课堂教学能力是师范生职业能力中最重要的能力,它是教师综合运用教育学、教育心理学及本专业知识,对学生进行的信息传递和调控的过程。课堂教学能力是建立良好的课堂秩序,吸引和保持学生的注意力,协调教与学的关系,顺利完成课堂教学任务等方面的能力。对于师范生来说,针对课堂教学能力,就要求较为熟练地掌握课堂教学各个环节及操作技巧,能够比较自如、完整、圆满地上好一堂课,并能在课后对自己的教学效果做回顾和反思,听课后客观评价,分析他人的教学效果。良好的课堂教学能力需要做到以下几点：首先,熟练掌握常用课型结构。常用课型是单课,包括新授课、复习课、练习课、实验课、检查课、综合课等。常用课型的基本结构是组织教学检查复习、讲授新教材、巩固新教材、布置课外作业。其次,选择和运用常用教学方法。常用的教学方法有讲授法、谈话法、讨论法、演示法、实验法、练习法、参观法、实习作业法、读书指导法等。再次,认真充分地做好课前准备,包括熟悉教案教材、检查教具、整理仪表、调节情绪。最后,恰当使用课堂施教基本方法。基本方法包括导入方法、讲授方法、提问方法、启发引导方法、课堂沟通方法、教学体态语言表达方法、组织教学方法,以及课堂总结、课后小结和听课评课等方法。

第四,课外辅导能力。课堂教学强调统一,课外辅导则注重差异,其内容包括课程答疑,作业批改与辅导,对不同学习能力学生的个别指导,学习兴趣小组活动指导,校外实践活动辅导,等等。随着基础教育改革的深入推进,学校越来越重视对学生的个性培养,课外辅导的作用及对学生成长的重要意义也日渐凸显。作为未来的人民教师,在校师范生一定要重视这方面能力的培养。

3. 科学研究能力

科学研究能力是教师在教育教学过程中,从事与教育教学有关的研究和创新活动的能力。教师具备教育教学研究能力既是教师自身发展的需要,也是教育事业发展的需要。教师的教育研究基本上是结合工作对象和工作实践展开的,是教师自主能力和自我发展水平的重要表现形式。

具有初步的科学研究能力,需要具备以下几方面的素质:一是会选题,了解教学研究课题的类型、课题选择的方法及如何制订研究计划;二是会用基本的研究方法,如经验总结法、调查研究法、实验研究法、比较研究法等;三是会使用研究资料,进行描述统计、定量分析与推断、非数量资料的整理与分析;四是会撰写研究报告,这就要了解科研报告的结构和撰写科研报告的要求。

4. 教育管理能力

教育管理能力主要指一般的育人活动实施能力,包括对学生的思想品德、理想信念、人格、行为等方面教育与管理的能力。基础教育改革的一个重要理念就是要求教师更加关注学生的全面发展,培养学生健全的人格。良好的教育管理能力是教师有效开展教育活动的保证。师范生在校期间要努力学习并掌握教育管理能力,这是做一个合格教师的必备能力。

学生教育管理包括调查学生的成长背景，分析其思想行为，制订教育计划，选取教育途径，设计活动方案，运用恰当的教育情景、语言、语气，调控教育与管理过程，协调相关影响因素，预测教育效果，防范意外的预案等，具体可分为整体教育能力、个体教育能力和家校协作能力。

整体教育能力是以整体为教育对象，通过教育与管理的事实，达到既定教育目的的能力。其中，班集体是整体教育能力实施的载体，这就需要了解建设班集体的几个重要环节，掌握组建班集体的主要方法，包括制订工作计划、选培学生干部、协调学生关系、培养优良班风、组织团队活动等，其中组织团队活动首先要考虑的是安全性，其次再结合主体考虑活动的趣味性和学生的积极性。班集体的活动要注重学生的参与度和家长的支持度，同时还要了解学生日常行为规范的基本要求；需要掌握对学生进行日常行为训练的一般方法，尤其要注意培养学生的集体荣誉感和个人自尊心。

个体教育能力是以学生个体为对象实施教育的能力，个体教育能力对学生的个性培养、密切师生关系都具有非常重要的意义。个体教育能力的发挥需要了解学生个体思想和心理变化的特点，掌握对他们进行教育的基本方式方法。具体而言，师范生要掌握以下几方面能力。

（1）了解学生。仔细观察学生，把握学生的思想脉络。学生正是长身体的时候，也容易发生疾病，如果发现不及时，会严重影响学生的身体健康。有这样一个案例：班主任发现有一个学生在上课时情绪比以前低落，整堂课都趴在桌子上，不时地低头咳嗽，中午吃饭时就到学生食堂向值班老师了解情况，值班老师反映他已经两顿没有去食堂吃饭了，班主任接着又到宿舍找这位同学，发现他一个人躺在床上咳嗽，经过和学生的短暂交谈才知道周末在家时他就开始出现咳嗽和食欲不振的状况，班主任马上与这位学生的家长联系，说明情况并要求家长尽快赶到学校带学生去医院看病。第二天家长打电话感谢班主任发现及时，这位学生经医院检查后诊断为肺炎，如果耽误，后果会很严重。

（2）耐心与学生谈话。谈话要分清场合，避免使学生自尊心受到伤害。谈话要注意分寸，不要触及学生所能接受的底线，以免达不到谈话的目的。谈话要把握时机，有的话题这时候可以谈，有的就不可以谈。谈话要因人而异，有的学生喜欢表扬；有的学生对批评并不反感；有的学生领悟力强，点到即止也会收到预期效果；有的学生需要反复强调、推心置腹，才能使其有所启发。

(3)认真分析书面材料。要把握书面材料的主题,学生提交的材料有的是表扬,有的是批评,有的是揭发,有的是宣泄,有的是恶意的攻击。教师要核实事情真相,分析问题的症结,选择合适的调查和处理方式。

(4)善于心理辅导。师范生要具备一定的心理学知识,了解心理咨询的注意事项,掌握学生不同年龄阶段的心理特征,学会使用不同的辅导方法,多聆听,但也要在科学分析的基础上进行必要的指导和帮助,甚至在必要的情况下向学生的监护人通报情况,给出一定的建议。

(5)熟练操行评定。即对学生课堂内外、教室内外等方面的表现进行合理的评定,制订切实可行的操行评定的细则,并能够设计出合理的实施方案,在具体实施中要有明确的导向性,鼓励学生向真、善、美的方向发展,培养德、智、体、美、劳全面发展的人才。

(6)能够处理突发事件。突发事件是不可预测和控制的,可能会影响学生的人身安全,如果处理不得当会给学校带来不良的社会影响。处理突发事件需要把握几个原则:及时有效原则,利益相关方知情原则,损失最小化原则,影响最小化原则,向不同层级领导及时请示汇报原则。

家校协作能力是指了解班主任与家长关系的基本特点,并能相互配合,完成教育目标。家庭与学校是学生成长的两个最主要场所,创设良好和谐的环境对学生成长具有重要的意义。具体体现为

(1)经常与学生家长沟通。可以采用电话沟通、电子信件沟通和面对面沟通等方式与家长建立起融洽的关系,在遇到学生问题时,坦诚相告,互相配合,双管齐下,共同解决问题。

(2)定期组织家长会。组织家长会要有一定的主题,使到会的家长感到不虚此行。召开家长会时,把需要家长知道的事情交代清楚,把需要家长认识的任课教师介绍充分,并留有家长与任课教师单独交流的时间与空间。

(3)尝试组建家长社团。采取家长社团的方式,可以整合家长的社会资源,为学生的全面成长创设条件。

5. 活动组织能力

课外活动是在课堂教学之外有计划、有目的、有组织、有指导地对学生进行多种多样的教育教学的活动,是课堂教学的有益补充。课外活动的组织能力是指能够组织和指导与学校教育、课堂教学有联系的,对学生全面素质和能力的提高有

积极作用的校内外各项活动的能力。这在基础教育改革不断推进和素质教育进一步展开的情况下,更具有非常现实的意义。活动组织能力的基本内容主要包括以下几个方面。

(1)活动主题的创设能力。创设主题,需要围绕培养目标和培养规格,根据社会和教育的发展趋势,尤其是结合国家和社会的热点问题,参照教学内容进行。

(2)活动方式的确定能力。活动方式的确定需要考虑学生的参与度、活动的影响力、成功举办的可能性、举办活动的成本和举办的时间。

(3)活动实施的筹划能力。要有目的、有计划地对整个活动的全过程进行统筹策划,要善于组织、配合、协调各类课外活动。

(4)活动结束的总结能力。一个活动结束以后一定要进行分析总结,吸取经验教训,提高课外活动组织的可行性和实效性。

三、师范生就业力提升的重要意义

(一)师范生个人发展的需要

随着近几年师范院校的扩招,师范毕业生的数量有了明显提高,而各类学校、教育部门新增教师的岗位却越来越少,师资力量相对来说日趋饱和。加上以教师资格证为标志的教师职业资格制度的建立,空缺的教师岗位在向持有教师资格证的师范类毕业生开放的同时,也向持有教师资格证的非师范类毕业生开放。严重的供需矛盾,使师范生的就业形势变得异常严峻。面对有限的岗位,许多就业能力不强的师范生在竞争中败下阵来。

师范生的就业力是其在求职中的综合实力,决定着师范生以怎样的方式或状态进入职场,也决定着师范生职业生涯能否顺利起航。师范生的就业力对其就职后的发展潜力,以及在行业内的相对地位有很大影响,是师范生职场打拼的基础。俗话说:良好的开始是成功的一半。提升师范生的就业力水平,不仅可以为师范生的职场起航打好基础,而且可以为其以后的成功铺路搭桥。

(二)师范教育健康发展的需要

现如今,师范教育纳入综合大学的架构已经成为发展大趋势,目前我国综合大学也开始设立师范学院和教育学院。新的师范教育模式已经启动,这对传统体制下的师范教育来说,无形中造成竞争压力。同时,教师聘任制度的改革,使基础教育教师的来源越来越多元化。面对来自外部的巨大挑战,师范教育不能退缩,只能应战。师范生要想应战，唯一的途径就是提高自己的战斗力。而战斗力提高的基础则是师范教育的健康向前发展。为此，师范教育只有与时俱进，大幅度地提高师范生的就业力，才能不断巩固自己在基础教育人才供给中的传统优势，才能在面对越来越多的挑战时表现得从容镇定，才能以胜利的成果进一步强化师范教育的自信，从而为师范教育的健康发展提供坚实的保障。

（三）基础教育科学发展的需要

基础教育是教育体系的组成部分，是整个教育体系的根基。没有良好的基础教育，高等教育的发展进步只能是奢谈。基础教育的健康科学发展是整个教育体系健康科学发展的前提和基础。

基础教育科学发展的基础是教师队伍素质的提高。提升师范生的就业力，提高师范生的综合素质和能力，可以让高素质、高水平的师范毕业生加入基础教育教师队伍，有利于维持教师队伍的高素质，为基础教育教师队伍整体水平的提高奠定坚实的基础。素质全面、能力优秀的教师群体，是基础教育方针顺利贯彻执行的保障，是基础教育质量提升的保证，是基础教育科学发展的保证。

（四）民族素质稳步提升的需要

儿童是祖国的花朵，是民族的希望和未来。儿童的素质和水平的提高关系到我们民族素质和水平的提高。少年强则中国强，接受良好的基础教育是“少年强”的重要基础。提升师范生的就业力，提高全体教师的综合素质和能力，有利于培育出素质更好、水平更高、发展更全面的建设者和接班人。

四、师范生就业能力存在的问题

（一）发展不全面

不论就业力中的基本能力还是职业能力，发展都很不全面。在社会实践过程中，尤其是在就业竞争过程中，这种不足表现得尤为明显。大学生，当然也包括师范生，就业力发展不全面，综合能力也就大打折扣。综合能力不强的表现有很多方面，比如说交流沟通能力弱，敬业精神、共处协作能力差，动手能力差，独立工作能力欠缺，缺乏创新能力等。在一次知名中学的招聘试讲会上，竞聘中学语文教师的师范生在书写板书时，粉笔字写得不好看，板书安排不合理；离开面试会场，许多学生都忘了擦写过的黑板；等等。这些都让人看到了师范生就业力发展中的欠缺之处。

(二)发展不均衡

基本素质强弱皆存,发展很不均衡。有人提出大学生素质“五强六弱”的特点,在某种程度上也折射出师范生就业力发展的不均衡。“五强”:一是反思批判精神比较强。他们更愿意独立思考,更少盲目顺从。二是公平感和对社会公正的诉求意识整体较强,民主意识、平等观念、维权意识都大大增强了。三是接受新事物、新知识、新观念的能力比较强。他们更愿意接受新观念、新思想、新信息、新知识,而不愿墨守成规、按部就班。四是忧患意识比较强,不盲目乐观,不轻信承诺。五是竞争意识比以前的大学生强,面对竞争,愿意迎接挑战。

同时,他们存在一些明显缺陷,也就是“六弱”:一是精神追求被考大学这唯一目的所取代,精神生活应有的丰富性没能得到张扬。二是经历比较简单,没有机会接受人生的锤炼。他们的生活经历和社会实践存在断层,因而只能从书本上,而不能从社会生活中得到应有的精神启迪。三是社会市场经济的竞争压力和求利原则影响了这代人,使得他们过于追求物质利益,从而产生极大的精神压力,思想容易走极端,行为极易偏激。四是社会责任感较低。父辈为他们创造了尽可能优越的生活和学习条件,这导致他们很少考虑社会责任。五是市场经济的负面效应和开放社会环境的复杂化,以及社会上的各种不良现象误导了他们,使他们很容易精神迷惘或产生消极心理。六是教育问题。教育方法单一,内容陈旧,学校教给他们的许多东西与社会现实存在着较大的反差,心理落差导致了信念的缺失。以上诸多方面都表现在大学生的择业与就业行为中。

(三)发展不积极

学习是就业力建设的主渠道,但对于从紧张而忙碌的高中生活中解脱出来、刚刚踏入大学校门的大学生来说,认真刻苦地学习似乎成了过往烟云,刻苦学习的人成了大家眼中的另类。目前,包括师范生在内的部分大学生学习不积极,就业力发展不主动。在很多高校,都有一定比重的消极群体,他们在上课、活动、求职等方面都不积极,不再把主要精力放在学业上,而是在越来越多的诱惑中迷失了自己,把主要精力留给花前月下、网络、游戏。有些师范生虽然有较强的自制力,能够保持对学习的热情,但面对大学生活中的新鲜事物,目标定位不明确。这些人什么都学,却什么都不专,最后是什么都知道和了解些,但是专业无专,终是一事无成。此外,自信也是就业力建设的内容之一,它是就业力建设的力量所依,但有些师范生却出于各种原因而消极悲观,缺乏自信,面对现实压力和社会挑战,采取逃避态度，认为反正大学生就业那么难，不管怎么努力学习，结果还是一样，还不如不学了，玩玩还好一些，至少还能享受大学生活的乐趣，就业到时再说。以上种种因素，都是师范生就业力发展不积极的表现，是必须改变的现实。消极的学习就业态度，不仅不能解决问题，反而会成为师范生发展道路上的巨大障碍。

五、师范生就业能力养成的基本途径

师范生整体就业力存在诸多问题，这需要师范生从自身出发，结合自身存在的问题，采取有针对性的方式来加强对自己就业力的培养。师范生可以从以下几个方面着手，通过对各种途径的合理组合利用，达到提升就业力的目的。

（一）重视大学课业学习：拿下一份漂亮的成绩单

修读相关课程是师范生就业力培养的主渠道。大学课程纷繁复杂，师范生个人情况千差万别，个人能够在学习中投入的精力及学习质量各不相同，由此而产生的学习结果也就不一样。成绩单虽然不能作为衡量师范生大学生涯成功与否的唯一标准，但在缺乏其他客观评价标准的情况下，一份漂亮的成绩单可以在某种程度上反映师范生的学习态度、理论水平及专业素养。拿下一份漂亮的成绩单并不是一件简单的事，为此我们建议：

1. 科学规划修读课程

每个大学的课程设置不一样。大体而言，大学课程主要由必修课和选修课构成，其中又包括公共课和专业课，专业课中又包括专业基础课和专业方向课。从大学二年级开始，又开设辅修课或双学位课。课程规划过程中需要注意：课程规划要避免随心所欲。有的学生修读课程太随意，学校要求不得不选的就选，可以不选的就不选，这样确实实现了成本最小化，但不利于自身专业知识结构的形成。有的学生在学校要求选修的课程中随便一选，对课程内容的难易程度不加判断，对所选课程与专业成长和个人素质提高的相关性也不做深入思考。这样做势必会带来学习状况的杂乱无序，等意识到问题存在时，为时已晚。

课程规划要避免畏难求易。有的学生主要选择容易通过的课程，这样不利于专业知识的增长和专业知识框架的建构。课程的考核方式往往体现了学校教务部门对其的重视程度与要求标准，严格考试才能通过的课程都是具有学校特色、学术水准和专业特色的重要课程，是学校或相关学院、相关专业的看家课。这些课程的修读比重对学生学业水平的高度有着重要影响。因此，因课程难易程度而取舍修读课程,会严重影响自己学业水平的提高。

课程规划要避免“一劳永逸”。有的学生以为早修完学分早解放,于是把大部分需要修读的课程都集中放在前两个学年,而后两个学年集中主要精力做其他的事情。这样集中安排未必能够达到一劳永逸的效果。课程过于集中,会给自己的精力带来巨大的挑战。在精力不足的条件下完成这么多的课程,其结果可想而知。如果处理不好,平平的成绩单不但会影响当下的心情,使自己逐步失去自信和自我认同,而且会影响未来就业或者深造。

2. 努力考出好的成绩

学习是一项既重过程又重结果的活动。重视过程,是因为不仅仅会从中收获知识,而且会有许多意外惊喜。重视结果,则要求必须注重学习成绩。因为学习成绩是学习成果的具体体现。重视成绩,就必须熟悉课程的基本要求和考核标准,严格按要求做事;重视成绩,就必须牢固掌握课程的基本精神和重要知识,活学活用;重视成绩,就必须认真对待课程中各种形式的考核和考试。

认识了学习成绩的重要性后就要为之努力,端正学习态度。学习态度是学习者对学习活动的基本看法及其在学习活动中的言行表现。端正学习态度,为追求知识的不断丰富而自豪和骄傲。树立正确的学习态度,不断养成自觉的学习精神,不断养成孜孜以求的求索精神,让学习成为自己丰富学识、增长才干的重要源泉。同时,集中学习精力。人的时间和精力都是非常有限的,同时去做很多事情不仅分散精力,而且难以达到预期结果。学习也是一样,有限的精力决定了人不可能同时完成几项学习任务。况且,对于大学生来说,学习不是生活的全部。参加校园文化活动、交朋结友、勤工俭学等都是大学生活的重要组成部分,都要耗费大量的精力。因此,一定要合理分配自己有限的精力,确保把主要精力放在学习上。学习时定要聚精会神,尽量不让别的因素干扰自己的学习。如果经济条件允许,适当减少勤工俭学的时间,以便把更多的时间和精力投入学习上。当然,时间不等于精力,花费时间不等同于集中精力。在学习的时候要集中精力,心无旁骛,充分利用学习时间,提高学习效率,这样学习效果才会更好些。

(二)参加校园文化活动:打造一个独特自我

如同滴水能折射出整个太阳的光辉一样,一个人的校园文化活动也能折射出其大学生活的精彩程度。每个人都有自己的色彩,不同的色彩装扮出不同的大学生活,也体现出不同的素质和能力。师范生一定要利用好大学里的课外时间,规划好自己的闲暇时间，让自己的大学青春与众不同。

1. 参加一个组织，我会收获什么

组织成员：普通而不平庸。作为组织的基本构成细胞的成员，虽然角色普通，但一定要拒绝平庸。合格的组织成员，每一个行动都能成为支撑组织发展的力量，每一次与团队的携手都会烘托出一次成功。组织成员在参加活动时，出谋划策会锤炼自己的创造力，主动配合会锻炼自己的协作能力，坚决完成任务会锻炼自己的执行能力，解释说明和宣传推广会锻炼自己的表达能力，填座位般的默默参与会锻炼自己的责任意识和奉献精神。

组织领导：卓越而不隔绝。作为一个组织的领导者，使组织不断进步是其天然的使命。组织不断进步的标志就是组织的影响力得到不断强化。强化组织的影响力主要是通过活动让上级组织认可，让组织内的成员拥护，让组织外的人员参与。作为领导者，除保持卓越的领导能力外，还要准确定位，积极主动地同成员交流，与大家打成一片，做一个卓越而不隔绝的领导者。

2. 参加一个活动，我会收获什么

参加一次活动，总会带来收获。听一次讲座，或许可以增广见闻、开阔视野、丰富知识；看一次主题演讲，或许可以引起自己对演讲主题的心灵回应；参加一次支教，或许对教育的现实有更深刻的理解；参加一次志愿活动，或许会强化自己对社会责任的认同；参加一次征文比赛，或许可以让早已生锈的笔尖焕发青春的光彩；参加一次辩论比赛，或许更能让自己在唇枪舌剑中感受自己思想的水平。参加一次活动，总会给你带来收获，甚至不经意间还会收获对手真诚的握手！

3. 奖励不是我追求的归宿

每一次校园文化活动，都会在某种程度上丰富自己。参加校园文化活动，正确的态度在于注重过程，在感受过程之余，体会自己的点滴进步。当参加有奖项的活动时，要保持一颗平常心，不因结果好坏而患得患失。如果自己的表现得到了别人的认可，欣喜之余，要保持理智清醒的头脑。因为取得的成绩只能代表过去，而明天又有全新的内容等着我们继续追求。

（三）正视社会实践活动：积累宝贵的社会经验

1. 熟悉社会实践活动的主要形式

按照师范生参加社会实践活动的目的不同，可以把社会实践活动分为职业实习、勤工俭学和志愿服务三种类型。

职业实习，是指以就业力建设、就业力提升为目的的社会实践活动。师范生参加的职业实习既包括以提高教育教学能力为目的的教育职业实习，如到学校（幼儿园）去实习，或者利用业余时间到学校附近的中小学、幼儿园做实习助教或实习班主任，又包括学校组织的科技、教育、文化“三下乡”暑期社会实践活动。除了宣传科技文化活动之外，师范生参与社会实践的主要表现形式是支教。此外还包括为了拓展素质能力的非教育职业实习，如利用业余时间参加某公司的实习活动等。

勤工俭学，是指基于经济目的的社会实践活动。其主要有以下两种表现形式：第一，家教。师范生勤工俭学的主要形式是做家教，即利用自己的课外时间，以一对一辅导的形式帮助家教学生提高学习成绩，并获取一定经济报酬的活动。第二，兼职。兼职是师范生勤工俭学的形式之一，是师范生利用业余时间在企事业单位等社会机构完成单位要求的工作任务，并取得一定经济报酬的活动。如师范生利用自己的外语优势，利用业余时间在某公司做兼职翻译并获得相应报酬。

志愿服务，是指基于社会公益目的的社会实践活动。一般称从事志愿服务的人为志愿者。志愿者需要按照服务机构的工作要求，在一定时间内完成相应的工作任务，不收取任何物质报酬。服务机构则需要为志愿者提供诸如餐饮、交通等方面的必要保障。通过志愿服务，志愿者心灵受到了冲击和洗礼，增强了社会责任感，丰富了社会经历。

2. 有选择地参加社会实践

参加社会实践以有利于提高就业力为第一原则。师范生在学期间参加的社会实践活动应该以有利于提高自己的素质和能力为主要原则，其中应该以有利于提高就业力，尤其是有利于提升职业就业力为第一原则。如职业实习就应优先于勤工俭学和志愿服务。在职业实习中，学校（幼儿园）的教育教学实习应优先于非教育实习。在学校（幼儿园）教育教学实习中，要努力围绕师范生的职业就业力进行深入实践，不但要立足某一学科进行教学实习，还要积极进行班主任实习，也要进行团队活动方面的团队管理实习，从而实现在实际工作环境里的多环节、多侧面的实战演习。

参加社会实践不以赚钱为第一目的。师范生参加社会实践一定要有明确的目的，那就是提升自己将来的就业竞争能力，而不应是增加眼前的经济收入。在经济条件允许的情况下，不鼓励师范生做太多的家教或其他社会兼职。大学光阴非常短暂，稍纵即逝。四年里每年都应该有不同的发展目标，四年里每天都应该有崭新的追求。四年的时间是师范生积累知识、锻造能力的宝贵机会，只有抓住这四年的大好时光，积极参加各种有利于自己专业成长和就业力发展的活动，才能使自己在未来的职业成长中不掉队，才能为自己赢得明天奠定良好的基础。如果家境不好，不得不去打工，这也是无可非议的，但一定要控制在不影响自己的学习成绩和就业力发展这样一个限度内。如果一味为了赚钱而忽略学习，就会捡了芝麻丢了西瓜，得不偿失。

(四)自修社会课程

除了学校里的专业课程学习之外，师范生还可以根据自己的兴趣和需要选择自修相应的社会课程，考取相应的职业资格证书。例如，育婴师资格证书、幼儿体适能教练员证书、社会体育指导员证书、会计从业资格证书、人力资源师资格证书等。这些有助于师范生拓宽就业渠道，促进职业发展。

第三节　专升本(专科)

一、师范生专升本

以浙江省学前教育(专科)专升本为例，相关事项如下。

(一)招考类别

根据专业对口原则，高职高专与本科专业分为文史、理工、经管、法学、教育、农学、医学、艺术八个招考类别，学前教育(专科)在高职高专专业中属于文史、教育、艺术。

(二)报考须知

每个考生可填报八个志愿，每个志愿包括一所高校和一个专业。考生只能在本人所选定的招考类别内填报志愿，跨类别的志愿无效。

(三)考　试

招考类别	考试科目
文史、法学、教育、艺术	大学语文、英语
理工、经管、农学、医学	高等数学、英语

1. 考试科目

艺术、体育类专业经省教育考试院同意，可由招生高校组织专业加试，并在报名工作开始前完成。专业加试合格考生才能填报相应的高校专业志愿。

2. 考试分值

各科满分均为150分。

二、选择专升本的理由

（一）提升个人专业能力，继续发展深造

经调查，大约有38%的考生奔着继续深造的目的而选择专升本考试。从目前的大形势来看，随着我们国家的快速发展及高等教育的普及，社会对个人学识的要求会逐步提高。也就是说，拥有更高的学历，我们将有更多的机会、更大的发展空间。

有深造目标的人选择专升本考试进而读本科是一个值得肯定的选择，并且这类学生也是最有可能成功的群体。

本科期间是一个可以静下来认真学东西、做事情的阶段。经历过专升本选拔的同学更深知自己走到这一步的不容易，更重要的是读完本科以后，他们还有更多发展的机会，如考公务员、考研、读博、出国深造都是很好的选择。

（二）赢取更好的就业机会与职业发展前景

当今的专科生就业形势确实不容乐观，尤其是在本科生快普及的情况下。升本是提升能力的一个好机会，是做好就业准备的一个缓冲期，也是改变就业处境的一个不错的选择。整体来看，大约有20%的考生迫于就业压力或希望改变就业处境而选择专升本的。

本科生就业这几年虽然也有寒意，但从就业整体来看，本科生的薪酬起点要高于专科生30%～50%，职业发展前景也要更好一些。只要我们稍微留意一下现在的就业市场，便不难发现：本科学历已经成为很多企业设置的一道门槛，本科学历也成为区分岗位的一个标准，比如很多企业招本科生做管理方面的工作，招专科生做业务方面的工作。

另外，即便是公务员考试，很大一部分机关或事业单位也要求报考人员具有全日制本科学历。因此，专升本是一个获得更好就业机会、薪酬待遇与职业发展前景的好途径。如果你是那种勤于学习、努力拼搏的人，本科两年虽然要投入一

些费用,但是会带给你更高的回报。虽然学历不代表能力,但学历却成为一把打开一扇通向成功殿堂大门的钥匙。

(三)提高学习兴趣,发展专业水平

很多人专科所学专业不是自己的兴趣所在,其原因主要是当初填报志愿的时候对所报考专业的研究领域、应用价值、发展前景一无所知,或是因为分数低而被硬性调剂,或是由父母代为选择。进入大学之后,他们才发现自己对所学专业实在提不起兴趣,而专升本可以报考和自己本专业相关的其他专业,通过专升本来发展自己感兴趣的专业也是一个不错的选择。经调查,大约12%的考生是追逐自己的兴趣而选择专升本的。

在读本科期间,他们完全可以充分施展自己的才华,毫无拘束地追逐自己的兴趣。"兴趣是最好的老师",因为兴趣,所以关注;因为关注,所以专业;因为专业,所以高能;因为高能,所以高就。我们在阅读那些诺贝尔奖得主的故事时,感受最深的就是他们对自身专业的挚爱与痴情。只有热爱自己的专业,才能做出非凡的成绩。

(四)知识改变命运

有一部分进行专升本的学生并非对所学专业感兴趣,也不是对其他专业感兴趣。他们要么不甘心高考的失利,抱着"卷土重来"的决心,试图用升本成功的光芒驱散高考失利的阴霾,从而扭转自己的命运;要么在残酷的现实中猛然惊醒,对往日挥霍时光、碌碌无为、堕落沉沦懊悔不已,于是痛下决心在专升本的战场上重新爆发能量、找回自信;要么就是希望先争取到读本科的机会,然后在读本科期间再思谋今后的路到底怎么走。他们读本科更多的是为了改变自己的命运,攀登一个更高的台阶,为自己争取一个更好的发展机会与更广阔的发展空间。在调查中,这部分人的比例大约为15%。

(五)构建并扩大个人交际圈,实现未来的规划与发展

众所周知,高校是学习资源、人才资源等相当丰富的地方。部分学生选择读本科,不仅可以在专业领域锻炼自己,更可以在其他地方锻炼自己。人是社会的人,社会是人的社会,所以,以后的发展在一定程度上取决于我们的团队协作能力、人际交往能力,还有我们建立的交际圈。有人曾说:"你所结交的朋友的平均实力就是你自己实力的一个写照。"

所以,在读本科期间,我们可以进一步扩大自己的朋友圈,构建一个良性的更高层次的交际网,这样势必对自己以后的发展大有好处。我们调查的专升本的人群中，抱着充实自己、强化自己综合素质、构建高层次交际网的想法而参加考试的同学大约占15%。

（六）专升本对于人生的整体升华

毫无疑问，通过专升本，学生的思维能力、理解能力、总结归纳能力、写作能力、记忆能力等学习能力都将得到升华；他们抗挫折能力、时间规划与管理能力等都将得到极大的提高；他们看待成败的人生态度，也将转变。这些能力的提高、态度的端正，对他们今后的人生无疑是有极大的促进作用的。可以说，专升本最大的收获，不是一张录取通知书、一张毕业证书、一张学历证书，而是在备考过程中收获的良好心态、学习能力和学习习惯，这些将是他们一生的宝贵财富！

三、专升本备考

在漫长的专升本复习中，如何才能提高学习成绩让备考更高效？如何才能将有限的时间和精力投入变得更有价值？这里主要介绍以下六种复习方法。

（一）心态宜紧，不易松

之所以把“心态”放在第一位，是因为很多同学在这个阶段容易在心理上出现问题，而过度的放松，则在行为上表现为学习松散、不懂自律。晃来晃去，时间就没了，到快考试的时候，才发现该学的知识没学，这时你已经与其他同学拉开相当长的距离。因此，对于专升本学生来说，非常重要的事情，甚至重于学习的事情，就是把自己的心态调整好。可以自问一下：我到底想不想考上目标院校？我有多想考上目标院校？

（二）辅导书在于精，而不在于多

辅导教材不在于多，而在于精。教材有一两本即可，但一定要反复看，吃透了才是好的。真题也要看，虽然说真题不会重复考，但是你至少知道考试的题型和大致难度。模拟题也要做几套，这个题目不在于多，一定要精。当然了，选择题目类的书籍时，一定要翻翻后面的解析，你能看懂，看着舒服的，才是最适合你的。

（三）学以致用，掌握技巧

做题是为了掌握知识点。学习的一开始，就要将知识点与习题结合起来，要不断地尝试用所学知识来解题。这样有两个好处：一是可以更快地掌握知识，二是能够不断地改变自己的思维模式，以防学了知识不用，还是老思维。

同时，要明确一点：基础阶段的做题，其目的是更好地掌握知识与技巧，而非应试。做题时，要细致、规范，争取把题目蕴含的知识点都复习一遍，这样可以在短时间内掌握必需的知识。

（四）简单入手，逐步升级

学习知识与技巧，是一个渐进的过程。由简单到复杂，符合学习的基本规律，这样学起来既轻松，效果又好。简单题细细研究，复杂题时常练练。

而复杂题，一般来说涉及的知识点更多，甚至还会夹杂诸如阅读上的陷阱，这样的题在接近考试时，应该将其视为学习效果的检测。

（五）复习效果在于手，而不在于眼

俗话说："好记性不如烂笔头。"学习的时候，拿起笔，写一写，知识从手指进入大脑。写的速度要远远慢于看的速度，也正是这样，你的思维才有时间去消化它，并尽可能地记住它。

（六）复习要连续，切忌三天打鱼两天晒网

复习节奏在于连续，而不在于突进。临近期末考试、寒假，由于其他事情的干扰，可能有时一天，甚至连续几天都不能有效复习。其实这样的节奏是不好的，学习切忌一曝十寒。

因此，建议大家在制订学习计划的时候，最好做得细致一些，可以按着知识模块来安排学习的进度，力争做到即使只有一小段时间，也能复习一些模块内容，也能有效推进复习进度。

第四节 考研（本科）

一、有关考研的介绍

全国硕士研究生统一招生考试（Unified National Graduate Entrance Examination），简称"考研"，是教育主管部门和招生机构为选拔研究生而组织的相关考试的总称，由国家考试主管部门和招生单位组织的初试和复试组成。

考研面试礼仪

思想政治理论、外国语、大学数学等公共科目由全国统一命题，专业课主要由各招生单位自行命题（加入全国联考的专业全国统一命题）。硕士研究生招生方式分为全日制和非全日制两种，培养模式分为学术型和专业型两种。

选拔要求因层次、地域、学科、专业的不同而有所区别。考研国家线划定分为A、B类，其中一区实行A类线，二区实行B类线。一区包括：北京、天津、河北、山西、辽宁、吉林、黑龙江、上海、江苏、浙江、安徽、福建、江西、山东、河南、湖北、湖南、广东、重庆、四川、陕西。二区包括：内蒙古、广西、海南、贵州、云南、西藏、甘肃、青海、宁夏、新疆。考研首先要符合国家标准，其次按照程序，按与学校联系、先期准备、报名、初试、调剂、复试、复试调剂、录取、毕业生就业、其他等方面依次进行。

（一）报考条件①

报名参加全国硕士研究生招生考试的人员，须符合下列条件：

第一，中华人民共和国公民。

第二，拥护中国共产党的领导，品德良好，遵纪守法。

第三，身体健康状况符合国家和招生单位规定的体检要求。

第四，考生学业水平必须符合下列条件之一：

（1）国家承认学历的应届本科毕业生（含普通高校、成人高校、普通高校举办的成人高等学历教育应届本科毕业生）及自学考试和网络教育届时可毕业本科生。考生录取当年入学前（具体期限由招生单位规定）必须取得国家承认的本科毕业证书，否则录取资格无效。

（2）具有国家承认的大学本科毕业学历的人员。

（3）获得国家承认的高职高专毕业学历后满两年（从毕业后到录取当年入学之日，下同）或两年以上的人员，以及国家承认学历的本科结业生，符合招生单位根据本单位的培养目标对考生提出的具体学业要求的，按本科毕业同等学力身份报考。

（4）已获硕士、博士学位的人员。

在校研究生报考须在报名前征得所在培养单位同意。

（二）专业学位硕士研究生全国统一考试的报考条件按下列规定执行

第一，报名参加法律（非法学）专业学位硕士研究生招生考试的人员，须符合下列条件：

（1）符合（一）中的各项要求。

（2）报考前所学专业为非法学专业［普通高等学校本科专业目录法学门类中的法学类专业（代码为0301）毕业生、专科层次法学类毕业生和自学考试形式的

① 以上内容来源于教育部关于印发《2020年全国硕士研究生招生工作管理规定》的通知。

法学类毕业生等不得报考]。

第二，报名参加法律(法学)专业学位硕士研究生招生考试的人员，须符合下列条件：

(1)符合(一)中的各项要求。

(2)报考前所学专业为法学专业[仅普通高等学校本科专业目录法学门类中的法学类专业(代码为0301)毕业生、专科层次法学类毕业生和自学考试形式的法学类毕业生等可以报考]。

第三，报名参加工商管理、公共管理、工程管理硕士中的工程管理(代码为125601)和项目管理(代码为125602)、旅游管理、教育硕士中的教育管理、体育硕士中的竞赛组织专业学位硕士研究生招生考试的人员，须符合下列条件：

(1)符合(一)中第一、第二、第三各项的要求。

(2)大学本科毕业后有三年以上工作经验的人员；或获得国家承认的高职高专毕业学历或大学本科结业后，符合招生单位相关学业要求，达到大学本科毕业同等学力并有五年以上工作经验的人员；或获得硕士学位或博士学位后有两年以上工作经验的人员。

工商管理硕士专业学位研究生相关考试招生政策同时按照《教育部关于进一步规范工商管理硕士专业学位研究生教育的意见》(教研〔2016〕2号)有关规定执行。

(三)报名参加单独考试的人员，须符合下列条件

第一，符合(一)中第一、第二、第三各项的要求。

第二，取得国家承认的大学本科学历后连续工作四年以上，业务优秀，已经发表过研究论文(技术报告)或者已经成为业务骨干，经考生所在单位同意和两名具有高级专业技术职称的专家推荐，定向就业本单位的在职人员；或获硕士学位或博士学位后工作两年以上，业务优秀，经考生所在单位同意和两名具有高级专业技术职称的专家推荐，定向就业本单位的在职人员。

招生单位不得按单位、行业、地域等限定单独考试生源范围，也不得设置其他歧视性报考条件。

(四)经审定可以开展推免生工作的高等学校，可以推荐本校规定数量的优秀应届本科毕业生免初试

推荐和接收办法由学校(招生单位)根据教育部的有关规定制定。被接收的推免生(包括研究生支教团和农村教育硕士项目的推免生)须在国家规定的报名时间内到报考点办理报名手续,且不得再参加统考。

除工商管理硕士、公共管理硕士、旅游管理硕士、工程管理硕士、工程硕士中的项目管理、教育硕士中的教育管理、体育硕士中的竞赛组织外,其他各学科(类别)、专业(领域)均可接收推免生。

(五)报考分类

第一,非定向指在录取时不确定未来的工作单位,在校期间享受国家规定的奖学金和其他生活待遇。毕业时应服从国家就业指导,在国家规定的服务范围内进行安排或实行双向选择。

第二,定向培养研究生,是指在招生时即通过合同形式明确其毕业后工作单位的研究生,其学习期间的培养费用按规定标准由国家向培养单位提供。

(六)报考常识

1. 考研高校选择

A.三本(本地区、本学校、本专业)最易成功

B.三跨(跨地区、跨学校、跨专业)最难成功

C.一本二跨(本专业、跨地区、跨学校)最为理想

D.二本一跨(本地区、本专业、跨学校)较可能成功

E.二本一跨(本地区、本学校、跨专业)较易成功

2. 院校及专业选择

(1)该院校是985还是211;

(2)该专业在全国排名第几;

(3)近五年该专业招生人数、报考人数、录取率;

(4)近三年该专业指定参考书变化情况;

(5)近四年该专业专业课真题有售与否;

(6)近六年该专业开办考前辅导班与否;

(7)近五年该专业硕士研究生毕业就业情况。

3. 考研科目

共四门:两门公共课、一门基础课、一门专业课。

两门公共课:政治、英语。

一门基础课:数学或专业基础。

一门专业课(分为十三大类)包括:哲学、经济学、法学、教育学、文学、历史学、

理学、工学、农学、医学、军事学、管理学、艺术学。

其中:法硕、西医综合、教育学、历史学、心理学、计算机、农学等属统考专业课,其他非统考专业课都是各高校自主命题。

4. 考研时间

每年12月下旬。

5. 考研分数(总分500分)

政治:100分。

英语:100分。

数学或专业基础:150分。

专业课:150分。

其中:管理类联考分数是300分(包括英语二100分、管理类综合200分)。

6. 试卷结构

政治:马克思主义基本原理概论24分,毛泽东思想和中国特色社会主义理论体系概论30分,中国近现代史纲要14分,思想道德修养与法律基础16分,当代世界经济与政治及形势与政策16分。

英语:完形填空10分,阅读A40分,阅读B(即新题型)10分,翻译10分,大作文20分,小作文10分。

数学:理工类(数一、数二),经济类(数三)。

数一:高数56%、线性代数22%、概率统计22%。

数二:高数78%、线性代数22%,不考概率统计。

数三:高数56%、线性代数22%、概率统计22%。

一般情况下,工科类的考数一和数二。

【考数一的专业】

工学类中的力学、机械工程、光学工程、仪器科学与技术、冶金工程、动力工程及工程热物理、电气工程、电子科学与技术、信息与通信工程、控制科学与工程、计算机科学与技术、土木工程、水利工程、测绘科学与技术、交通运输工程、船舶与海洋工程、兵器科学与技术、核科学与技术、生物医学工程等二十个一级学科中所有的二级学科和专业,以及授予工学学位的管理科学与工程的一级学科均要求使用数一考试试卷。

【考数二的专业】

工学类中的纺织科学与工程、轻工技术与工程、农业工程、林业工程、食品科学与工程等五个二级学科和专业均要求使用数二考试试卷。

除此之外，还有一些工科类的数学试卷难易程度是由招生单位决定的，比如材料科学与工程、化学工程与技术、地质资料与地质工程、矿业工程、石油与天然气工程、环境科学与工程等一级学科及对数学要求高的二级学科则选取数一试卷，要求较低的则选取数二试卷。

【考数三的专业】

经济类和管理类的考数三，经济类和管理类包括经济学类的各一级学科、管理学类中的工商管理、农业经济管理的一级学科和授予管理学学位的管理科学与工程的一级学科。

注意：

(1)自考生和网络教育学生须在报名现场确认截止日期前取得国家承认的大学本科毕业证书方可报考。

(2)在职研究生报考须在报名前征得所在培养单位同意。

(3)年龄一般不超过40周岁，报考委托培养和自筹经费的考生年龄不限。

(4)身体健康状况符合国家和招生单位规定的体检要求。

(七)考研时间

网上报名日期一般在每年10月(逾期不再补报，也不得再修改报名信息)；

预报名时间一般在每年9月下旬；

现场确认报名时间一般在每年11月上中旬；

准考证打印时间一般在每年12月，考生可凭网报“用户名”和“密码”登录研报网下载并打印“准考证”。

(八)具体规定

第一，招生单位对考生初试成绩进行登记、统计和测算分析后，根据国家教委制定的复试基本要求和录取原则，结合本校(院、所)情况拟定复试标准。复试标准须由主管研究生工作的校(院、所)长组织有关人员审定，并报所在省区市高校招生办和主管部门备案。招生单位根据拟定的复试标准，将符合复试资格的考生的有关情况，以及接受推荐优秀应届本科毕业生免初试考生的情况，提供给系(研究室)，由系(研究室)在征求有关指导教师意见的基础上，经过认真研究后，提出复试名单。最后由校(院、所)长召开有关会议审批确定复试名单。对于初试成绩符合国家教委复试基本要求,招生单位拟不复试录取的考生,应及时将其全部材料转寄第二志愿单位。对于不符合国家教委复试要求的考生,其材料不得转寄其他招生单位。

对于个别初试成绩未达到国家教委制定的复试基本要求的考生,招生单位拟对其进行复试的,须上报所在省区市高校招生办审批。少数招生单位经国家教委批准,可自行审批。

个别考生(不含同等学力考生),初试成绩突出,同时招生单位对其课程学习、实验技能和科研能力等情况比较了解,认为确有培养前途的,经指导教师提出,系、校(院、所)批准,可以不复试。

对于同等学力考生须全面、严格复试。应加强对本科主干课程和实验技能的考查,其中笔试科目不少于两门。

第二,复试名单确定后,招生单位应向考生所在单位函调人事档案和本人现实表现等材料,全面审查其政治情况。

第三,根据复试名单通知考生进行复试。复试前由招生单位组织有指导教师参加的复试小组,根据专业要求和考生具体情况,确定复试内容、复试试题和复试形式(口试、笔试或实践环节的考核等,一般以口试为主)。

二、考研准备

在复习准备过程中,考研的大学生要利用好每一分每一秒。要知道考研路上,最重要的复习节点就是暑假,历来就有“得暑假者得考研”的说法。暑假期间要针对进行基础复习或强化复习,能不能把基本知识夯实打牢,就看这段时间。暑假把握得好,考研等于成功了一半。

相信每年研究生考试结束之后,都有这样的言语存在:“如果再给我三个月的时间,我一定能够考上研究生。”但是,时间一去不复返,在考试结束之后,后悔没有珍惜时间,是于事无补的。因此,我们要从现在就开始认真准备。

(一)英 语

1. 记单词要坚持

最晚8月份就要开始做英语真题了,时间不等人,那个时候的任务将是反复做题,揣摩和把握出题思路。每做一套真题,加上分析、整理笔记可能就会占用一整个下午,而其他时间还有别的学习计划要完成,任务同样繁重,我们不会再有过多的时间去好好背单词。

所以同学们，为了后期备考时不需要在单词方面耗费过多精力，把时间腾出来做真题练习，准备考研的初期一定要坚持记单词。每天都要抽出固定的一段时间，积累词汇。词汇量对于考研英语的重要性，大家想必也是心里有数的。

2. 总结长难句

考研英语分值占比最大的就是长难句。要理解长难句，除了知道单词的意思，更要对句子的成分和结构有清晰的把握，这一点需要有一定的英语语法基础。

语法基础不太扎实，或者准备考名校的同学，更要早做准备，选择适合自己的辅导课程，学好、学透语法知识。长难句的一大特点就是有规律可循，吃透一句，就能掌握一类。所以考研的学生要积累总结一些有代表性的长难句，每天的数量不用太多，重在理解消化，触类旁通。

（二）数学——重点在高数

高等数学是考研数学中数学三科都要考查的一个科目。从试卷分值上看，数一与数三中高数约占56%，为82分，四道选择题，四道填空题，五道解答题；数二中高数约占78%，为116分，六道选择题，五道填空题，七道解答题。

毫不夸张地讲，高数占了考研数学的半壁江山，因此，高数的考点自然多而复杂，且难度高于概率统计与线性代数。因此，7月的数学复习以高数为主一点儿都不过分。

高数要避开的坑：

1. 考点不清楚

对于自己是考数几，相应考点有哪些还不清楚。因为考研数学按照专业的要求不同，一共分为数一、数二、数三这三种。种类不同，大纲的要求也是不一样的。很多同学对于自己所报专业的考点模糊不清。

2. 复习无规划

基础阶段好高骛远，追求不切实际的目标。数学复习具有基础性和长期性的特点，对数学知识的学习是一个长期积累的过程，要遵循由浅入深、由简及繁的原则，先打牢知识基础，构建起知识体系，再去追求技巧及方法。

一座宏伟的数学大厦必定是建立在坚实的地基之上的，所谓“千里之行，始于足下”，“不积跬步，无以至千里；不积小流，无以成江海”。

3. 大纲是复习的根本

忽视教材，基础阶段本应以教科书为主，很多同学不顾自身实际基础，盲目追逐市面上众多的辅导材料。前面提到，基础阶段主要是打基础，掌握考研数学的基本概念、基本理论和基本方法。

教材结合考纲就是最好的辅导材料。考生应以上一年大纲为蓝本、当年大纲为核心，要把大纲内的考试内容进行地毯式复习，不留任何死角和盲点。

基本思路：

首先要基于自己目前的学习进度，结合市场口碑，选择适合自己的复习材料。目前来看，在高数这部分，最好的组合是复习全书+课本。接下来制订合理的规划，高数一共12章(考生个人要根据往年大纲对相应专业的规定做减法)。

假定都考，则务必保证每两天完成一个章节的学习；如果已经完成了课本的第一轮复习，先看全书，做全书后面的奇数习题，以课本为参考书；如果没有完成课本的第一轮复习，则要求根据课本中相应章节的公式，参考课本做认真的推导，再翻阅、复习全书。

(三)专业课

学会利用笔记梳理知识：已经确定学校的同学，应该已经根据专业课的参考书目整理出不少笔记了。尤其是不考数学的同学，两门专业课的复习内容还是很多的。

如果是跨专业考研，考研要学习的内容可能和自己本科学到的知识不太一样，即使是非跨考的同学，也可能如此。现在每个同学的手里或多或少应该都有一部分笔记。

大家可以根据已有的笔记，对已经学过的知识做一次梳理，检查自己还有哪些遗漏的知识点，或者没有完全学会的内容。

(四)政　治

政治的复习在7月份也不能忽视。7月份的学习，可能决定了你政治能考50分还是80分。不管是英语课还是专业课，提一分的难度都在政治之上，所以对政治的复习，不能放松。7月重点在逐渐培养政治体系化的思路。此时，考生可以多关注新闻报纸与其他媒体平台，多了解时事政治。

三、考研择校

(一)教育资源

首先，名校自身的软硬件都很优秀，师资队伍、科研条件、就业前景等都吸引着大批学生报考。其次,高校研究生扩招导致普通研究生毕业就业竞争力降低。再加上社会对名校的优先认可等各种原因,使得如今许多大学生对考研有种很强烈的“名校情结”,名校考研甚至已经成为考研的一种“潜”趋势。于是,考研呈现“扎堆儿”考名校的现象。而且就目前来看,考研“名校热”依然在持续。

无论在软件方面还是硬件方面,名校的资源都是一些普通高校无法企及的。比如清华、北大、人大每隔两三天就会举办一场学术讲座,最多的时候会出现一天多场讲座的情况。除此之外,名校还会提供给学生更多学术交流、科研实践的机会。相对而言,普通院校的这种机会较少。

不少人认为,如果在名校读研期间,能师从一位学术界的“大牛”导师,那么今后的学术研究,甚至毕业后的工作都可能会一帆风顺。即使是自己找工作,也可以选择较高的发展平台,如有些名企招聘人才时会明确提出只招985和211院校毕业生,那么你就可以轻松越过这一关卡。

(二)名校优劣

并不是名牌大学的所有专业都是最好的。在一些综合性的知名大学中,有些非传统、非强势的专业是随着学校的发展和招生规模的扩大而增设的。这些新增设的专业在师资力量、课程设置等方面不一定强过普通院校,不少普通院校的某些专业是优势学科,在该学科领域中占有很高地位。

就业,应该是学生最为关注的,而名校的就业率并非100%。知名企业在招聘人才时,虽然设置了985和211院校的招聘关卡,但它们更加重视学生的综合素质。事实上,并不是名牌院校毕业的每个学生都具备充分的知识储备和较强的解决实际问题的能力,因此学生自身的能力也很重要。

在选择专业和院校之前,考生一定要对自己的优势和劣势做客观的分析,理性评判自己的学习能力,发现自己的兴趣爱好。切忌不切实际地高估自己,也不要因为贪图名校带来的“荣耀”而盲目“追热”。全面认识名校,客观评价自己,同学们会发现提升自身内在的含金量,远远高于名校赋予的光环!

(三)适合自身

在决定考研时,先问问自己,我考研的动机是什么?我的兴趣在哪里?兴趣能和考研联系在一起吗?哪些院校开设了相关的专业?在自身实力的基础上,加之半年的复习,我大概能达到什么分数水平,有望考到哪些学校?这些问题是你择校之前必须思考的。学校和专业就在那里,而适不适合你,才是最关键的思考点。

(四)专业适合

全国共有多少所院校符合你专业选择的要求？你的能力适合冲击哪个层级的院校？这个层级的几所院校是否符合你的期望值？有哪些吸引你的地方？你的目标专业是否这些院校的重点专业？以上这些问题都是需要考生谨慎考虑的。毕竟,研究生时期的专业很有可能影响你未来的职业生涯。

(五)地域选择

对于不跨专业跨院校或者“三跨”的考生来说,地域问题同样是择校需要考虑的一方面。考生有必要看一看院校的所在地是否符合自己长远的发展需求。很多人在研究生毕业之后会继续留在读研的那座城市打拼,而那座城市和家的距离、和自己职业生涯走向的规划是否存在冲突同样需要考生们慎重思考。

四、考研免试

(一)推免介绍

普通高等学校推荐优秀应届本科毕业生免试攻读硕士学位研究生(以下简称推免生)是全国研究生招生工作的重要组成部分,是研究生招生制度改革的重要内容,是激励高校在校学生勤奋学习、积极创新、全面发展的有效措施,是提高研究生选拔质量、培养拔尖创新人才的重要保证。

免试,是指普通高校应届本科毕业生不必经过全国硕士研究生入学统一考试的初试,直接进入复试;推荐,是指普通高等学校按规定对本校优秀应届本科毕业生进行遴选,确认其免初试资格并向招生单位推荐;接收,是指招生单位对报考本单位的具有免初试资格的考生进行的复试和录取。

(二)推免条件

高等学校从具备下列条件的学生中择优遴选推免生:

第一,纳入国家普通本科招生计划录取的应届毕业生(不含专升本、第二学士学位、独立学院学生)。

第二,具有高尚的爱国主义情操和集体主义精神,社会主义信念坚定,社会责任感强,遵纪守法,积极向上,身心健康。

第三,勤奋学习,刻苦钻研,成绩优秀;学术研究兴趣浓厚,有较强的创新意识、创新能力和专业能力。

第四,诚实守信,学风端正,无任何考试作弊和剽窃他人学术成果记录。

第五，品行表现优良，无任何违法违纪受处分记录。

第六，对有特殊学术专长或具有突出培养潜质者，经三名以上本校本专业教授联名推荐，经学校推免生遴选工作领导小组严格审查，可不受综合排名限制，但学生有关说明材料和教授推荐信要进行公示。

第七，在制订综合评价体系时，可对文艺、体育及社会工作特长等因素予以适当考虑。但具备这些特长者必须参加综合排名，不得单列。

高等学校可按上述要求制定推免生的具体条件，但应符合法律、行政法规、规章和国家政策规定。

（三）准备资料

第一，居民身份证、学生证；

第二，在校历年学习成绩单；

第三，大学英语四级或六级考试成绩单；

第四，学术成果（包括公开发表的论文、出版的著作、获得的专利、获得的学术科技奖项、承担的课题或者其他具有学术水平的工作成果）；

第五，各类荣誉、表彰、奖励证书。

以上为常见推免材料类别，仅供参考，具体请按招生单位要求准备。推免生提供的材料必须真实有效。

章节思考

1. 结合所学内容及上一章初步完成的职业规划书，说说你将从哪些方面进行努力。

2. 经过第二节的学习，请对现阶段自己的就业力进行评估，并说说你的短期目标和长期目标。

3. 学习本章内容，谈谈你对升学的了解和想法，总结升学的条件与特点。

4. 通过学习，就如今的专业学习情况对自己升学与否进行思考，并与升学的要求进行比较，确定努力的方向。

第四章

师范生就业政策与求职应聘

思维导图

第一节　就业相关政策、法规概述

一、就业政策法规含义

就业政策法规是指国家和各级地方政府及高等院校，为促进大学毕业生就业工作而制定的基本原则，具体的实施程序、实施办法、权利和义务等方面的规定，主要包括教育部及其他有关部委和各级地方政府、培养学校为大学生就业工作颁布的有关文件。

这是为我们大学毕业生制定的，我们就应学会用政策法规保护自己，使自己在求职时少走一些弯路，少遭受些损失。令人遗憾的是，毕业生往往对这方面的信息不够重视，只有在就业过程中出现争议或者自己受到伤害时，才想起有关的政策、法规条文。今天让我们一起来学习大学生就业政策法规。

二、就业政策法规的作用

(一)少走弯路，提高就业成功率

我们在求职之前，应先掌握就业政策法规，它可以指导你按正确的方向去求职，减少失误，节约你的时间、精力和财力，也可以帮你了解国家的相关奖励或优惠政策，让你更理性地选择，这样毕业生在就业政策法规许可的范围内求职择业，就能保证就业的有效性，提高就业的成功率。

【案例】

小赵是上海某大学软件工程专业2002届毕业生，他来自安徽，毕业后想留在上海发展。大学四年，他成绩优秀，凭着过硬的专业功底，上海一家著名的软件公司向他发出录用通知。到公司报到后，公司老总对他很器重。他在大四的最后一学期的6月份就开始上班了，先实习三个月，三个月后到了2002年9月底，小赵如愿以偿地拿到了该公司与他签订的就业协议和劳动合同，接着他就忙于负责公司交给他的新项目。到了12月，他无意中从同学处得知，外地毕业生在上海就业需要办理"蓝表"审批手续，他这才模模糊糊地记起学校还有一些手续，由于忙于公司项目，一直拖着没办。于是他请假回学校办理相关手续。学校老师告诉他按照当年的政策规定，进上海审批已经在10月底截止，也就是说，他再不能通过毕业生留上海这条途径解决上海户口问题，而以后若想解决上海户口则需要通过办理复杂的人才引进手续。对于只有本科文凭、又没有太多经验的大学毕业生来说，通过人才引进落户上海是很难的。

【案例点评】

小赵品学兼优，找到一个好工作也是应该的，但是他却对相关的就业政策和就业程序不够重视，这样就错过了办理毕业生进沪的审批时间，要多走很多弯路。在此，要提醒同学们，求职就业并不仅仅就是找一个接收单位，平时要多留意就业政策，特别是想进北京和上海等大城市的同学，要特别关注外地毕业生进这些城市的一些政策规定，这些大城市对毕业生都有特别的要求，不是每一个同学都能满足的。

(二)维护权利，确保就业公正性

毕业生在求职择业的过程中，由于缺乏相关的工作经验，相对来说，处于弱势地位。因此，有些就业政策和法规条款就是针对以前就业市场中存在的一些不规范的、对毕业生不公正的现象制定的，以保护大学毕业生的合法权益。当然，就业的政策法规对供需双方都是公正的，毕业生自己违反了相应的政策法规，也要受到相应的处罚，承担相应的责任。比如说，找工作双方签订协议，如果公司违反协议，工资数低于规定，或者私自解雇毕业生，毕业生可以提出劳动仲裁以维护自己的权益，得到相应的赔款。如果是毕业生自己违约，那得支付违约金。

高校毕业生就业实行的是中央和地方两级管理、以地方管理为主的工作体制。国家制定的就业政策是针对全国的毕业生就业工作进行宏观调控的,它虽然会随着时间的变化而不断调整,但在相当长的一段时间内,国家的就业政策法规仍具有较高的稳定性。近年来,随着大学毕业生人数的大幅增加,中央对高校毕业生就业工作越来越重视,具体体现在以下几个方面。

第一,加大政策支持力度。引导毕业生到西部、到基层、到祖国最需要的地方去建功立业。比如,毕业生到西部工作采取优惠政策,后文会谈到。

第二,培育和建设更加完善的毕业生就业市场。比如,严格规范各种毕业生招聘会秩序,不得以营利为目的举办高校毕业生招聘活动;严惩发布虚假招聘信息的单位和中介等。

第三,继续加大对毕业生就业工作的政策支持力度。比如,政府为高校毕业生提供创业贷款和担保。

第四,深化人事制度和劳动用工制度改革,完善并严格执行职业资格准入制度。比如,各级党政机关特别是地(市)、县、乡级机关录用公务员,严格坚持"凡进必考"制度;国有企事业单位新增管理和技术人员,主要面向高校毕业生公开招聘,择优录用。

在对大学生就业工作高度重视的同时,国务院和相关部委制定和出台了一系列促进和保障高校毕业生就业的政策,对缓解高校毕业生的就业压力起到了积极的作用。这一些与大学生以后的就业是息息相关的。下面我们具体地来讲这些就业政策。

三、高校毕业生就业政策

(一)基本政策(部分)

1. 统分毕业生的就业政策

教育部规定高校毕业生就业政策的基本原则是毕业生在国家就业方针政策的指导下,依据《普通高等学校毕业生就业工作暂行规定》,通过"供需见面"和"双向选择"在一定范围内落实就业单位。在规定时间内,落实工作单位的毕业生由授权的地方主管毕业生就业调配部门开具"报到证";未落实工作单位的毕业生,学校可将其档案转至其家庭所在地,由当地毕业生就业指导机构帮助推荐就业。委托培养与定向生按合同就业。

2. 师范毕业生的就业政策

国家对师范类毕业生的就业政策是师范类毕业生原则上在教育系统内就业。公费师范生毕业时应按培养协议就业，未按协议就业的要按规定退还已享受的公费教育费用并缴纳违约金。

3. 结业生的就业政策

结业生是指没有拿到毕业证的学生。结业生由学校向用人单位一次性推荐或自荐就业，找到工作单位的，可以派遣，但必须在"报到证"上注明"结业生"字样；在规定时间内无单位接收的，由学校将其档案等转至其家庭所在地(家居农村的保留非农业户口)，自谋职业。已被录用的结业生，在国家财政拨款单位就业的，其工资待遇按照国务院有关文件规定，比国家规定的普通高校毕业生工资标准低一级。结业生在一年内补考及格换发毕业证书者，国家承认其毕业资格，工资待遇从补发证书之日起按毕业生对待。

4. 肄业生的就业政策

大学肄业的学生由学校发给肄业证书，国家不负责其就业派遣，并将其档案和户口转回其生源所在地，由其自谋职业。

5. 有病毕业生的就业政策

学校应在派遣前认真负责地对此类毕业生进行健康检查，不能坚持正常工作的，让其回家休养。一年内治愈的(须经学校指定的县级以上医院证明能坚持正常工作)，可以随下届毕业生就业。一年后仍未治愈或无用人单位接收的，学校将其档案等转至其家庭所在地，按社会待业人员办理。毕业生报到后，发生疾病不能坚持正常工作的，应按在职人员有关规定处理，不得把上岗后发生疾病的毕业生退回学校。

6. 毕业生到私营、个体等非公有制企业就业应注意的问题

毕业生到各种非公有制经济性质的企事业单位就业，该单位的人事档案关系应当是挂靠在政府人事部门所属的人才服务机构。经挂靠的人才机构盖章同意接收该毕业生后，学校才能为该毕业生办理就业有关手续。

7. 考研毕业生的就业政策

多数考研的毕业生在择业时，考研的结果还未确定，因此这类毕业生就业时，应在协议中向用人单位声明，双方应取得一致意见。如果毕业生被录取为研究生，则就业协议无效；如用人单位不愿接受此条款，则毕业生不应与该用人单位签

订就业协议。

8. 毕业生改派的政策

在派遣过程中出现特殊情况需要调整改派的,按下列原则办理:①在本省、自治区、直辖市内用人单位之间调整的,由地方主管毕业生调配部门审批并办理改派手续;②跨部委、跨省(自治区、直辖市)调整的,由学校主管部门审核同意后,统一报教育部审批并下达;③毕业生调整改派须在一年内办理,逾期不再办理有关调整改派手续。毕业生就业后的调整,按在职人员的有关规定办理。毕业生申请改派,须向所在学校毕业生就业主管部门申请,符合以上原则的,由学校到相关教委或教育局办理改派手续。

针对毕业半年后仍未找到工作的大学生,各地劳动保障部门将进行失业登记,提供免费就业服务;对其中就业困难的人员将予以专门指导,并向用人单位积极推荐。

(二)鼓励高校毕业生服务西部的政策

2003年,中央做出了西部大开发的战略决策,号召大学毕业生积极投身于西部的开发与建设之中。紧接着教育部、人事部等职能部门针对高校毕业生出台了许多鼓励措施。国家支持共青团中央、教育部组织实施"大学生志愿服务西部计划",中央财政对该计划给予适当支持。共青团中央、教育部、财政部、人事部联合下发了《关于实施大学生志愿服务西部计划的通知》,通知指出,大学生志愿服务西部计划从2003年开始,按照公开招募、自愿报名、组织选拔、集中派遣的方式,每年招募一定数量的普通高等学校应届毕业生,到西部贫困县的乡镇从事为期1—2年的教育、卫生、农技、扶贫及青年中心建设和管理等方面的志愿服务工作。志愿者服务期满后,鼓励其扎根基层,或者自主择业和流动就业。

同时为志愿者制定了一系列的保障措施:

(1)服务期间,享受一定的生活补贴(含交通补贴和人身意外伤害、住院医疗保险)。

(2)服务期间,计算工龄,党团关系转至服务单位。本人要求户口和档案保留在学校的,按规定保留两年,在此期间,档案管理机构对保管其档案免收服务费用;本人要求将户口转回入学前户籍所在地的,公安机关按照规定为其办理落户手续,人事、教育部门所属人才交流机构免费提供代理服务。服务期满落实工作单位后,公安机关按有关规定办理户口迁移手续。

(3)服务期间,可兼职或专职担任所在乡、镇团委副书记,学校及其他服务单位的管理职务。

(4)服务期满考核合格的,报考研究生给予加分,在同等条件下,优先录取,具体规定在当年的研究生招生政策中予以明确。

(5)服务期满考核合格报考党政机关公务员的,可适当加分,同等条件下,应优先录取,具体规定由省级公务员考试录用主管机关在当年招考中予以明确。

(6)服务期满,对志愿者做出鉴定,存入本人档案,考核合格的,颁发证书,作为志愿者服务经历和就业、创业的证明。

(7)服务单位应向志愿者提供住宿等必要的生活条件。服务期为一年、服务期满考核合格的,授予"中国青年志愿者服务铜奖奖章";服务期为两年、服务期满考核合格的,授予"中国青年志愿者服务银奖奖章";表现优秀的授予"中国青年志愿者服务金奖奖章";表现特别优秀的推荐参加"中国青年五四奖章""中国十大杰出青年""中国十大杰出青年志愿者""国际青少年消除贫困奖"等评选。

国家对志愿者的鼓励政策切实到位,近年来大学毕业生报名非常踊跃,报名参加的人数多于招募的人数。每年招募的人数逐年增加,并且政策也在不断完善和明确。比如,明确规定了服务期满考核合格的,报考研究生,总分加10分。服务期满一年考核合格的,可以应届毕业生身份报考国家机关公务员,报考中央国家机关和东、中部地区公务员的,同等条件下优先录取;报考西部地区公务员的,笔试总分加5分。服务期间,享受往返于入学前户籍所在地与服务地之间每年四次火车硬座票半价优惠等。

(三)鼓励毕业生到基层就业、创业的政策

鼓励毕业生到基层就业、创业的工作开始于1999年。下面简要地说说为到基层就业和自主创业的毕业生提供的保障和优惠政策。

(1)鼓励高校毕业生到基层和艰苦地区工作。各级政府要为高校毕业生创造工作条件,主要充实城市社区和农村乡镇基层单位,从事教育、卫生、公安、农技、扶贫和其他社会公益事业。在艰苦地区工作两年或两年以上者,报考研究生的,应优先予以推荐、录取;报考党政机关和应聘国有企事业单位,在同等条件下,应优先录用。

(2)鼓励各类企事业单位,特别是中小企业和民营企事业单位聘用高校毕业生,政府有关部门要为其提供便利条件和相应服务。对企业跨地区聘用的高校毕业生，省会及省会以下城市要认真落实有关政策，取消户籍限制。

(3)鼓励高校毕业生自主创业和灵活就业。凡高校毕业生从事个体经营的，除国家限制的行业(包括建筑业、娱乐业及广告业、桑拿、按摩、网吧、氧吧等)外，自工商部门批准其经营之日起，一年内免交登记类和管理类的各项行政事业性收费。有条件的地区由地方政府确定，在现有渠道中为高校毕业生提供创业小额贷款和担保。

同时，自谋职业、自主创业的高校毕业生可将人事关系存放在政府人事部门所属人才服务机构和劳动或人事部门人才服务机构，这些服务机构将为其提供办理人事关系接转、人事档案管理、转正定级、党团关系、专业技术职务任职资格申报评审、社会保险金缴纳等服务，实行全方位的人事代理服务，以解除自主创业、灵活就业的高校毕业生的后顾之忧。

对于大学生来说，要了解并认识国家引导和鼓励毕业生到基层就业、创业的相关政策，抓住机会，勇于到基层、到中小企业去建功立业。

(四)关于劳动合同的规定

一般来说，毕业生在办理报到手续后，就可与用人单位签订劳动合同。

劳动合同是劳动者与用人单位确立劳动关系，明确双方权利和义务的书面合同，也是维护劳动者和用人单位合法权益的法律保障。现在使用的劳动合同一般是由劳动部门统一印制，其必备条款有劳动合同期限、工作内容、劳动保护和劳动条件、劳动报酬、劳动纪律、劳动合同终止条件、违反劳动合同的责任、双方协商约定的补充条款等。

对于大学生来说，要注意以下问题：

(1)劳动合同中约定的试用期是包括在合同期限内的，而且最长不得超过六个月。也就是说，不能以试用为由拒签劳动合同。劳动合同期限不满六个月的，不得设试用期；合同期满六个月不满一年的，试用期不得超过一个月；合同期满一年不满三年的，试用期不得超过三个月；合同期三年以上的，试用期不得超过六个月。

(2)有些单位，包括一些事业单位(如医院、学校等)为了保证毕业生在该单位长期工作，约定了很多提前解约的赔偿条款，毕业生务必认真对待。毕业生提前辞职的赔偿责任不应当过高，一般不应当超过毕业生的年工资。刚参加工作的毕业生一般签短期合同(一年)为好，待转正定级后再签中期或长期合同，这时，用人单位和你之间都已经相互了解。

(3)对于那些为了自身利益,不和劳动者签订劳动合同的单位,大学生在利益受到损害时,照样可以拿起法律武器。《劳动部办公厅关于用人单位不签订劳动合同,员工要求经济补偿问题的复函》中指出,用人单位与劳动者之间形成事实劳动关系后,用人单位故意拖延而不与劳动者订立劳动合同,同时解除与劳动者事实劳动关系,劳动者因要求经济补偿与用人单位发生争议,如果劳动者向劳动仲裁委员会申请仲裁,应予以受理。也就是说,只要存在事实劳动关系,在获得赔偿方面一视同仁。

(4)劳动合同与就业协议两者不能相互替代,应注意劳动合同与就业协议的相互衔接。劳动合同是明确劳动者和用人单位之间具体权利与义务的书面协议。用人单位在毕业生报到后不签订劳动合同,或者借口就业协议就是劳动合同等做法都是错误的。

(五)关于社会保险的规定

社会保险是国家通过立法,多渠道筹集资金,对劳动者在因年老、失业、生病、工伤、生育而减少劳动收入时给予的经济补偿,使劳动者能够享有基本生活保障的一项社会保障制度,主要包括养老保险、失业保险、医疗保险、工伤保险和生育保险等项目,具有强制性。

如果毕业生是到国家机关、国有企事业单位工作的,就不用过多去考虑;如果毕业生是到私营企业、民营机构工作或被聘用到不占其行政编制的机关事业单位时,就得提出这个问题,至少要提出参加基本养老保险和大病医疗保险。很多单位没有为员工办理基本养老保险,这是违反《中华人民共和国劳动法》(以下简称《劳动法》)的,有些单位薪酬高,让毕业生以个人名义参加保险,毕业生应该主动参加。另外,应届毕业生最好到各地人才交流中心委托办理人事代理,如果没有办理人事代理,将致使自己的工龄、档案、保险等受到影响,职称不能及时申报,各类证明如考研证明、出国政审等没地方开。

(六)关于就业协议书、报到证、户口迁移证、档案的政策和规定

1. 就业协议书

就业协议书是为了明确毕业生、用人单位、学校三方在毕业生就业工作中的权利和义务,经毕业生与用人单位协商签订的协议,也是毕业生报到前,表明毕业生和用人单位双方之间存在着就业和录用意向的明确的和唯一的凭证。就业协

议书在整个毕业生就业过程中发挥着重要作用。同时,学校凭就业协议书派遣毕业生。

有效的就业协议具有的特点:第一,必须是在双方自愿、平等协商、诚实信任的基础上订立,是双方各自真实意愿的表达,双方应诚信地交代自己的真实情况;第二,主体适格,主要是指协议双方,一方必须是在经教育部批准的高等院校正式录取的应届毕业生,另一方则是经依法登记注册或者上级主管机关批准,并且正常营业、当年度有用人计划的用人单位;第三,内容合法,主要规定必须符合法律、法规的规定;第四,程序规范。

签订就业协议书的程序:第一,毕业生和用人单位在供需见面、双向选择的基础上确定用人意向;第二,毕业生填写本人基本情况并签名,在双方在场的情况下填写协议内容,用人单位填写基本情况并盖章;第三,毕业生拿协议回学校鉴订、盖章;第四,毕业生及时将一份协议返还用人单位。

另外还应注意,毕业生在同一时间只持有一份就业协议书,毕业生如果想领取第二份协议,则必须先解除第一份协议或者承担违约责任。这是从程序上保障毕业生和用人单位的合法权益。为有效地维护毕业生的合法利益,防止出现意外情况,毕业生在签约前最好向用人单位了解工资待遇、福利、保险、服务期等情况。

2. 报到证

"报到证"全称为"全国普通高等学校本专科毕业生就业报到证"或"全国高校毕业研究生报到证",由教育部印制,省级高校毕业生就业管理部门签发,只能一人一份,由其他部门印制或签发的报到证无效。报到证的作用体现在以下方面:到接收单位报到的凭证,证明持证的毕业生是国家统招生计划的学生。不论什么原因,自行涂改、撕毁的报到证一律作废。如果毕业生不慎将报到证遗失,可由毕业生本人写明具体情况,毕业生所在学校毕业生就业部门证明属实后,再为其补办报到证,且须注明"原证丢失,系补办"字样。

3. 户口迁移证

大学生在学校读书,户口迁到学校,是临时性的,毕业后迁出。户口迁移证是大学生毕业时其户口从学校所在地派出所迁出的证明,不能丢失,不管到哪里,都要在规定时间内把户口"落"下来。毕业生户口关系的转移,由学校户口管理部门到辖区公安机关按规定办理,公安机关按"报到证"上标明的就业单位地址迁移户口。毕业生不得自行指定迁移地址。领到户口迁移证后,毕业生应仔细核对并妥善保管，不要折皱污损，更不能丢失，有错漏不能自行涂改，否则作废。毕业生到工作单位报到后，持户口迁移证和报到证及工作单位证明到辖区公安部门办理户口迁移手续。

4. 档　案

档案可以证明大学生学习经历，里面有各个时期的学籍卡、成绩单、各方面的评语、获奖证明，还有党团材料。这些都是原始材料，不可复制，大学生一定要重视自己的档案。如果大学生就业后所在的单位没有档案管理权，毕业生最好将档案转递给各级人才交流机构，因为人才交流机构是管理档案的专门机构。对毕业离校时未落实工作单位的高校毕业生，本人要求户口和人事档案保留在学校的，按规定保留两年。在此期间，档案管理机构对保管其档案免收服务费用；本人要求将户口转回入学前户籍所在地的，公安机关应当按照户籍管理规定为其办理落户手续，档案可转入户口所在地人事档案管理服务机构。

第二节　就业信息的搜集与筛选

一、就业信息的概述

就业信息是师范类毕业生求职择业的重要前提和必备条件，直接关系到其求职与择业的成败。在就业形势日益严峻的信息时代，就业不仅是高校办学实力的竞争，也是毕业生个体实力的竞争，更是信息的竞争，及时并正确获取就业信息势必会在就业过程中占得先机。在实践中，就业信息不仅仅是指就业市场上的岗位信息，还包括政府和各级管理部门为实现毕业生充分就业而制定和实施的各种规章制度、政策，对大学生就业具有指导性作用的各类统计分析数据、理论，以及用人单位在具体招聘活动中发布的具体需求信息等，这些信息具有时效性、针对性、特殊性的特点。大学生就业知情权是大学生对当前的就业形势、就业市场发展变化、国家的就业政策及指导措施和法律法规、用人单位的相关信息、用人单位的就业信息等知悉了解的权利，由于信息不完全导致的高校毕业生就业市场供需不能有效衔接，是一个不可忽视的影响大学生有效就业的全局性问题。

大学毕业生想要找到一份合适的工作，就必须掌握一定数量的就业信息，并对其加以筛选整理和有效利用，才能达到预期的目标。随着高校毕业生就业制度的改革，师范毕业生在教育系统就业的限制虽然已经放宽了，但受师范生的培养目标决定，以及当前我国教师地位和待遇的不断提高，师范毕业生到教育系统就业仍然占据主流，所以本节讨论的师范毕业生就业信息主要指教师行业就业信息。

二、就业信息的获取

现代社会是一个信息高度发达的社会，信息在日常生活中的地位已经变得日益重要。在大学毕业生求职择业过程中，能否成功不仅取决于整个社会政治经济状况，取决于毕业生个人的专业学历和综合素质，还取决于毕业生是否拥有一定的信息，拥有和掌握就业信息就有了就业机会，谁先获得就业信息，谁就获得了就业先机。谁的就业信息多，谁就有了更多的选择。因此，就业信息资源是大学毕业生就业的配置资源。就业信息是求职的基础，是通向就业的桥梁，是择业决策的重要依据，更是顺利就业的可靠保证。创造信息优势是大学毕业生就业的先决条件。

（一）就业信息的含义、种类和特点

1. 就业信息的含义

就业信息有广义和狭义之分。广义的就业信息是指与大学毕业生就业有关的形势、政策规定、行业动态、就业咨询与培训信息及具体的用人信息、招聘活动等等。狭义的就业信息就是我们平常所说的具体的需求信息。在这里，我们所讨论的主要是广义上的就业信息。

2. 师范毕业生就业信息的种类

按照性质，就业信息大致可以分为以下几类。

(1)政策和规章制度类信息，包括有关大学毕业生就业的国家法律法规，教育行政主管部门和各省区市人事部门制定的办法、规定，以及部分行业的从业规则。具体来说，有《中华人民共和国劳动合同法》(以下简称《劳动合同法》)、《教育部、公安部、人事部、劳动保障部关于切实做好普通高等学校毕业生就业工作的通知》(教学〔2002〕16号)和《国务院办公厅关于加强普通高校毕业生就业工作的通知》(国发〔2009〕3号)等，还有各省区市毕业生就业主管部门的文件、规定，各高校关于毕业生就业工作的文件，各大中城市接收外地毕业生的具体要求，等等。

(2)用人单位需求及基本情况类信息，指各用人单位对大学毕业生的学历层

次、所学专业能力要求、人数及准备安置岗位的信息。需求类信息是就业信息中的主体，在就业信息中占据重要地位，它直接影响着高校毕业生能否找到自己满意的工作岗位。

（3）消息类信息，主要指各省区市人才中心、各高校部分行业系统举办的招聘会的时间、地点、参会单位的信息。这类信息主要针对高校毕业生，因而针对性很强，往往能够在很短的时间内为毕业生提供较多的签约机会，所以大学毕业生应高度重视。

3. 师范生就业信息的特点

就业信息与其他信息相比，有许多共同之处，主要表现在：

（1）客观性。它指信息的内容是对客观存在的反映。

（2）时效性。信息的价值与其传递时间长短直接相关，时效性是消息最重要的特性。

（3）可传递性。信息可以以多种方式进行时间和空间上的传递。

（4）共享性。信息交流和获得可以是多方的。

师范生就业信息除了具有一般信息的共同点外，还有其自身特点：

（1）从行业性质来看，具有专一性，特指教师行业的需求信息。

（2）从单位性质来看，一般事业单位占主体，大都有编制。

（3）从时间来看，具有相对集中性。根据教育行业自身进人的特点的要求，一般都集中在每年的11月到第二年的6月。

（4）从专业看，具有专业对口性。根据教育行业进人岗位的要求，用人单位招聘岗位和师范毕业生所学学科一般都具有很好的一一对口性和匹配性。

（二）搜集师范生就业信息的原则和途径

1. 搜集师范生就业信息的原则

搜集师范生就业信息是师范毕业生求职择业的第一步。这一步能否迈好，直接关系到其他择业环节能否顺利开展，以及择业能否最终实现。实践证明，迈好这第一步的关键在于掌握正确的原则与方法，就业信息越广泛，择业的视野就越宽阔；就业信息质量越高，择业的把握就越大；多拥有一条信息，就等于增加一次择业机会。但是高质量的就业信息存在于广泛的信息之中，因此，师范毕业生必须学会利用各种渠道、各种手段，广泛、全面、正确地搜集与之有关的各种信息，为求职择业做好充分的准备。

(1)准确真实性原则。就业信息是否准确是择业人员做出决断的关键环节。信息不准会给择业带来决策上的失误,所以要求就业信息所反映的情况必须是真实、可信的。

(2)适用性、针对性原则。师范毕业生首先要对自己有一个充分的认识,然后根据自己的专业特长、能力性格等方面的因素搜集信息,避免范围过大,导致把握不住方向,捕捉不到真实的、有价值的信息,人为造成时间和人力的浪费,事倍功半。

(3)系统性、连续性原则。就业信息的搜集要求具有系统性、连续性。师范毕业生平时获得的就业信息往往是零碎的、不连贯的,这就要求师范毕业生善于将各种相关的信息积累起来,然后经过加工提炼,形成一种能客观地、系统地反映当前就业市场就业政策、就业动向的就业信息,从而为自己的择业提供更可靠的依据。

(4)计划性、条理性原则。作为信息搜集者,师范毕业生首先必须明确信息搜集的目的,制订信息搜集计划。只有明确了目的,就业信息搜集才有方向,才能发挥主动性。其次要明确自己所需的就业信息的内容范围,是有关就业政策、就业动向的,还是有关用人单位需求信息的,要做到有的放矢。最后要选择信息搜集的方法和渠道。方法是达到目的的手段,方法正确,就可以在信息搜集中少走弯路,收到事半功倍的效果。在方法选择上,要注意与就业信息内容相一致。有些信息是必须通过亲身调查获得的,有的信息需要通过查阅资料文献获得。总之,力求方法与内容相衔接。

(5)高效性原则。在就业信息的搜集中要注意信息的新颖与实效,避免就业信息陷阱。一般来说,越是容易获得的就业信息,其竞争者越多,这就要求师范毕业生在搜集就业信息时要有敏锐的洞察力,善于发现与挖掘那些其他人不容易获得的不显眼的就业信息,对这种信息的利用有可能使自己在求职应聘中脱颖而出,提高就业成功的机会。

在就业信息的搜集过程中,要力求做到早、广、实、准。即搜集信息要及时,要早做准备;搜集信息不能太窄,要广泛搜集各个方面、不同层次的就业信息;搜集信息要具体准确,对用人单位的地点、环境、人员构成,生活待遇、发展前途,招聘的基本要求、联系方式、联系人等各方面信息掌握得越具体越好。

2. 搜集师范生就业信息的主要途径和方法

(1)通过学校就业主管部门搜集师范生就业信息。学校就业主管部门无论从哪个角度来看,都应是搜集就业信息的主渠道。从目前的就业机制来看,学校是连接毕业生就业工作所涉及的有关对象的核心环节,他们既与毕业生就业工作所涉及的各级主管部门之间保持着密切联系,同时也与用人单位定期进行信息交流活动,多年的交往使相互之间建立了良好的、相对稳定的关系,是用人单位选录毕业生所依赖的一个主要窗口。这一特定位置,使他们对就业信息的占有量大于任何一个部门,同时其所掌握信息的准确性、权威性也没有任何一个部门可以相提并论。就政策而言,全国的、行业的、地方的,在这里都有完整的存档;就需求信息而言,他们接触到的所有信息都是用人单位针对学校的专业设置而来的,可信度最高;同时他们所接触的各部门、各单位也就是毕业生就业工作所涉及的就业机构。因此,他们是师范毕业生就业所依赖的主要对象。

目前,各学校毕业生就业主管部门大都能积极以市场为导向、以服务为宗旨在就业信息公布、就业咨询、就业指导、为用人单位举办各种供需见面会等方面做着大量的工作。特别是学校的就业信息网,毕业生要高度关注和重视,它不仅内容丰富、针对性强,而且有较强的实用性。

(2)通过各级教育主管部门和人事部门搜集师范生就业信息。全国县级以上的教育和人事部门都成立了大学毕业生就业的管理和指导机构,每年通过各种形式为大学毕业生提供大量真实可靠的就业信息。目前,很多地方采取地市及所辖区教师招聘“凡进必考”的招聘组织形式,所以师范毕业生应该特别留心自己青睐的地方教育局或人事部门的网站或其编印的用人单位需求信息。

(3)通过各类供需见面会搜集师范生就业信息。一是高校举办的毕业生供需见面洽谈会,主要指师范院校举办的大型供需见面会。这类招聘会能够在较短时间内汇集众多用人单位尤其是教育系统教育单位的大量需求信息,对于师范毕业生而言,时效性、针对性较强。二是校园专场招聘会,主要指用人单位来校召开中小型专场招聘会等。据调查结果统计,具有高签约比例的校园专场招聘会是师范毕业生成功找到理想岗位的主要方式之一。三是各种人才市场举办的毕业生供需见面会。近年来,从中央到地方都建立了不同类型的包括教育市场在内的人才市场,为各类专业人才的合理流动和高校毕业生的求职择业提供了很好的机会。师范毕业生应根据自己的实际情况有选择地参加,否则有可能既费时费力,还要付出较高的求职成本。

(4)通过社会关系网搜集师范生就业信息。社会关系网主要指与亲朋好友建立起来的友好关系网络。师范毕业生就业通过社会关系网获取就业信息一般来讲效果比较好,成功率也比较高。

这种信息的搜集主要有三个方面:一是通过亲友及其他熟人广泛搜集就业信息。他们分布在社会的各个领域,由于与师范毕业生的特殊关系,在帮助其了解就业信息或推荐就业机会时将会更加积极主动,不遗余力,针对性会更强。况且他们对用人单位和求职者双方都比较了解,这种方式的成功率是较高的。二是通过与老师、校友的交往取得就业信息。老师的作用不可低估,其因“桃李满天下”,接触面广,往往能轻易获得相当数量的就业信息,由于平时业务或工作关系,老师及校友对用人单位的需求信息了解得也比较详细,同时他们更了解自己专业毕业生适合就业的方向和范围。通过这种途径搜集的就业信息往往比较准确、迅速,匹配性好。况且,老师和校友的推荐,用人单位也会觉得更可靠。因此,这种方式的成功率也比较高。三是在求职过程中,同学之间的信息共享也很重要。每个师范毕业生获取信息的渠道不同,求职的目的有差异,对待信息实用性的看法也不一样。有的同学可能掌握了较多信息,经过筛选后,有些单位不属于他考虑的范围,相关信息对其无用,但可能对其他同学十分有用。遇到这种情况,千万不要封锁这些信息。主动提供对他人有用的信息,不仅对他人是个帮助,同时也增加了与他人交流信息的机会,通过信息交换、信息共享,达到互利的目的。因此,应该提倡同学之间交流信息,实现信息共享。

(5)通过网络搜集师范生就业信息。随着高校就业工作信息化和网络化进程的加快,特别是网络视频招聘系统的筹建和完善,通过网络获取就业信息不仅仅是一种流行的求职方式,也是迎合现今高校毕业生就业的一种新趋势,这种方式既方便用人单位和毕业生,还可以大大降低招聘和应聘成本,有利于实现双赢。

高校毕业生搜集就业信息时,因其求职目标不同,所关注的网络平台也可能不一样。除了关注本校的就业信息网外,还应该关注国家、省区市的毕业生就业综合服务平台、社会招聘服务网站(前程无忧网、中国人才热线、智联招聘、中华英才网、高校人才网等)及相关微信公众号。如能经常浏览办学类型相同的兄弟院校的就业信息网,可以扩大信息来源渠道。不过目前很多高校的就业信息网只允许本校学生登录,一般不对外校学生开放,所以想通过此种方式共享信息的难度较大。但也有部分高校采取了建立就业联盟、共享信息资源的方式,彼此提供就业信息,这样就避免了信息的浪费和不对称性。

作为师范毕业生，如对某地区某类型的单位非常感兴趣，应锁定目标，抓住信息源头，经常浏览该单位门户网站。譬如，想在学校(幼儿园)谋职的毕业生，可多浏览地方教育局、人事局或者学校(幼儿园)自办的网站。一般学校(幼儿园)的招聘信息，会通过当地教育局或人事局发布。多数省市级名校，也会在自己学校主页上及时发布招聘信息。想在高校从事教学、教辅、行政或辅导员岗位的工作的师范毕业生，一定要定期浏览高校人事处的网站，还有不少高校在学校主页上开辟人才招聘栏目，公布本校各类招聘信息。

(6)通过电视报刊等大众媒体搜集师范生就业信息。近年来，大学生就业问题越来越成为社会高度关注的热点问题之一。一些用人单位的简介、需求信息、招聘启事等都会在电视、报纸等传统媒体上发布或登载。如国家主管毕业生就业的部门主办的《中国大学生就业》杂志、各地《人才市场报》及地方报纸也刊登着不少需求信息。从这些媒体获得就业信息，要依靠自己随时随地地搜集，如有中意的单位，就应该设法及时与之联系。

(7)通过教育实习和社会实践搜集师范生就业信息。教育实习和社会实践是师范毕业生人才培养计划中一个很重要的环节。在这个过程中，师范毕业生不仅能将所学专业同将来从事的工作结合起来，同时也为他们提供了认识社会、了解社会的机会。通过实习或实践，师范毕业生和用人单位对彼此有了相当的了解。如果实习或实践单位有意进人，很可能将其纳入第一考虑对象，而且实习或实践活动也是对单位领导同事及各方面情况深入了解的一个过程，有利于避免盲目求职。通过实习或实践求职择业正日益受到广大用人单位和师范毕业生的青睐。

三、就业信息的筛选

对于一个大学毕业生来说，无论有多少就业机会、多少种选择，一个人一次都只能选择一个职业岗位。所以，大学毕业生对于搜集到的需求信息，应该结合自己的实际情况，加以筛选处理，去粗取精，去伪存真，有目的、有针对性地进行排列整理和分析，从而找到最适合自己的岗位需求。

(一)师范生就业信息筛选的原则

1. 善于对比

通过多种途径搜集到的就业信息可能会显得杂乱无章，这就需要进行科学排序。在这里首先需要注意的是，识别真伪，去伪存真，将过时的信息、虚假的信息剔除出去；其次是将与自己的专业及兴趣有关的信息提取出来，将与专业兴趣无关或关系不大的排列到一边。

2. 掌握重点

筛选信息的同时，要对与己有关的信息按重要顺序排列并注意留存，一般的信息则仅作为参考。主次不分，可能使师范毕业生在求职过程中走过多的弯路，耗费过多的精力，有时因为自己将时间花在一般信息上，结果可能使自己错过机遇。因为信息并不为个人所独有，信息具有时效性，谁赢得时间，谁就可能抢占主动，率先取得成功。需求信息一旦选定，就要不失时机地主动与用人单位主管人员联系，询问应试的方式、时间和要求，并准备好一套完整的求职材料，从而使需求信息尽早变成供需双方深度沟通的重要桥梁。

3. 了解透彻

对于重要的信息，要注意寻根究底，争取对首选对象的历史、现状和未来有一个清醒的认识。有些情况还要通过合适的方式或侧面进行了解，如待遇发展空间等。详细掌握这些材料，就能在随后进行的面试中处于主动地位。根据筛选出来的就业信息的要求，还应对照检查自己的具体情况，并及时调整自己的知识和能力结构，弥补原来的不足。这一做法尽管在应聘前的有限时间内有些仓促，但无动于衷的做法却是绝对错误的，因为现在缺失的也是你今后必须补上的。

4. 适合自己

这一点应是筛选信息的核心所在。信息对自己是否重要，其依据就是是否适合自己，好高骛远、人云亦云、迷失自我，都是筛选信息之大忌。因为用人单位绝不会轻易认同毕业生求职过程中表现出的这种畸形的“忘我”精神。不顾自己的专长、自己的条件，以待遇、地点作为首选原则的毕业生，即使侥幸在求职中取得“成功”，在未来的职业发展中也会逐渐表露出自己的弱势，发展后劲不足。因此，我们赞成这样一种观念：适合自己的就是最好的。

5. 互相交流

有些信息对自己不一定有用，可是对他人十分有用。遇到这种情况，千万不要抓住这些信息不放。你能主动输出对他人有用的信息，不仅对他人是个帮助，同时也增加了与他人交流信息的机会，说不定你也会从别人手中获得对自己十分有益的信息。

（二）师范生就业信息的筛选办法与步骤

师范生对搜集到的需求信息，应结合自己的实际情况，加以筛选处理，去粗取精，去伪存真，并有目的、有针对性地进行排列分析和整理，这样可以进一步缩小范围，明确方向，使之更好地为自己所用。

1. 师范生就业信息的筛选办法

（1）查重法。这是最简便的方法之一，从不同途径得到的信息有时难免会有相同的、重复的，因而必须剔除重复的。

（2）时序法。它指逐一分析，按照时间顺序排列就业信息资料，在同一时间，取较新的，舍较旧的，这样可以使就业信息在时间上更有价值。

（3）类比法。它指将就业信息按照用人单位的性质、地区、待遇等进行分类，接近自己的需求和适合自身条件的保存，否则可以弃之。

（4）评估法。这种方法需要请有一定专业知识和经验的人士做出评估。毕业生可以请这方面的专业人士如职业规划师或学校的就业指导老师，或学校主管部门及院系负责就业工作的老师帮助进行评估。

2. 师范生就业信息的筛选步骤

师范生就业信息筛选的步骤一般可以分以下几步。

（1）鉴别搜集到的信息。首先要对就业信息的可靠性予以考察分析，对可靠性尚未证实的信息要通过各种渠道去核实，并将那些不太真实的信息筛选掉，要鉴别信息的内容是否齐全，特别是如有不清楚的，要抓紧时间修正或补充相关信息。总之，待信息基本准确之后再做决定。

（2）按自己的择业标准排序。在信息加工之前，先自己草拟一个择业选择大纲，确定择业标准；然后按照标准进行初选，去粗取精；再进行细选和精选，确定两个以上的信息作为应用信息，对应用信息也要排序，有主次之分。在排序的过程中，毕业生应充分考虑并协调好家长及亲友的愿望，虽然家长及亲友的意见在毕业生择业过程中并不是主导意见，但它却是影响毕业生择业决策的重要因素之一，需要毕业生认真考虑，以减少择业阻力。

（3）反馈信息。将已排序的信息，按照先后顺序与用人单位联系，表达自己的诚意。如果时间紧迫，可以同时联系，但同时接到多个用人单位接收意向时，应尽早确定意向，并从礼貌和诚信的角度，对决定放弃的单位及时告知、表达歉意，解释原因。

(三)师范生就业信息筛选的基本内容

1. 学校的规模和办学条件

其包括学校的面积、自然环境、教职工和学生数、生源质量、教学设施设备、生活环境与条件等。

2. 人际关系

其包括学校领导与普通职工的关系、全校教职员工(尤其是科组、级组同事)之间的关系、师生之间的关系等。

3. 学校的性质

目前我国各类学校仍以公办为主,但近几年公办民助、民办学校及各种类型的私立学校也发展迅猛,用人需求猛增。公办学校新进教师一般都有编制,但随着人事制度改革的进一步深化,一些公办学校也逐步采取对新进教师进行人事代理等方式。公办民助和私立学校可能没有编制,但它们往往有较优厚的待遇、先进的管理模式和优良的环境。这些需要师范毕业生提前了解清楚,并慎重做出选择。

4. 学校的待遇

待遇是许多毕业生非常关注的热点。待遇主要包括工资、奖金、住房或住房补贴、加班津贴、社会保险、医疗保险、公积金等方面的收入和补助等。

5. 学校的管理培训制度

其包括学校管理制度、晋升制度、培训进修机会等。一个好的学校,管理制度、晋升制度、培训制度等应该是比较完善的。

6. 学校的发展潜力

学校是否得到当地政府或投资商有力的支持、培养的学生出路是否通畅、学校的社会声望、领导的进取意识等都会对学校的发展产生重要的影响。

(四)甄别有效信息的几点注意事项

甄别有效信息的目的主要是辨别其真伪,确定其可靠性和实用价值。通常我们要注意以下几点。

1. 真实性

这是就业信息是否可靠的基本前提。要想了解真伪,一定要弄清楚:信息来源于何处?是谁提供的?提供者的依据是什么?

2. 权威性

判断就业信息权威性的方法有:了解就业信息的来源与质量,掌握信息提供者的背景,比较同类信息的深度。如从政府部门来的就业信息,人事部门最有权威;从学校来的信息,就业主管部门最有发言权。

3. 相对性

任何信息,都有其时间的局限性,今天有用的就业信息,明天就可能没有任何价值,因为岗位可能被他人抢先占据。所以,一定要注意就业信息的相对性,它是有一定时效性的。

4. 适用性

搜集就业信息的目的就是为自己找一个合适的岗位。如果不适合自己,无论条件多么好,对自己都没有价值。

四、就业信息的利用

(一)就业信息利用的意义

只有充分利用那些可用信息并帮助自己顺利完成择业过程,才算达到了搜集和分析筛选信息的目的。一般来说,利用就业信息主要包括以下三个方面。

一是利用有价值的信息,及时有效地选择适合自己的工作。要根据岗位的要求与自己具备的条件,选择适合自己的最佳岗位。

二是根据筛选出来的就业信息的岗位要求,发现自己的不足,及时调整自己的知识和能力结构,提高自己的就业竞争能力,弥补自己的不足。

三是及时输出对他人有用的信息,有些信息对自己不一定有用,但对他人也许十分有用。遇到这种情况,应当主动将这些对他人有用的信息提供出来帮助他人。

(二)利用信息时应规避的问题

1. 从众心理

从众心理即缺乏主见,人云亦云,别人说哪里好就往哪里跑,别人往哪里走就跟着往哪里凑,不考虑自己的爱好、专长特点和条件。

2. 轻信行为

轻信行为即一味盲从,认为别人告诉你的信息就一定可靠,百分之百准确,因而未进行筛选就做出选择。

3. 犹豫不决

犹豫不决即陷入大量信息旋涡中不能自拔，在眼花缭乱的信息面前，左思右想，犹豫不决，拿不定主意，结果“竹篮打水一场空”。

4. 急于求成

急于求成即对自己缺乏正确、全面的认识，不经深思熟虑就匆匆做出决定，当出现新的信息时，马上又推翻已做的决定。

5. 拖泥带水

拖泥带水即经过筛选的信息，通过与用人单位的沟通，双方相互产生印象，进而做出录用签约的决定。就个人来说，如果一时拿不定主意，还想再与别的单位比较一下，也不应拖太长时间，以防夜长梦多或给用人单位留下不好的印象。

第三节　求职材料的准备与投递

书面资料分主材料和辅助材料。主材料包括毕业推荐表、简历、自荐书等，辅助材料包括成绩单、各色证书（含资格证书、获奖证书和技能等级证书等），已发表的文章论文、取得的成果等，其形式可为各种材料的复印件。

一、推荐表、求职简历与自荐信的基本内容及撰写

在师范生求职的过程中，大部分用人单位考察应聘者的依据是阅读反映该生情况的有关书面资料，这些书面资料就是判断和评估毕业生是否胜任工作、能否与该单位长久共同发展的“敲门砖”。虽然不能说是“纸定终身”，但主要包括求职简历和自荐信在内的书面材料的确是师范生需要精心准备的文本。

（一）毕业生推荐表

毕业生推荐表是指学校发给毕业生填写的并附有学校书面意见的推荐表。该表的综合评定及推荐意见部分由辅导员或班主任填写，以组织负责的形式让该表的形式具有较大的权威性和可靠性。故用人单位历来把该表作为接收毕业生的主要依据。毕业生推荐表由学校统一印制版面，设计简单朴素，一般是手工填写。毕业生排荐表重在组织权威性。在毕业生推荐表上师范生存留的手写书法将明确地向用人单位展示其师范生素质。如果字迹工整、书写流畅，会给人以责任心强、工作严谨认真的良好印象，但万一出现潦草混乱、涂改痕迹、错别字或错

误语法，则会导致该师范生的能力被全面质疑。

各个学校毕业生推荐表的栏目和编排设计会有所不同，并且同一个学校不同年份的毕业生推荐表版面也可能会有所改变，但一般该表会包括个人基本资料、学历、获奖情况、担任社会工作情况、个人兴趣特长及自我评价等部分。

（二）求职简历

简历是师范毕业生自行设计的最重要的应聘材料，主要是针对想应聘的工作岗位，将自身相关经验、业绩能力、性格等做简要陈述，以达到推荐自己、获得工作机会的目的。毕业生推荐表正式表只能有一份，而自行设计的简历可复印多份，并一定要用电脑打印，这样显得规范清晰，符合时代特征。个人简历应具备简洁有序、突出个性又不失重点等特色，避免冗杂烦琐。

1. 简历的主要内容及具体要求

简历并无固定格式，但一般包括个人基本资料、学历、社会活动及课外活动、兴趣爱好等。其主要内容及具体要求大体如下。

（1）个人基本资料，主要指姓名、性别、出生年月等。一般列明在简历最前面，另外也可加上政治面貌、民族、身高等。最好附上美观得体的近期登记照。

（2）教育经历。用人单位主要通过学历情况来了解应聘者的智力及专业能力水平。师范生社会工作经历一般较少，所以要突出教育经历，将其写在简历最前部分。

一般而言，用人单位最重视的是师范生目前的最高学历，所以最好从现在开始往历史上回写，写到高中即可。列明教育经历的目的是展示师范毕业生的专业特长，故学校名称后要加上专业名称，如辅修课程与希望应聘的职位密切相关，也可写在主修课程之后，但须注明。

（3）教育实习、学术论文及其他发表的文章。教育实习是师范生理论联系实际，增加阅历、积累工作经验的重要渠道。学术论文能展示师范生的专业能力和学术水平。如果在读期间还有其他文章发表，也是一种能力的体现，可以列入，要注明发表文章名、刊物名和发表时间。

（4）课外活动和社会活动。目前用人单位越来越希望招聘到具备一定应变能力、综合素质强、一专多能、可胜任不同性质工作岗位的师范毕业生，因此学生干部和具备一定组织管理能力的毕业生颇受用人单位青睐。在社会活动中，师范生的责任心、社交能力、组织能力、协调能力、人格修养及专业能力能得以充分展示。社会活动和课外活动对于师范毕业生来说，是应聘时一个相当重要的展示内容。

相关内容可包括职务、职责及业绩。

(5)勤工助学经历。即使勤工助学的经历与应聘职业无直接关系,但打工赚学费可显示你的心态和意志,并给人留下刻苦、努力、自强、积极的好印象。书写内容可以包括在何处承担何种工作、取得什么业绩或获得什么经验等。

(6)特长。特长是指师范生拥有的技能,如文体、中文写作、外语及计算机能力等。如在某些技能上通过了国家等级考试,也应一一罗列出来。

(7)兴趣爱好与性格。为了表现个性,可加写兴趣,以展示自己的品格与能力,但注意最好写一写自己有所研究并具有个性的爱好。如无兴趣爱好,可直接描述自己的性格特点,但要注意性格特点应与工作性质有关。

(8)联系方式,如本人电话(最好是手机)号码、电子邮箱、通信地址、邮政编码等。

2. 简历制作的特点

撰写了个人简历之后,应反复检查、认真改进,注意它需符合以下特点。

(1)积极展示自身的优势、专业特长。

(2)以目录形式体现出简洁有序。

(3)表述力求突出个性,避免平庸。

(4)用词妥当,言辞诚恳,自信而不自大,适当自谦。

(5)篇幅最好控制在一张A4纸内,版面清晰整洁,纸张干净洁白,无错别字和文句不通的情况。

(三)自荐信

自荐信是有目的地针对不同用人单位的一种书面自我介绍。不同于目录式的简历,自荐信的书写格式类似于一般书信,信的开始要先做自我介绍,阐明自己的姓名、学校、所学专业等。书写内容主要是谈谈自己对此工作感兴趣的原因,愿意到该单位工作的愿望和自己具有的资格。最后,要提出希望能有面试的机会,附上自己的联系地址、邮政编码、电话号码和电子邮箱。

需要注意的是,对工作感兴趣的原因要简洁,一般从两个角度阐明:其一是自己对该单位或职位的兴趣,如我希望有机会在贵单位工作,因为我对贵单位优秀的教学业绩感到敬佩。其二是自己的资历与该职位有什么关系,要强调自己与该工作有关的课程、优秀成绩等,并突出自己的相关工作能力,且表示愿意接受挑战。

自荐信要有说服力,以证明自己有资格胜任该工作,态度要诚恳,用语要得当,并能吸引对方的注意力。

二、辅助材料的准备

在准备好毕业生推荐表、自荐信和简历后,师范毕业生还应辅以一定的能够证明自身素质和实力的各类材料,即求职材料中的辅助材料。辅助材料主要是对求职主材料的证明和扩展,主要由三类资质证明复印件组成。

(一)硬件材料(硬实力)

硬件材料指能够体现自身专业素质的材料,如学业成绩单,知识与技能比赛证书,四、六级英语考级证书,普通话水平证书,计算机等级证书,教师资格证,发表的科研论文等。对于师范生而言,首要的辅助材料是教师资格证,教师资格证是教育行业从业人员的职业技能认证。如果没有取得教师资格证,则意味着专业学习没有达到应有的目的。所以,师范生的求职材料中最好提及教师资格证,并在辅助材料中附上证书复印件或正在办理的证明。

(二)软件材料(软实力)

软件材料指专业之外的其他能够证明自身综合素质的材料,如政治素质的体现,是否党员、入党积极分子;能力水平的体现,是否担任过主要学生干部,是否组织过大型活动策划等;是否有奉献精神,比如参与慈善活动、志愿活动等的证明材料。

(三)求职砝码(亮点)

求职砝码指能够证明自身特长、与众不同的材料。比如国家级运动员证书,专业之外的各类团体或个人获奖证书(如书法、钢琴、舞蹈、主持播音、文学特长方面)等。

三、电子简历的制作

普通纸质简历便于翻阅,但略显单调。在多媒体时代,越来越多的求职者设计自己独特精美的“电子简历”,在网上发布求职信,甚至建立了专门的求职个人主页或博客等。

师范生也可以试着制作电子简历,为此需要学习功能强大又操作简单的多媒体程序设计软件。一项便利的选择是使用Macromedia公司的Author-ware软件。该软件简单易学,对具备普通电脑技能的师范生而言,几乎是一看就会,很容易掌握。做出的精美简历放在网上,是宣传自己的一个理想窗口。尤其对于音乐、美术等专业的师范生而言，这样的电子简力有更良好的展示效果。当然其他类似的设计软件也不断推陈出新，为师范生提供了众多的选择。

电子简历制作的注意事项主要有以下几点：①用简明清晰的格式，以便快速、清楚地阅读。以表格、粗体字及副标题等方式，让招聘方能够快速且清楚地了解你的资料。②注意设定页边距，使文本的宽度在16厘米左右。③使用一些特殊符号来分割简历内容，使你的简历看起来与众不同。④尽量用较大字号的字体。

四、有效投递求职简历和求职信

提高简历等求职材料的有效性，避免做无用功，是提高求职成功率的重要步骤。

（一）投递简历的注意事项

1. 要量力而行

师范生不论应聘教育机构还是非教育机构，都切记要量力而行，不要有“非某单位不可”的心态。盲目崇拜知名机构或热门职位会导致不必要的受挫感，并浪费就业资源。在合理客观地分析自身条件的基础上，再有针对性地投递简历，才是可取之道。不顾自身条件而盲目高攀，纯属心存侥幸，不值得提倡。

2. 要有的放矢

师范生要带着大致的目标选择投递简历的范围。如果指望广种薄收，指望撞运气，是不明智的做法。一些师范毕业生没有明确的职业目标和定位，到处去“试试看”，最后即使找到工作，也没有合理的职业规划，容易陷入浑浑噩噩的职业状态中。

3. 要量身定做

在投递前一定要搞清楚应聘单位的具体情况和职位的具体职责要求，不要稀里糊涂地盲目应聘。投递简历前要争取量身定做，专门打造求职材料。

（二）投递简历的主要途径

一般而言，投递简历的主要途径有招聘会、网络、邮寄等。

1. 招聘会

招聘会是师范生求职的主渠道。各师范院校一般会举办教师专场招聘会，供师范生就近择业，与单位人员当面沟通。招聘会最大的优势是能与招聘人员面对面沟通，能透过现场的职位说明进一步了解用人单位和岗位的信息。师范生在招聘会上投递简历时，应注意利用招聘会现场的有利条件，与招聘人员积极沟通，想方设法了解机构的情况、某个岗位的具体职责、招聘要求等，并以合适的方式推销自己，结合求职材料，争取给招聘人员留下良好的印象。

2. 网　络

网络投递简历的优点是成本低、方便快速，缺点是无法与用人单位人员当面沟通。毕业生要提高网络求职的有效性，需要注意：①有针对性地挑选网站。知名招聘网站的“校园招聘”频道、各地高校毕业生就业服务网站、高校网站的“招生就业”频道，适合师范生的岗位相对集中。②仔细过滤、筛选信息。网上的职位信息十分庞杂，要学会利用职位搜索器等工具过滤筛选出自己的目标行业、目标职位。投递简历前，还要特别留心职位信息的有效期，滤去那些失效信息。③选择合适的方式投递简历。找到合适职位后，投递简历时要注意按照用人单位要求的方式进行投递。有些机构会在网上公布格式统一的职位申请表要求填写后发送；还有的单位担心感染电脑病毒，不希望应聘者用附件形式发简历。

3. 邮　寄

邮寄简历的优点是材料可读性较强，缺点也是不能和对方当面沟通，并且费用较高，速度较慢。邮寄简历要本着“越快越好”的原则，在见到招聘信息后尽快投递。在邮寄时应在信封的显著位置标明应聘职位等相关信息，以便于招聘人员处理。

第四节　教师招考的笔试与面试

一、教师编制招考的条件设置

(一)基本条件

每个地区的教师编制招考条件不尽相同，毕业生应该以官方发布的实际信息为准。以杭州市余杭区教育系统2018年第二批公开招聘中小学、幼儿园教师为例，招聘条件如下：

(1)认真学习领会党的十九大精神和习近平新时代中国特色社会主义思想；遵纪守法，有良好的社会公德、职业道德

求职面试自我介绍

和家庭美德，未受过党纪、政纪等处分；热爱教育工作，忠诚人民教育事业，坚持“立德树人”。

(2)年龄在35周岁以下(1983年5月1日以后出生)。

(3)具备岗位所需的任职资格要求：具有适用的教师资格证和普通话等级证书(报考语文教师岗位的普通话水平要求二级甲等及以上，其他岗位要求二级乙等及以上)。其中，①2017届、2018届全日制普通高校应届毕业生可提供国家教师资格考试合格证明；②原“985、211”高校和“双一流”高校2017届、2018届毕业生(含本科及研究生以上学历)，暂不要求提供教师资格证书和普通话水平等级证书，但须根据本人所学专业的相关性，选择报考相应岗位，聘用后两年内必须取得适用的教师资格证。

(4)报考中小学教师岗位的须拥有全日制大学本科及以上学历，在余杭区内公办中小学校有两年及以上相关工作经历的可放宽到大学专科学历；报考学前教育、特殊教育岗位的须拥有专科及以上学历。

(5)身心健康。

(6)杭州市区(含萧山区、余杭区、富阳区、临安区)户籍或生源。

其他情况：①全日制普通高校硕士毕业生、原“985、211”高校和“双一流”高校毕业生放宽至浙江省户籍；②报考幼儿园岗位的全日制普通高校师范类学前教育本科及以上毕业生放宽至浙江省户籍；③报考径山镇、黄湖镇、百丈镇所属中小学招聘岗位、特殊教育岗位的放宽至浙江省户籍。

(7)报考学前教育(面向2017届、2018届毕业生)岗位的须为全日制普通高校2017届、2018届学前教育师范类专业毕业生；报考学前教育(面向社会)岗位的须在余杭区内公办、民办幼儿园有两年及以上的相关工作经历。

(二)条件分析

1. 教师资格证

(1)现在全国各地不管是教师编制还是合同制的招聘，都是“凡进必考”，教师资格证就是报考的敲门砖，对社会成员要求必须有教师资格证。

(2)如果是应届考编的话，有的是可以让你先进行考编考试，但是需要你在规定时间内取得教师资格证。具体以当地招考公告为准。

2. 年　龄

(1)为了防止教师编制队伍过快老龄化，教师编制考试对报考人员的年龄有了一定的要求。我们都知道部分地区报考教师编制的年龄要求一般是在35周岁以下,还有少部分是40周岁以下,但是40周岁以上的就很少了。

(2)如果你是研究生或以上学历的考生,那么对你们的年龄要求会被适当地放宽。具体以当地招考公告为准。

3. 专　业

专业相近、相似,不是说必须是师范生,而是你所学的专业与报考岗位的专业要求相近或者相同。建议考生在报考教师资格证时一定要报考与自己专业相同或相近的教师资格证。当然也有一些岗位是不要求专业的,但毕竟是少数。具体以当地招考公告为准。

4. 学　历

报考教师编制时有学历的要求,一般幼儿教师,应当具备大学专科及以上学历;小学教师,应当具备大学本科及以上学历。具体以当地招考公告为准。

二、教师编制招考的笔试及备考

对于刚刚毕业的应届师范生而言,决定求职成功与否的根本因素是求职过程中的综合表现。那么在求职过程中如何准备笔试,如何将自己的才华和能力展现出来呢?本节我们就一起来了解一下,用人单位招聘教师的笔试是怎样进行的。

幼儿教师面试礼仪

(一)笔试概述

笔试是招聘教师常用的一种考核方法。它以书面形式考查和评估师范生的教育教学基本知识、综合知识、文化素质、心理素质及分析与解决问题的能力。通过笔试,用人单位可以了解并核实师范生的有关专业知识和文字表达能力。其对同样问题解答的正确与否和层次优劣,可以在一定程度上反映师范生是否有真才实学。

(二)笔试特点

1. 客观性

试题依据一定的内容和客观标准拟制,评卷依据客观尺度,人为干扰因素少。笔试为师范生提供了公平竞争的平台,很容易根据考卷成绩排出择优录取的名单,具有较强的区别功能。

2. 广博性

试题可以多种多样,测试范围广泛,结果的可信度较高。不同的用人单位,根据对招聘教师的不同要求,着重考查师范生的某些素质,即有着不同的笔试目的。因而,笔试的内容差别较大。有的是检验师范生的教育教学基本知识,有的是测试师范生的创新能力和悟性,有的是了解师范生的思维、见解和表达能力,有的则是检验师范生的态度、动机、兴趣、个性等。

3. 经济性

通过笔试可在同一时间不同地点,同时考核大批参试者,提高教师招聘工作的效率。

(三)笔试类型

目前,常见的招聘教师的笔试种类大致有四种:专业知识考试、综合能力测试、心理测试、模拟国家公务员录用考试。

1. 专业知识考试

专业知识考试主要检查师范生担任教师这一职务时是否达到所要求的文化知识水平和相关实际能力。其题目专业性很强,内容往往包括教育学、心理学、教育法律法规和学科专业知识。如招聘高中教师一般会考核该专业的高考模拟题。

2. 综合能力测试

综合能力测试的目的在于考查师范生的文字、口头表达能力,分析、解决问题和逻辑思维的能力,创新能力、悟性。这是对其各方面综合素质的全方位测试。考试的题目以话题居多,如要求师范生运用所学知识解决和处理学生的实际问题。

3. 心理测试

心理测试是使用事先编制好的标准化量表或问卷,要求被试者在一定时间内完成,根据完成的数量和质量来判断其心理水平或个性差异。教育系统招聘教师通常以此来测试师范生的态度、兴趣、动机、智力、个性等心理素质是否符合一位人民教师的要求。

4. 模拟国家公务员录用考试

我国公务员招考,一般测试应届毕业生的行政能力、公文写作和专业知识。部分用人单位在招聘教师的笔试时采取了模拟国家公务员录用考试的形式。考试由县市区人事局和教育局统一组织,内容类似国家机关公务员录用考试,综合性较强。

(四)笔试准备

1. 形成知识结构

考前复习的一个重要任务就是创设新的知识结构来帮助自己理解和巩固知识点。复习时应使知识连点成线,连线成网。看书时也不必面面俱到,而是先写出一章或一个单元的知识纲要,然后自己认真思考、填写各层次的知识点,进行一定范围的联系和比较,再看书核对、小结或者选几个典型的实例,让自己充分展开思维,最后收拢知识点。

小学教师面试礼仪

2. 重点难点简明

某些章节内容在最近学习中没有被完全攻克或隐含的难点,随着复习时相关信息量的增大,重点难点暴露得更为突出。考前复习中若不着力解决这些重点难点,就会给未来的考试留下隐患,这期间存在的重点难点不能只是精读细列,而应把重点难点具体化、简明化、实用化。

3. 疑点拓展深化

随着考前复习的深入,自己接触到的练习题多了,遇到从不同角度描述同一疑难点的问题也多了,复习中如何消除这些疑难点也就显得很重要了。疑点的消除,一是拓宽知识面,消除知识间的“隔阂”;二是要深化知识点,澄清知识间的“是非”。疑点出自对知识的片面理解和一知半解,若将相关知识进一步拓宽深化,则疑点自破。

4. 分析历年考点

考前复习中可以通过分析提纲的考查点,总结出考查知识的形式、角度、能力层次和与其他知识点的联系等方面的规律,并且总结出解决这一考查点问题的规律性的方法。应当指出的是,分析考查点不是消极地应付自考,而应以知识点的原理和知识点间的内在联系为依据,对考查点解题方法的应用也应是引导自己运用原理形成思路,理解性掌握解题技巧,千万不能死记硬背套题。

5. 热点变换题型

考前复习要注意充分领会所学知识范围与适用条件,应特别注意运用自己所掌握的知识在新情景下解决问题。为了强化热点,适应考题变化,考前复习应认真分析热点题的演变,利用现有习题通过“改头换面”,一题多变,进行定点练习;

还可以围绕热点，进行试题变形练习，以深化和扩大知识面，提高应变能力，培养发展思维能力。

（五）考前复习阶段要注意的几个问题

1. 克服心理疲劳

心理疲劳不像生理疲劳那样可以通过补充能量和休息恢复正常，它的消除主要靠心理调节来实现。为此，考生可以从以下几个方面入手：首先，要有明确的学习目的；其次，要培养浓厚的学习兴趣；第三，要注意学习的多样化。

2. 战胜高原现象

当考生在复习迎考过程中遭遇高原期时，切忌急躁或丧失信心，应找出自己学习方法、学习积极性等方面存在的问题，向成功者请教，树立起成功的信念。需要强调指出的是，几乎每一位考生都要经过高原现象阶段，有些考生甚至可能会遭遇数次，这就需要及时调整复习进度，在科学用脑、提高复习效率上多下功夫。

3. 融合自身特点

实践证明，一个人的气质、性格、心理稳定程度等因素也会影响其考前复习。因而，考生在复习迎考过程中，应根据自己的心理特点来制订复习迎考计划，根据自己的心态来调整复习的进度，选择与运用的复习方式方法，应使自己的考前复习达到与预期相同的效果。

（1）从气质的角度来看，黏液质的考生应克服自己适应环境速度慢、能力差的缺点，绝不要因为环境的改变而影响到自己的复习效果；同时，要注意改变思考问题表现出的固执呆板、钻“牛角尖”等现象，主动地与学友们一起讨论，扬长避短，切不要把自己关在一个小天地里苦思冥想。属于多血质、胆汁质的考生要克服自己过分情绪化的现象，面对即将到来的考试，要重视锻炼自己的毅力，避免出现“三天打鱼，两天晒网”的情况。

（2）从性格角度来看，外向型的考生要注意培养自己严谨治学的精神，同时还要注意复习中的盲目化倾向与情绪化倾向，制订好复习计划，按部就班、扎扎实实地进行迎考复习。内向型的考生则应避免以往遭遇问题后自己苦苦深思、白白浪费时间的现象，多向他人请教，借他山之石以攻玉。

（3）从心理稳定的角度来看，那些心理不稳定、有明显过度焦虑情绪的考生应看破考试的本质，把它看作平时学习的累积，把它看作人生发展中的一次重要机会而非唯一机会，以平常心对待，把对考试的紧张恐惧意识化解在平时的考试复习当中;同时,要学会自我安慰,相信自己能考好,有把握考出好成绩,排除各种异常心理的干扰;还可以通过自我放松的办法,最终胸有成竹地走上考场,考出自己的真实水平,早日圆自己的成才梦。

(六)通过笔试的方法与技巧

笔试怯场,大多由于心态不稳定,缺乏自信。客观冷静地对自己进行正确的评估,相信自己的实力,就能克服自卑心理。求职笔试与高考不同,高考是“一锤定音”,而求职应聘考试是择优,有多次机会,且招聘单位对笔试结果的定论也不尽相同。有时用人单位会使用难度偏高或数量过大的题目,这时毕业生千万别慌张,应该相信大家的水平相近。此时,谁的心理素质好,谁就可能胜利。从这个意义上来讲,考试考的的确是综合素质。

众所周知,教师招聘考试的内容较多,考试所涉及的知识点几乎遍及教材各有关章节,要记住全部内容,显然有些力不从心。能紧扣知识点,突出重点,突破难点,消除疑点,抓住考点,强化热点,是考生提高复习效率的重要保证。

1. 科学克题,先易后难

考生拿到考卷后,首先应该通览一遍,了解题目的多少和难易程度,以便掌握答题深度和速度。

然后按照先易后难的原则先做相对简单的题,最后再攻难题。答题时要掌握好主次之分,因为有时候有些问题可能本来就没有确定的答案,招聘单位旨在考查师范生是否有实事求是地处理问题的能力或反应能力等。最后,要尽可能留出时间对易出错的地方进行复查,特别注意不要漏题。

2. 卷面整洁,细致流畅

卷面字迹要力求认真清晰,书写过于潦草、字迹难以辨认或涂涂改改会影响考试的成绩。招聘教师笔试不同于其他纯专业性的考试,“醉翁之意不在酒”,有时招聘单位并不特别在意考分的稍许高低,认真的态度、细致的作风、流畅而潇洒的文字,更能展示一位准人民教师的良好风范。

3. 节省时间,争取主动

师范生在笔试过程中应尽量提高效率。也就是说,在做完笔试题目并仔细复查后,应迅速上交试卷。因为在众多参加笔试的师范生当中,在大家答题的准确率基本相当时,效率高、反应快有可能让招聘单位人员留下好印象。

4. 分析题型,攻坚克难

随着以突出能力考查为核心的考试改革的不断深入,规范化答题的问题也日益显现和暴露出来。教师招聘所要考查的各种能力最终要学生在答题过程中以文字的形式反映在试卷上,而越是能力测试型的题目,对考生文字表达能力的要求就越高,需要考生依据学过的概念、原理,用恰当的学科专业术语准确地阐述自然现象、社会现象及其规律和道理,解释学校教育和社会发展中遇到的各种问题。由于多种因素的影响,语言文字表达能力既是教师长期忽略也是学生普遍欠缺的,特别是同时还要考查学生分析能力的题目,得分率更是十分低。因此,教给学生材料分析题的答题技巧就显得尤为重要。

(1)题型特点。材料分析题是除选择题之外的考查学生能力的一种重要题型,它的类型多样,可以是课堂场景再现、言行评析题、图表题、活动探究题等,它的信息容量大、分值高,答案的组织综合性强。一般来说,材料分析题主要考查学生的辩证思维能力、知识综合能力、迁移能力、归纳能力和演绎能力等。

(2)一般的解题步骤。①审题、破题:找出问题的关键词,明确指向。②看材料:结合问题看材料,找出“有用”材料。③寻找对应的书本知识(多角度/辩证分析)。

【例题】

著名数学家华罗庚上初中时,接受和理解数学知识的速度比较慢,以致数学考试常常不及格。老师认为他已经无可救药,一次在班上公然宣称,假如你们当中将来会有一个同学没出息,那么这个人必定是华罗庚。结果华罗庚通过自己的勤奋自学,刻苦钻研,奋力拼搏,最终成为享誉世界的数学大师。

诗人臧克家,1930年参加国立青岛大学入学考试时,数学得零分,作文也只写了三句杂感:“人生永远追逐着幻光,但谁把幻光看成幻光,谁便沉入了无底的苦海。”这独具异彩的“杂感”,短小精悍却极富哲思,立即打动了主考官闻一多,闻一多再三拍案叫绝。结果,臧克家虽然数学考试吃了“零蛋”,还是被国立青岛大学文学院破格录取了。最终,成了一代杰出诗人、著名作家。

问题:结合上述案例,谈谈教师应树立什么样的学生观。

【解题步骤】

第一步:审题、破题:找出问题的关键词,明确指向。这一步是答题的重要前提。我们先进行审题,找出问题的关键词有三个,即教师、学生、发展潜力。

第二步:结合问题看材料,找出“有用”材料。结合问题的要求,我们必须找出并在材料中划出“有用”材料(见材料中画线的部分),即教师的行为。他们分别是

(1)华罗庚的老师贬低学生的发展潜力;

(2)闻一多慧眼识才;

(3)学生未来发展都很好。

第三步:寻找对应的书本知识。在“有用”的三个材料找出来以后,我们要对这三种行为进行评析,即找出材料相对应的书本知识点。在进行这一步的时候,一定要注意应用多角度和辩证的思维分析和看待问题。在这里,建议考生可以使用打草稿的方法进行分析,准确和迅速找出需要的知识点。具体可以按照以下思路来组织知识点:首先,回想书中常考材料分析题的点,进行知识回忆;其次,联系材料进行断句分析,针对每句话都思考可能的知识点;最后,对找到的答题点进行筛选整理,组织答案。

【答案展示】

1. 学生是发展的人

第一,学生的身心发展是有规律的。第二,学生具有巨大的发展潜能。第三,学生是处于发展过程中的人。华罗庚的老师没有看到学生巨大的发展潜力,仅根据一时的表现对学生进行评价,其行为违背新课改的理念,需要改正。

2. 学生是独特的人

第一,学生是完整的人。第二,每个学生都有自身的独特性。第三,学生与成人之间存在着巨大的差异。学生具有自己独特的想法,有自己的创造性,闻一多的做法证明了尊重学生是独特的人这一要点,促进了学生的发展。

3. 学生是具有独立意义的人

第一,每个学生都是独立于教师的头脑之外,不以教师的意志为转移的客观存在。第二,学生是学习的主体。第三,学生是责权的主体。这些启示我们要学习闻一多先生,尊重学生的思想与特点,进行针对性教育。

片段教学设计

教师招聘考试越来越热,很多省份已经实现了省统考,也正因为如此,教师招

聘考试也越来越规范化,不仅要测试考生的专业素养,还要考察考生的教学能力。考察教学能力的题目类型比较固定,主要是选择题、案例分析题及教学设计题。教学设计有考设计整篇教案的,也有考片段教学设计的,各地考情各不相同。但是相对于设计整篇教案,片段教学设计更难。所以接下来本书重点讲解片段教学如何设计。

首先,明确片段教学设计的整体思路。片段教学设计的基本思路遵循阅读课的整体教学思路。

(1)简单的过渡,也可以认为是一个简单的导入。

(2)初读语段,整体感知。这里的感知,主要是整体感知文章的内容和情感。

(3)再读语段,深入体会。这里的体会主要是指人物形象、语言、表达技巧方面的品位。这一点需要根据文段的具体特点具体判断。如果是写人的,那么可以细细品味人物形象及描写人物的方法,使用的表现手法和修辞手法。如果是散文性质的语段,可以深入品味它的语言魅力、修辞手法、重点句子中的情感等。总之,这一部分需要根据文段的具体特点,抓住核心要点进行深入的品味。考生要灵活掌握。

(4)小结。进行小结的方法多样,比如有感情地朗读该语段,教师总结该语段所讲的内容等。

其次,整个教学设计都要坚持"以读带讲,以问带讲"的基本原则。

最后,在撰写教学设计之前一定要认真赏析品味语段,逐字逐句地分析,弄明白句与句之间的关系。

【示例】

苏七块

冯骥才

①苏大夫本名苏金散,民国初年在小白楼一带,开所行医,正骨拿环,天津卫挂头牌。连洋人赛马,折胳膊断腿,也来求他。

②他人高袍长,手瘦有劲,五十开外,红唇皓齿,眸子赛灯,下巴颏儿一绺山羊须,浸了油似的乌黑锃亮。张口说话,声音打胸腔出来,带着丹田气,远近一样响,要是当年入班学戏,保准是金少山的冤家对头。他手下动作更是"干净麻利快",逢到有人伤筋断骨找他来,他呢?手指一触,隔皮截肉,里头怎么回事,立时心明

眼亮。忽然双手赛一对白鸟，上下翻飞，疾如闪电，只听“咔嚓咔嚓”，不等病人觉疼，断骨头就接上了。贴块膏药，上了夹板，病人回去自好。倘若再来，一准是鞠大躬谢大恩送大匾来了。

……

假如把《苏七块》作为第三学段的课文，请为第二自然段撰写一份教学过程设计。

（来自《俗世奇人》节选）

【参考答案】

长得像戏子，人却是医生，那他的医术究竟如何？让我们一起来阅读下文，一探究竟。

1. 初读语段，整体感知

（1）学生齐读语段，体会人物形象。（小组讨论，代表发言，畅所欲言）

明确：苏七块医术高超。

（2）学生朗读，深入体会。

2. 精读语段，深入品味

（1）学生默读课文，思考问题：从哪些地方可以看出苏七块医术的精湛。（教师适当指点评价，帮助学生深入理解文章）

（2）重点词句赏析。

第一，手指一触，隔皮截肉，里头怎么回事，立时心明眼亮。从哪些词可以看出苏七块医术的高超？（学生讨论分享）

教师总结：通过一系列的动作、神态描写，再现了苏七块治病时的场景，这正是苏七块医术了得的体现。

第二，忽然双手赛一对白鸟，上下翻飞，疾如闪电，只听“咔嚓咔嚓”，不等病人觉疼，断骨头就接上了。从哪些词可以看出苏七块医术的高超？（学生讨论分享）

明确：采用比喻的修辞，将苏七块医治病人时的手比作白鸟、闪电，可见苏七块技艺的熟练精湛。

第三，学生四人一小组，根据文章所写，把自己当作苏七块，模仿其治病时的动作、神态，并且相互评价。

3. 小　结

(1)教师总结:该段落通过动作、神态描写及比喻的修辞,体现了苏七块医术的高超。

(2)师生齐读课文。

三、教师编制招考的面试及备考

如上所述,对于刚刚毕业的应届师范生而言,决定求职成功与否的根本因素是求职过程中的综合表现。那么在求职过程中如何准备面试,如何将自己的气质与能力素质展现出来呢? 本节我们就一起来了解一下,用人单位招聘教师的面试是怎样的。

(一)面试概述

随着基础教育的发展和改革,各级教育部门的招聘活动频繁起来。高校扩招后,师范生的数量也在不断地增加。这种情况反映到招聘工作中,就是用人单位每一次招聘的每一科目都有多名应聘者投递简历,如果对每位应聘者都进行试讲和说课,客观条件不允许。在这种情况下,面试就成了师范生求职过程中必不可少的重要环节。

面试是在特定场景下,经过精心设计,通过主考官与师范生双方面对面地观察、交谈等,对师范生仪表、素质特征、语言表达、应变能力及求职动机等进行考核的一种方式。

(二)面试特点

1. 面试以交谈和观察为主要手段

谈话是面试过程中非常重要的手段。在面试过程中,主考官通常向应试者提出各种问题,应试者要对这些问题进行回答。观察是面试过程中的另一个主要手段。在面试中,主考官会运用自己的感官,特别是视觉,观察应试者的非语言行为。

2. 面试是一个双向沟通的过程

面试是主考官和应试者之间的一种双向沟通过程。在面试过程中,应试者并不是完全处于被动状态。主考官可以通过观察和谈话来评价应试者,应试者也可以通过考官的行为来判断主考官的价值判断标准、态度偏好、对自己面试表现的满意度等,来调节自己在面试中的行为表现。同时,应试者也可借此机会了解自己所应聘单位的职位情况等,以此决定自己是否可以接受这工作。所以面试也是主考官和应试者之间情感交流和能力较量的过程。

3. 面试内容的灵活性

面试内容对于不同的应试者来说是相对变化的、灵活的，具体表现在以下两点。

（1）面试内容因应试者的个人经历、工作岗位不同而无法固定。例如，两位应试者同时应聘中学历史教师岗位，一位有多年中学历史教学工作的经历，一位是应届师范毕业生。在面试中对前者会侧重于询问其多年来工作的实践经验，对后者则会侧重于了解其对该专业基础知识掌握的情况及在校学习期间的情况。

（2）面试内容因应试者在面试过程中的表现不同而无法固定。面试的题目一般事先拟定，以供提问时参照。但并不意味着必须按事先拟好的题目逐一提问，毫无变化，主考官会根据应试者回答问题的情况，来决定下一个问题问什么。

4. 面试对象的单一性

面试的形式有单独面试和集体面试。即使在集体面试中有多位应试者同时位于考场之中，主考官也不是同时向所有应试者发问，而是逐个提问逐个测评，即使在面试中引入辩论、讨论，评委们也是逐个观察应试者表现的。面试的问题一般因人而异，测评的内容侧重个别特征，同时进行相互干扰。

5. 面试时间的持续性

面试不是在同一时间展开的，而是逐个进行。每一个应试者的面试时间没有硬性规定，视其面试表现而定：如果应试者对所提问题对答如流，阐述清楚，主考官很满意，在约定时间甚至不到约定时间即可结束面试；如果应试者对某些问题回答不清楚，需进一步追问，或需要进一步了解应试者的某些情况，主考官则会适当延长面试时间。

6. 面试交流的直接互动性

面试应试者的语言及行为表现，与主考官的评判是直接相连的，中间没有任何中介形式。面试中的信息交流与反馈也是相互作用的。面试的这种直接性提高了主考官与应试者之间相互沟通的效果与面试的真实性。

（三）面试的常见类型

1. 结构化问答

这是招聘教师时经常出现的一种面试类型。这种情况是一大堆简历投递过来以后，先由各专业的招聘教师分类筛选简历，确定候选人，经过文科小组或理科小组面试，最后呈给招聘领导小组集中面试。

随着互联网技术的日臻成熟和完善，结构化问答面试有时也以远程视频的方式呈现。运用现代网络技术手段，通过网络视频进行远程面对面网络交流，是一种节约成本、免除双方旅途劳顿、反馈速度快、面试结果公布快的结构化问答面试方式之一。

2. 无领导小组讨论

无领导小组讨论也是招聘教师常用的一种面试方法，采用情景模拟的方式对应聘者进行集体面试。它通过一组应聘者的讨论，来检测应聘者的组织协调能力、口头表达能力、辩论能力、说服能力、情绪稳定性、处理人际关系的技巧和非言语沟通能力（如面部表情、身体姿势、语调、语速和手势等）等各个方面的能力和素质是否达到教师岗位的要求。同时，招聘单位可能会刻意加压，问一些刁难性的问题，或者刻意设计几个人同时发问，测试应试者的反应能力如何，以此来综合评价应聘者。

（四）面试注意事项

面试时有一些注意事项，是考生们一定要注意到的。下面就来给大家讲一下教师面试时应该注意些什么。

1. 妆容、服饰

要知道你应聘的是教师这个行业，你以后要教书育人，所以一定要注意你的仪表。

（1）化淡妆，而不宜浓妆艳抹。刘海不要遮住眼睛，更不要烫发染发。尽量做到清清爽爽。

（2）服饰要符合职业特点。教术科，你就要穿正装，男士别忘了打领带；教体育，你则要穿运动服。

（3）妆容、服饰还要符合所教授学生的年龄层次即教授小学和教授高中的教师的妆容和服饰绝对不一样。

总之，女教师要给人留下既典雅又平易近人的印象，男教师要给人留下挺拔而充满阳刚之气的印象。

2. 进入试讲地点

（1）如果没有人领你进入试讲地点，那么你进去前要先敲门。等考官说“请进”时，再轻轻推门进入。注意，你从门口到讲台的这一段时间也是考官观察你的时间。所以你走路时，一定要挺拔，给人精神抖擞的第一印象。有些应聘者进门时，臂弯里夹着课本，弯腰驼背，没有一点老师的风度，给考官的第一印象就十分不好。

（2）如果有人领你进入试讲地点，也要有礼貌。进门后先打招呼，例如，“各位考官好”等。

3. 面　试

（1）首先要表明你所要教授的科目、内容。

（2）普通话。面试时一定要用普通话，如果你一开口就是乡土话，那么你在这时已经被PASS了。因为普通话是教师的基本功。同时，普通话要说标准，咬字清晰，特别是对于语文科目。

（3）音量。面试时音量要大，不要认为自己面对的是几名考官声音说小点没有关系，要把他们想象成一个大班的孩子。况且，专家们听了一天的课，已经昏昏欲睡了，你的音量要足以把他们震醒。

（4）音调。面试时的语调要抑扬顿挫，要有重音、轻音、拖音，有节奏性，不要有口头禅，如“是吧”“对吧”等。

（5）语速。面试时语速不能太快。有些应聘者可能太紧张，一上台就开始滔滔不绝地讲，飞快地讲，好像赶任务一样。结果一堂课下来，他自己都不知道在讲些什么，专家们也没听明白什么。所以语速要尽量慢一点，这样也可以缓和一下紧张的心情。

（6）仪态。面试时要抬头挺胸，目视前方。双手可随意放在身体的两侧，也可放在讲台上。腿不要乱抖动。目光要时而环视讲台之下，与学生或考官有眼神的交流。

（7）板书。粉笔字也是教师的基本功，一手漂亮的粉笔字可以为老师增彩不少。除了字要工整之外，板书的布局也要掌握好。不要全挤在一边，要顾及左右的学生。

（8）多媒体的应用。应试者要熟练操作多媒体、要注意讲课、板书和操作课件的衔接，否则会给人讲课中断的感觉。但是多媒体不能滥用，它只是教学的辅助工具，不能越俎代庖。

（9）授课。应试者授课要注意启发性，多提问，留更多时间让学生思考，自由讨论。授课要有感情，有逻辑。说话要化繁为简，生动活泼。面部表情不要太紧张，要面带微笑。

(10)说课。应试者要说清楚教什么、怎么教，以及为什么这么教，要让考官清楚你的授课思路。同时，流程要清晰，理论依据要多采用新课标当中的原句。

总之，应试者在考试中要自然大方，谦虚谨慎，平时要多进行模拟训练来提高素质，达到要求。

(五)教师编制招考的面试应对

1. 一个明确的时间和地点

得到面试通知后，考生应该提前熟悉面试现场，面试当天应提前10～15分钟到场。迟到不仅会影响自身形象，而且很可能会错过面试机会。

2. 一些对目标单位的了解

参加面试前，考生要对用人单位有一个全面的了解，了解单位简介、办学历史、办学理念、近几年的工作业绩及该学校的地位等。

3. 一段流利的自我简介

一段流利的自我介绍，其实就是为揭开更深入的面谈而设计的。2～3分钟的自我介绍，犹如商品广告，在有限的时间内，针对“客户”需要，将自己最美好的一面毫无保留地表现出来，不但要令对方印象深刻，还要即时引发“购买欲”。

4. 一套得体的衣服

相关内容请参见(四)面试注意事项。

5. 一份精致的简历

也许你会问：“他们不是都有我的简历，为什么还要再带？”一般来说，收简历的人和面试的人不一定是同一个人，参加面试的人有很多，面试官也许一时疏忽将简历搞丢，或者面试官手里的简历可能是多次复印的版本，若此时把一份纸张精美、制作完善的原版简历送到他面前，他必定会眼前一亮，这就直接拉升了你前三分钟的印象分。

6. 一个良好的求职心态

好的状态来源于好的心态。想在面试中有好的表现，参加面试前心理就要放松，要按时作息，保证充足的睡眠，要乐观、自信。为消除等待面试时产生的紧张焦虑情绪，可准备一本轻松、有趣的书籍供自己面试前翻阅。

(六)通过面试的方法与技巧

1. "说"的技巧

"说"是表现自我的重要手段。应试者首先要主动去说第一句话,创造良好的开端。其次,应试者要积极主动地参与交谈,表现出热情和激情,以达到说服对方的目的。第三,应试者说话要自然、诚实、镇定,并且表达的内容要简单、精确,有重点。只有恰当、准确、诚恳地用语言表达出你的思想、才智、修养,才能最终让主考官确信你就是合适的人选。

2. "听"的技巧

聆听是一门艺术,也是交往中尊重他人的表现。参加面试,一定要集中精神,细心地听完对方讲话。倾听对方说话时的神情很重要。听主考官说话时,你要直接看着他,使他知道你对他所讲的感兴趣。同时,还要具备足够的敏感性,善于理解对方的"弦外之音",注意倾听对方说话的语调和说话的每个细节。

3. 仪表举止的技巧

仪表大方、举止得体,与教师的身份相符合,是师范生的加分项。仪表举止的测试从你叩门的那一刻就开始了。在你进入面试室前轻轻叩门时,你就必须以一个准教师的形象出现。在你进入面试室之前,应轻叩房门两三下,待到考官应允后才可进入。优美稳健的步态会显示出你轻快自然、从容不迫的动态美。当你停住脚步站稳后,要向面试考官打招呼。站立时,身体要正对面试考官,挺胸抬头,目光平视,面带微笑,表现出充分的自信。

4. 试讲与说课

在师范生的整个应聘过程中,试讲与说课无疑是最具有决定性意义的环节。同时,试讲与说课也是师范生全面展示自身素质、能力、品质的最好时机。试讲与说课发挥出色,可以弥补先前笔试、面试或其他条件如学历、专业上的一些不足。

(1)试　讲。

第一,试讲的准备。

试讲就是到教室里面去,给指定班级的学生,面对听课和评课的老师,实实在在地讲一堂课。作战无备,必然被动。试讲前的准备是试讲成功的关键。

一是形象的准备,穿着得体,言行稳重大方,将自己的身体状况调整到最佳状态。二是心理的准备,克服紧张情绪,沉着自信,发挥最佳水平。三是环境的准备,对试讲的环境应该事先有一个了解。四是教学内容的准备,一般来说会准备讲半天，至少一两个小时的教学内容。若时间充足，除仔细分析所教课题之外，还可向老师们请教，参考已有教案，在校先行试讲等。

第二，试讲的方法与技巧。

一要有明确的教学目标，教学设计的各个环节和要素要尽可能完整、完善。讲课过程重点突出、条理清晰，不可面面俱到。

二要教态大方自然，善于跟学生进行眼神、表情的交流，善于启发学生。把话语权给予学生，给他们发表自己看法和认识的机会。

三是讲课要有激情，掷地有声，普通话标准，语速适中。语言流畅、精练、准确，语调抑扬顿挫，声音洪亮。

四是一定要有板书，板书就是你的教课大纲。板书书写要认真仔细，清晰漂亮，布局美观。

五是条件允许的情况下，最好能采用多媒体教学，充分体现新课程教学理念。若试讲时不允许呈现，可以通过自己的语言复述出来。

(2)说　课。

说课，就是授课老师在备课之后，向同行系统阐述自己关于某课的教学设想及其理论依据，而后听者评议、交流切磋的一种教研形式。说课不是教案的细化，也不是教学过程的简单复述。好的说课，应包括对课标的理解、对教材的解读、对学情的分析、对教学过程的预设及对辅助手段的选用等。

第一，说课的特点。

一为说理性。说课不仅要说出“怎样教”，还要说清“为什么这样教”，不仅要让听者知其然，还要知其所以然。这是说课区别于备课、上课，形成独有特征的主要方面。说课要求教师从教材、教法、学法、教学程序四个方面分别阐述，而且特别强调说出每一部分内容是什么，以及运用教育学、心理学等教育理论知识去阐明道理。

二为科学性。课堂教学要求教师以科学的理论为指导，用科学的方法解决教学的矛盾和问题。教师必须遵循教学原则去设计教学程序。教材的处理、挖掘及传达程度要具有科学性、逻辑性和思想性。

三为高层次性。由于听课的对象是懂教材、熟业务，并具有一定教研水平的领导和教师，说课者要学习先进的教改经验、教学方法、有关理论与教育理论，充实说课的理论依据，特别是对教材的处理、教法的选择、板书的设计、语言的推敲要比以往备课更为精心，教学结构要更趋合理，精益求精。

四为预见性。说课要求教师不仅要讲出怎样教，还要说出学生该怎样学，所以说课者要对所教学生的知识技能、智力水平、学习态度、思想状况、心理特点、非智力因素等方面的差异进行分析，估计学生在学习新知识时会有什么困难，说出根据不同情况所采取的措施和解决办法等。

第二，说课的主要内容。

一是说教材，即分析教材，要说出对教材的整体把握，明确本课题或章节内容在整个学段和年级的教材系统中所处的位置及其作用。在教学中重视前后知识的内在联系，准确地认定教材的教学目标、重点和难点，从而提高课堂教学效率。

二是说教法和说学法。“教学设计和学法指导”是说课过程中不可缺少的一个环节。教法和学法可以分别叙述，也可以合在一起说明。

说教法要着重阐述采用这些教学方法的依据——教学目标、教学内容、学生状况、自身状况和教学条件（时间环境和设备）等。说学法则要把主要精力放在如何实施学法指导上，要在对所教年龄段学生的心理特征及知识水平都有较为准确的把握的基础上去谈。

三是说教学程序。教学程序的基本内涵是课堂结构，是整个说课过程的精华、高潮所在。说教学程序就是说明教学过程设计的教学步骤之间的逻辑性，要着重阐述各个教学步骤之间的逻辑性，并合理分配教学时间。

四是说板书。说板书就是要说明板书的主要内容和设计思路，板书应与教学重点和难点相呼应。

第三，说课的要求。

说好课总的原则，就是要说透如何贯彻帮助学生“获取知识，提高素质，发展智力，培养能力”这一教育教学原则。

其一就是语言的要求。说课的语言要求是确切地使用概念，科学地进行判断，合乎逻辑地进行推理，做到用词恰当，句法规范，语言通俗简练连贯，表述流畅生动形象，还要善于描绘，使抽象的概念形象化，使深奥的道理浅显化。说课的语言还应根据说课的内容，快与慢、低与高相结合。要合理地运用语言的幽默艺术，通过比喻、夸张、诙谐等手法，使听者在轻松活泼的气氛中，领会说课的内容，获得主考官的认可。

其二就是节奏的要求。说课时掌握好节奏，该慢则慢，该重则重，张弛有度，抑扬顿挫，不仅能提高语言的表现能力，而且能提高语言的感染力，从而优化说课效果。总的要求是应用叙述的语调说课，中速，声音不轻不重。

其三就是内容的要求。一切教学艺术的运用都应建立在教学内容的正确之上。对于说课内容，还要求做到有序，条理清楚，意思连贯，逻辑严密，结构合理，流畅自然，环环紧扣，以实现说课过程的全程优化。

其四就是灵活性的要求。说课其实与课堂教学一样，也是一个动态系统，随时都要根据说课的不同情况和不同需要调整、补充和修改说课的思路与内容，切不可抱着预先准备的说课稿不放。说课时在不违反说课原则的前提下，可以根据具体情况调整说课的若干环节，或对某些环节做些拓展，努力说出自己的特色。

其五就是创新的要求。同一篇教材因时期不同、学校不同和学生情况不同，加上教师自身的性别、年龄、性格、知识结构、社会阅历、教学优势等特点，对教材从宏观的整体把握及微观的具体处理都应当有所不同。要说好课，就要精心构思，要找准切入点，抓重点，抓关键，讲究创新，体现说课者的个性特点和独到之处。

以下列出某单位招聘教师时的说课试讲评分标准，见表4-1.

表4-1　某招聘单位的说课试讲评分标准

<table>
<tr><td colspan="6">某县市公开招选教师说课评分表</td></tr>
<tr><td>学科</td><td></td><td>面试顺序号</td><td></td><td>课题</td><td></td></tr>
<tr><td colspan="2">项目</td><td colspan="2">要求</td><td>满分</td><td>评分</td></tr>
<tr><td rowspan="2">说教学目标、内容20%</td><td>说教学目标10%</td><td colspan="2">三维目标（知识、技能、情感、态度）明确具体，符合课标要求，切合学生实际</td><td>10</td><td></td></tr>
<tr><td>说教学内容10%</td><td colspan="2">教学内容分析准确且深刻透彻，能正确理解知识及其作用和内在联系，教学难点和重点确定准确</td><td>10</td><td></td></tr>
<tr><td rowspan="5">说教学设计40%</td><td>说教学方法10%</td><td colspan="2">教法与手段的采用恰当、实用，富有启发性</td><td>10</td><td></td></tr>
<tr><td rowspan="2">说教学指导15%</td><td colspan="2">学法指导环节</td><td>5</td><td rowspan="2"></td></tr>
<tr><td colspan="2">学法指导科学、得法、具体</td><td>10</td></tr>
<tr><td rowspan="2">说教学环节15%</td><td colspan="2">教学程序设计科学，结构合理，层次分明</td><td>10</td><td></td></tr>
<tr><td colspan="2">能突出重点，突破难点</td><td>5</td><td></td></tr>
</table>

续表

某县市公开招选教师说课评分表					
学科		面试顺序号		课题	
项目		要求		满分	评分
基本功20%		讲普通话，语言清晰、简练、准确、流畅		10	
		板书字迹工整，布局合理、美观、科学		10	
仪表与教态15%		教态自然，具有亲和力和感染力		10	
		仪表端庄、大方		5	
创新精神5%		个性鲜明，富有时代气息		5	
总分			评委签字		

阅读材料

我说课的题目是《智取生辰纲》，本文节选自古典名著《水浒传》第十六回：“杨志押送金银担，吴用智取生辰纲”。《水浒传》是施耐庵的代表作。它是我国文学史上第一部描写农民起义全过程的长篇小说。课文节选部分写了晁盖、吴用等人劫取梁中书生辰纲的经过，故事围绕智取二字逐步展开，悬念一个接着一个，明写护送队伍头领杨志警惕性之高，暗写晁盖等人用计之妙，读来引人入胜。本文列入人教版语文九年级语文上册第五单元中。本单元的课文都是我国古代长篇小说中的有名片段，目的是引发学生阅读此类小说的兴趣，培养学生对古代文化的热爱。其创作总体呈现如下特点：①注意对人物语言、行动和细节的描写，在矛盾冲突中展示人物性格；②情节曲折，故事完整；③语言准确简练，生动流畅；④叙述方式带有明显的说书人的痕迹，而《智取生辰纲》一文在创作上体现了我国古代小说突出的艺术成就。

一、说教学目标

（1）《智取生辰纲》一文作为教学内容，我认为可以生成以下教学价值，培养学生分析人物形象的方法和能力，引导学生学习在矛盾冲突中刻画人物的方法，引导学生探究文章的主题等。通过对学生和教材的分析和理解，我打算用一个课时来完成教学。教学目标为理解课文“智”所在：杨志的智送，吴用的智取，施耐庵的智写。

(2)把握杨志的性格特点。

(3)品鉴本文的精妙构思。

而本文的教学重点则在于让学生了解课文“智”的所在及作者独具匠心的结构安排。

二、说教法和学法

初三学生具有一定的阅读能力和语言感受力，并且已经学过几个小说单元，能够了解小说的基本要素和小说的主要特点，同时学生通过欣赏影视作品、阅读文本，对本文节选故事的情节、人物形象、主题思想等内容也有一个大体的把握，因此组织本课教学时，教师如果只停留在对课文情节、语言、动作、心理等的逐条分析上，必然会把课文搞得支离破碎，而使学生毫无兴趣。所以我想抓住一点深入挖掘，可能更能激起学生主动探求的欲望，开启学生的思维，收到良好的教学效果。

三、教学设计

针对这篇文章，我打算以“智”为中心，从分析杨志的智和吴用的智引申到作者的智，进而评价小说结构安排的巧妙之处。

四、说教学过程

(一)新课导入

课间播放《好汉歌》，上课时让学生说说自己对梁山好汉的总体印象。

那么今天我们就一起来了解梁山好汉的另一面。在这里既没有令人眼花缭乱的刀光剑影，也没有让人扼腕屏息的搏斗场面，有的只是智慧与智慧的较量。请大家把课本翻到第135页，我们一起来学习这一课《智取生辰纲》。

(设计依据：通过播放歌曲和让学生谈自己对梁山好汉的印象来激发学生的兴趣和参与热情，让学生更广泛地参与到课堂中来，这为课堂的展开奠定了基础)

(二)整体感知

复述故事情节。

(设计依据：这篇课文篇幅较长，当堂读课文必然浪费很多时间，而且学生在课前已经预习过课文，让学生复述的目的是让学生以讲代读，既培养学生的语言运用和表达能力，又让学生了解故事情节)

（三）问题探究

本文课题为《智取生辰纲》，全文紧紧围绕一个“智”字展开，在文中智主要表现在三个方面：杨志的智送，吴用的智取，施耐庵的智写。因此我设计了以下四个问题：

（1）讨论分析杨志的智；

（2）分析杨志失去生辰纲的原因；

（3）分析吴用的智；

（4）分析施耐庵的智。

（设计依据：以上四个问题设计是一个连环扣，学生通过这些问题的讨论，不仅能够深入地了解故事情节的构思精妙，人物形象的鲜明，还可以感受到语言之美、语文之美。同时，每一个问题的回答都要求学生从文章中找答案，培养学生通过语言分析课文的方法，因为任何架空语言的分析都不是真正的语文学习，要让学生用自己的眼睛去观察，用自己的心灵去感受，用自己的语言去表达，从而实现阅读能力的迁移。在分析吴用的智的过程中，我插入了视频欣赏，这样不仅让学生更直观地了解故事情节，同时也能缓解学生的课堂疲倦，激起学生参与课堂的兴趣）

五、布置作业

既然课题是《智取生辰纲》，那么就请大家从吴用的角度来改写故事。

（设计依据：这一环节的目的是加深学生对文章的理解，训练学生的语言驾驭能力，实现阅读的迁移）

（七）咬定青山——笔试、面试后的信息追踪

1. 总结经验，以利“再战”

面试结束，求职者要积极采取行动，设法让用人单位记住你，抓住时机，趁热打铁，真正把握成功的机会。面试结束后，适时总结面试表现，并向同去的同学询问，或向有经验的师长求教，了解自己在面试中给对方留下的印象如何，回答提问时存在什么问题，有些重要的情况是否遗漏或未说清楚，回忆一下有哪些失误，找出弥补的方法，尽快争取主动。

2. 保持联系，建立感情

面试结束后，求职者一定要积极主动地与用人单位保持联系。建立感情联系的方法有很多,可通过写信、打电话或登门表示感谢,询问情况,加深印象。礼多人不怪。在用人单位难以取舍之际,这些工作是有作用的。要尽量同主考老师、校长等关键人物建立个人感情,如询问、请教、闲谈,表明自己的意愿,用开朗热情来打动面试人员,不管对方态度是积极还是冷淡,不到最后绝不放弃。对于远道而来的招聘单位,你一定要记住单位的详细地址、电话号码及主考官姓名,采用写感谢信或打电话的方式进行联系,把你在面试时遗漏的问题和对用人单位的期盼态度婉转地加以表明。

3. 实地考察,争取试用

求职者要利用多种渠道直接到该单位去调查研究,力争取得实习机会。实习不仅是了解用人单位、熟悉工作岗位的有利机会,而且有利于用人单位进一步了解你,因此实习时要尊重领导、同事,为人真诚、礼貌、谦虚,要遵守单位的各项制度,工作上踏踏实实、任劳任怨,要学以致用,充分显示自己的专业能力,以此获得对方信任,争取被录用。

总之,在你参加完第一次面试后,不管成败都可能有第二次面试的机会,一试定乾坤的用人单位很少。请记住:还有面试在等你。经过自我评估,并不断改进,下次面试时你一定会胸有成竹,令人刮目相看。

四、教师编制招考的面试礼仪

对于的师范生而言,良好的求职礼仪是最基本的要求,也是走上职场关键性的第一步。

首先,目前人才市场的竞争是相当激烈的,师范生在招聘单位面前处于相对弱势的地位,所以一定要摆正自己的心态,不仅注重自身能力的提高,也要注意态度上的端正。具体在言行上,就一定要注意有良好的求职礼仪。

其次,任何用人单位都希望在本机构工作的职工具备合格的职场礼仪,这是单位工作氛围良好、绩效提高的起码保证。良好的职场氛围的营造对单位的和谐发展起着至关重要的作用。所以现在用人单位都非常强调员工在为人处世方面的素质,对礼仪非常重视。尤其对于教育机构而言,由于肩负着社会责任,特别强调职工的道德水准和人格魅力,而道德与人格的外在体现就是礼仪。这使教育机构招聘人才时特别看重应聘者的礼仪素质。

因此,师范生在求职准备中,一定要强化礼仪训练,掌握必要的礼仪知识,培养良好的礼仪习惯。

(一)仪表与服饰

师范生应聘时着装应较为正式。男女生的着装各有区别。

1. 男生着装

男生着西装是最为稳妥的。在颜色选择方面,应聘者应穿深色的西装,比如黑色、深灰色等,以给人稳重、深沉、干练的感觉。在面料选择方面,要选择天然织物(最好是羊毛)西装。

男生着装在细节上还需注意:

(1)西装应保持同色配套,还要注意"三色原理",就是说全身着装(包括鞋袜等)的色彩不能超过三种。最好不要穿新西装去参加面试,七八成新的服装穿在身上最妥帖。如果穿双排扣西装,纽扣要全部扣上。单排扣的西装在正式场合中只扣一粒纽扣:两粒扣的扣上不扣下;三粒扣的扣中间一粒。西服上衣袖子应比衬衫袖短1厘米。袖口商标一定要剪掉。衣服口袋里不要放任何东西。

(2)衬衫以白色或蓝色为最佳选择,以体现出智慧、沉稳的气质。衬衫领子不能太大,领脖间的空隙以正好可以插入两指为佳。

(3)系上领带。领带的风格应与西装和衬衫是相同的。领带的长度以至皮带扣处为宜。不要使用领带夹。领带颜色不可刺目,以给人明朗印象为宜。尽量采用真丝领带。不可不扣衬衫就戴领带。

(4)长裤需要熨烫笔挺,裤子长度以直立状态下裤脚遮住鞋跟部分为佳。

(5)袜子颜色最好和鞋裤的颜色一致,保持足够的长度。不能穿白袜子。

(6)面试中尽量选择方头系带的牛皮鞋。皮鞋的颜色以冷色调为好,黑色皮鞋是最佳选择。皮鞋和鞋带的颜色应协调。

男生头发要梳理整齐,发型要得体,头发不能过长,不能染发烫发,不要戴任何首饰。应刮干净胡须,指甲长短适当,保持清洁,绝不要有污物。如戴眼镜,镜框的样式最好能给人稳重、有学识、有修养的印象。最好携带电脑包,如果拿手包和公文包都显得太拘谨和少年老成。

2. 女生着装

女生在着装上应注意:

(1)套装颜色上,黑色、藏青色、深蓝色、宝蓝色、棕色、茶褐色为最优。

(2)套装花色以纯色为佳,大方的条纹亦可,不宜有其他图案。如果显得单调,可以自己戴一个胸花来增色。

(3)面料质地以优质毛料为宜,面料不可太过轻薄或太过光滑,不可以亮闪。

(4)式样搭配上应是“长袖衬衣＋长袖西装外套＋半截过膝西装裙(或长西裤)”。

(5)一般女性职业装宜选择单排扣。纽扣本身不能太花哨太闪,最好与西装颜色统一。

女生面试时化妆要注意端庄淡雅,细节之处要处理好。如头发、指甲等都应干净清爽,显示出干练精神的良好形象。面试时最好不要戴首饰,更不要戴钻石首饰及闪光的装饰品,最多可以选择典雅的首饰如珍珠耳环等,但造型不可夸张,不要让配饰叮当作响。最好携带面料较硬的布包,样式偏职业化,包上不应有卡通花纹或吊坠等。

(二)言谈举止

师范生面试时会遇到各种场景,如招聘会现场、招聘办公室、试讲教室等。现在以师范生前往招聘办公室参加面试为例简单介绍面试礼仪。

师范生参加应聘应特别注意遵守时间,一般提前5～10分钟到达面试地点。进入应聘室之前,不论门是开还是关,都应先轻敲房门,得到允许后方可进入。进入房间时不要探头探脑,应稳健利落地走进去。进入房间后,背对招聘者将门轻轻关闭,然后缓慢转身面对招聘者。随后主动向招聘者打招呼,大方得体地问候致意。

在招聘者尚未请你入座时,不要自行落座。对方请你坐下时应说“谢谢”。入座时要轻而缓。女生如着裙装,应用手把裙子向前拢一下。坐下后,上身保持挺直,头部端正。坐稳后,身子一般只占座位的2/3。两手掌心向下,叠放在两腿之上,两腿自然弯曲,小腿与地面基本垂直,两脚平落地面,两膝间的距离,男生以松开一拳或两拳为宜,女生两膝两脚并拢为好。无论哪种坐姿,都要自然放松,面带微笑。然后等待询问开始。

在应聘过程中面部表情应谦虚和气,把目光集中在招聘人的额头上,且眼神自然,以传达对别人的诚意和尊重。如果不止一个招聘人员在场,应聘者要经常用目光扫视一下其他人,以示尊重和平等。

在应聘中对招聘者的问题要一一回答。应聘者在听对方说话时,要不时做出点头同意状,表示自己听明白了,或正在注意听,同时还要面带微笑。回答时尽量不要用简称、方言和口头语，以免对方听不懂。不能打断招聘者的话语。当不能回答某一问题时，应如实告诉对方，含糊其辞和胡编乱扯会适得其反。

师范生在整个应聘过程中不要过分拘谨，也不必太过谦让。要一直保持自然放松、稳重的形象，切忌做如摸嘴、扭脖、抖动、弹指之类的小动作。递送相关证明资料时应该用双手，并略躬身致意。

应聘结束时，应一面徐徐起立，一面以眼神正视对方，趁机作最后的"表白"，以显示自己的礼貌与诚意，可以说："谢谢您给我一个应聘的机会，如果能有幸进入贵单位工作，我一定全力以赴，不会让贵单位失望。"然后躬身致意，道"再见"后缓步出门，轻轻把门关上退出。特别要注意的是，告别话语要说得真诚，发自内心，才能给招聘者留下最后的好印象。

师范生在应聘之前，应反复训练面试礼仪，可以与同学互助设计不同面试场景，进行模拟，以做到自然规范。

1. 结合所学内容，归纳总结师范生求职所需材料，并按照一定规范进行简历等材料的制作。

2. 自行分成小组，收集历年来教师招聘考试笔试的常见题型。

3. 以小组为单位，进行教师招聘考试的模拟面试。

第五章

师范生就业程序、心理调适与权益保障

思维导图

第一节　师范生就业程序

就业作为每个毕业生都必须亲自完成与经历的选择活动与过程，不仅要受国家就业法规与政策的约束，而且必须遵循一定的原则和程序。了解并熟悉就业程序，有助于成功就业。一般来说，普通高校毕业生的就业程序如图5-1所示。

一、就业程序

毕业生就业工作一般从毕业生在校的最后一学年开始，一般有以下程序。

第一，由学校提供就业信息，并负责推荐。

(1)基础准备。择业中所有个人佐证材料的整理与搜集。

(2)就业信息搜集。填写信息表格→了解就业政策→分析各种就业形势→锁定就业意向。

(3)择业前准备。提高就业技巧→准备个人自荐材料→准备面试物品(如服饰和资金等)。

第二，毕业生与用人单位供需见面、双向选择。

(1)第一择业高峰，利用获得的就业信息，开始有针对性地择业应聘。总结和反思择业中的得失，调整择业心态和目标，力争择业能力的再提高。

(2)第二择业高峰来临，再次为择业成功而努力。同时，这一阶段也是考研失利的同学择业的最佳时期。

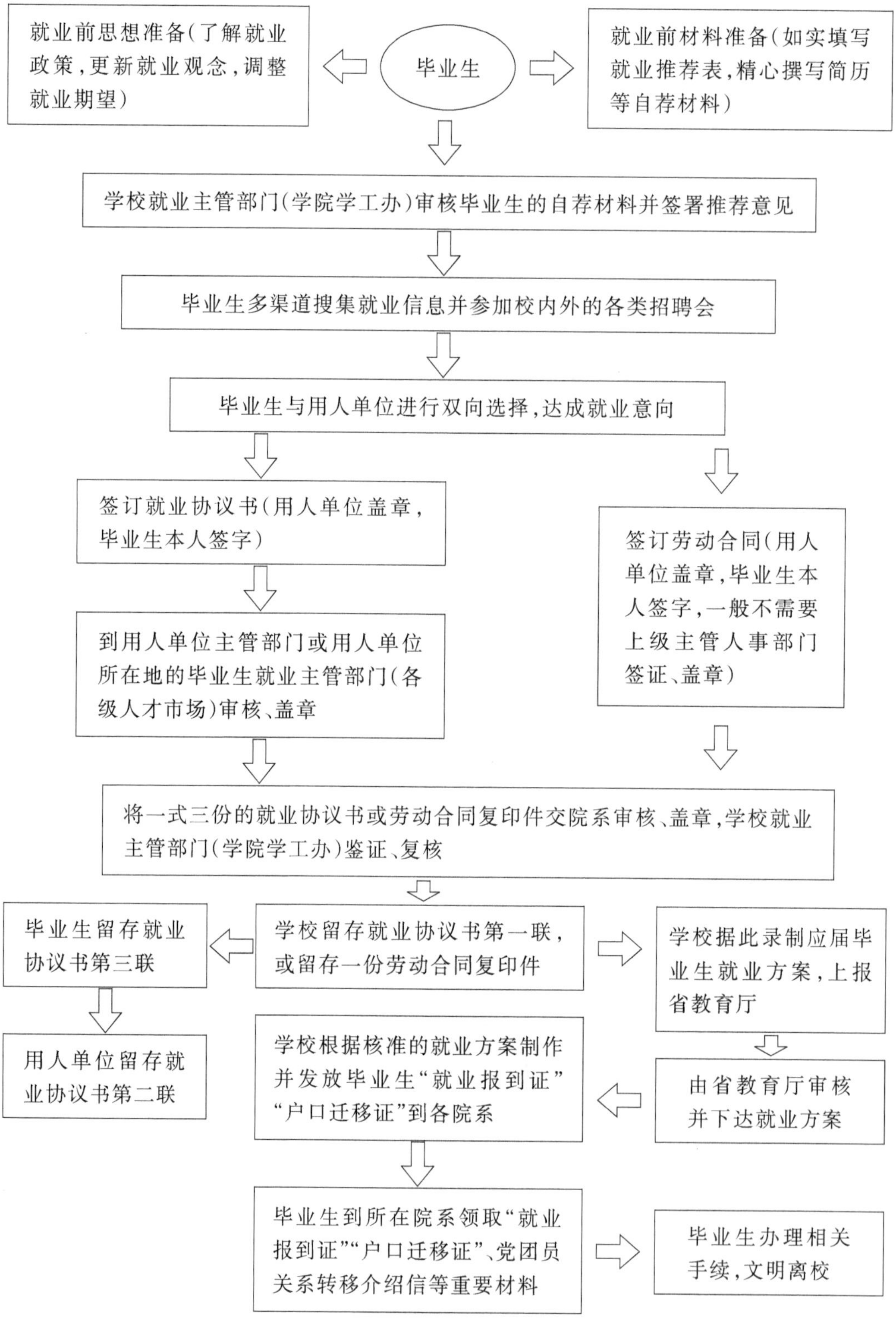

就业前思想准备（了解就业政策，更新就业观念，调整就业期望）

毕业生

就业前材料准备（如实填写就业推荐表，精心撰写简历等自荐材料）

学校就业主管部门（学院学工办）审核毕业生的自荐材料并签署推荐意见

毕业生多渠道搜集就业信息并参加校内外的各类招聘会

毕业生与用人单位进行双向选择，达成就业意向

签订就业协议书（用人单位盖章，毕业生本人签字）

到用人单位主管部门或用人单位所在地的毕业生就业主管部门（各级人才市场）审核、盖章

签订劳动合同（用人单位盖章，毕业生本人签字，一般不需要上级主管人事部门签证、盖章）

将一式三份的就业协议书或劳动合同复印件交院系审核、盖章，学校就业主管部门（学院学工办）鉴证、复核

学校留存就业协议书第一联，或留存一份劳动合同复印件

毕业生留存就业协议书第三联

用人单位留存就业协议书第二联

学校据此录制应届毕业生就业方案，上报省教育厅

由省教育厅审核并下达就业方案

学校根据核准的就业方案制作并发放毕业生“就业报到证”“户口迁移证”到各院系

毕业生到所在院系领取“就业报到证”“户口迁移证”、党团员关系转移介绍信等重要材料

毕业生办理相关手续，文明离校

图5-1　就业流程

第三，用人单位向学校返回接受意见（推荐表）。

第四，毕业生与用人单位、学校签订《毕业生就业协议书》。

第五，由学校将毕业生落实的就业计划上报上级主管部门或教育部。

第六，经上级主管部门或教育部审核批准后下发，由省、市地方调配部门按计划派遣。毕业生进行最后的就业准备，根据已确定的职业角色要求，做好岗前准备，办理毕业离校手续。

二、就业材料介绍

（一）就业协议书

1. 定义与作用

《全国普通高等学校毕业生就业协议书》（以下简称《就业协议》），是普通高等学校毕业生和用人单位在正式确立劳动人事关系前，经双向选择，在规定期限内确立就业关系、明确双方权利和义务而达成的书面协议，是用人单位确认毕业生相关信息真实可靠及接收毕业生的重要凭据，也是高校进行毕业生就业管理、编制就业方案及毕业生办理就业落户手续等有关事项的重要依据。协议在毕业生到单位报到、用人单位正式接收后自行终止。《就业协议》一般由国家教育部或各省区市就业主管部门统一制表。

《就业协议》与劳动合同是用人单位录用毕业生时所订立的书面协议，但两者分处两个相互联系的不同阶段。

（1）《就业协议》是毕业生在校时，由学校参与见证的、与用人单位协商签订的，是编制毕业生就业计划方案和毕业生派遣的依据。劳动合同是毕业生与用人单位明确劳动关系中权利与义务关系的协议，学校不是劳动合同的主体，也不是劳动合同的见证方，劳动合同是上岗毕业生从事何种岗位、享受何种待遇等权利和义务的依据。

（2）《就业协议》的内容主要是毕业生如实介绍自身情况，并表示愿意到用人单位就业，用人单位表示愿意接收毕业生，学校同意推荐毕业生并列入就业计划进行派遣。劳动合同的内容涉及劳动报酬、劳动保护、工作内容、劳动纪律等方方面面，更为具体，劳动权利与义务更为明确。

（3）一般来说《就业协议》签订在前，劳动合同订立在后。如果毕业生与用人单位就工资待遇、住房等有事先约定，亦可在《就业协议》备注条款中予以注明，日后订立劳动合同对此内容应予认可。

(4)《就业协议》是毕业生和用人单位关于将来就业意向的初步约定，对于双方的基本条件及即将签订劳动合同的部分基本内容大体认可，并经用人单位的上级主管部门、高校毕业生和用人单位签字盖章承诺履行协议，高校不作为第三方。高校只在“有关信息及意见”一栏填写(或制作长条章加盖)学校的联系电话、邮箱、邮寄地址及相关意见等信息。《就业协议》一经毕业生、用人单位、高校、用人单位主管部门签字盖章，即具有一定的法律效力，是编制毕业生的就业计划和将来可能发生违约情况时的判断依据。

(5)现实中存在必须先签订《就业协议》，学校才发毕业证的尴尬现象(不签三方协议，不发毕业证)。这样，《就业协议》不是毕业生和用人单位关于将来就业意向的初步约定，而是未毕业生和用人单位关于将来就业意向的初步约定。

2. 就业协议书的基本内容

(1)高校毕业生基本情况，应包括：姓名、性别、身份证号、专业、学制、毕业时间、学历、联系方式等。

(2)用人单位基本情况，应包括：单位名称、组织机构代码、单位性质、联系人及联系方式、档案接收地等。

(3)高校毕业生和用人单位约定的有关内容，可包括：工作地点及工作岗位；户口迁入地；违约责任；协议自动失效条款，协议终止条款；双方约定的其他事宜。

(4)各方应严格履行协议，任何一方若违反协议，应承担违约责任。

(5)其他补充协议。

3. 协议由甲方(用人单位)和乙方(高校毕业生)同意签订

(1)甲方应如实向乙方介绍情况，经了解，同意接收乙方，并负责办理有关接收手续。

(2)乙方应如实向甲方介绍情况，同意到甲方工作，服从甲方的工作安排。

(3)甲乙双方如有其他约定，应在备注栏明确，并视为本协议书的一部分。

(4)双方中有一方要变动协议，须提前一个月征得对方的同意，否则按违约处理。

(5)本协议一式三份，分别由甲方、乙方和学校就业工作部门留存，复印件无效。

(6)就业协议书由各省级高校毕业生就业工作主管部门或高等学校印制，由高等学校统一发放给毕业生。

4. 双方在订立就业协议时必须遵循的基本准则

(1)主体合法原则:签订《就业协议》的当事人必须具备合法的主体资格。对毕业生而言,就是必须取得毕业资格,如果学生在派遣时未取得毕业资格,用人单位可以不予接收而无须承担法律责任。对用人单位而言,用人单位必须具有从事各项经营或管理活动的能力,单位应有录用毕业生计划和录用自主权,否则毕业生可解除协议而无须承担违约责任。

(2)平等协商原则:《就业协议》的双方在签订就业协议时的法律地位是平等的,一方不得将自己的意志强加给另一方。学校也不得采用行政手段要求毕业生到指定单位就业(不包括有特殊情况的毕业生),用人单位亦不应在签订《就业协议》时要求毕业生交纳过高数额的风险金、保证金。双方当事人的权利义务应是一致的。除协议书规定的内容外,双方如有其他约定事项可在协议书“备注”内容中加以补充确定。

5. 签订步骤

《就业协议》的订立一般要经过两个步骤,即要约和承诺。

(1)要约。毕业生持学校统一印制的就业推荐表或复印件参加各地供需洽谈会(人才市场),进行双向选择,或向各用人单位寄发书面材料,应视为要约邀请。用人单位收到毕业生材料,对毕业生进行考察后,表示同意接收并将回执寄到高校毕业生就业工作部门或毕业生本人,应为要约。

(2)承诺。毕业生收到用人单位回执或通过其他方式得到用人单位答复后,从中做出选择并到学校毕业生就业工作部门领取《就业协议》,与用人单位《签订协议》,即为承诺。由于毕业生就业工作比较烦琐,比较具体,有时很难明确区分要约和承诺这两个步骤。比如:有的毕业生参加公务员考试,达到面试线后,到用人单位参加面试、体检,用人单位也对毕业生进行政审、阅档,表示同意接收,在这种情况下,毕业生应与该用人单位签订《就业协议》,而不应再选择其他单位。又如,用人单位到学校挑选毕业生,毕业生自己主动报名,经学校积极推荐,用人单位表示同意接收,但回到单位后要正式发函签协议,在这种情况下,毕业生应安心等待与用人单位签约,而且不能出尔反尔,以未签正式签协议为由,置学校信誉于不顾,在这过程中与其他单位签约,同时,这样也减少了其他毕业生的就业机会。

6. 签订的注意事项

(1)毕业生和用人单位达成协议并在《就业协议》上签名盖章,用人单位应在协议书上注明可以接收毕业生档案的名称和地址。

(2)用人单位上级主管部门批准盖章。

(3)用人单位必须在与毕业生签订协议书起的十个工作日内将协议书送到学校毕业生就业工作部门。

(4)由毕业生就业工作部门在协议书"乙方基本信息"中的"学校有关信息及意见"一栏填写(或制作长条章加盖),补盖学校就业部门公章,并及时将协议书反馈给用人单位。

7. 无效协议

无效协议是指欠缺就业协议的有效要件或违反就业协议订立的原则从而不发生法律效力的协议。无效协议自订立之日起无效。

(1)有的就业协议书对毕业生显失公平,或违反公平竞争、公平录用的原则。

(2)采取欺骗等违法手段签订的就业协议无效,如用人单位未如实介绍本单位情况,根本无录用计划而与毕业生签订就业协议。无效协议产生的法律责任应由责任方承担。

8. 协议解除

为了维护就业协议书的严肃性和学校的声誉,毕业生与用人单位签订《就业协议》后,毕业生和用人单位都应认真履行协议。倘若毕业生因特殊原因要求违约,应承担违约责任。已签订《就业协议》的毕业生,如要违约,须办理解约手续。

(1)步骤:①到原签协议书的单位办理书面同意的解约函(盖单位公章)。②向学校毕业生就业工作部门提出书面申请(阐明解约理由),并附上单位及其上级人事主管部门审核同意的解约函,交招生就业办。③学校毕业生就业工作部门根据有关规定审批换发新的《就业协议》。

(2)《就业协议》的解除分为单方解除和两方解除。单方解除,包括单方擅自解除和单方依法或依协议解除。单方擅自解除协议属违约行为,解约方应对另一方承担违约责任。单方依法或依协议解除,是指一方解除就业协议有法律上的或协议上的依据,如学生未取得毕业资格,用人单位有权单方解除就业协议;毕业生被录用之后,用人单位可解除就业协议,依协议规定,毕业生未通过用人单位所在地组织的公务员考试,用人单位有权解除协议。此类单方解除,解除方无须对另一方承担法律责任。

两方解除是指毕业生和用人单位双方经协商一致，消灭原订立的协议，使协议不发生法律效力。此类解除因是双方当事人真实意思表示一致的体现，双方均不承担法律责任。两方解除应在就业计划上报主管部门之前进行，如就业派遣计划下达后两方解除，还须经主管部门批准办理调整改派。

(3)违约后果。《就业协议》一经毕业生、用人单位签署即具有法律效力，任何一方不得擅自解除，否则违约方应向权利受损方支付协议条款所规定的违约金。从实际情况来看，就业违约多为毕业生违约。

(4)违约结果。毕业生违约，除本人应承担违约责任，支付违约金外，往往还会造成其他不良的后果。主要表现在：①就用人单位而言，用人单位往往为录用毕业生做了大量的工作，有的甚至对毕业生将要从事的具体工作也有所安排。同时毕业生就业工作时间相对比较集中，一旦毕业生因某种原因违约，势必使用人单位的录用工作付之东流，用人单位若再选择其他毕业生，在时间上也不允许，从而使用人单位陷入被动的局面。②就学校而言，用人单位往往将毕业生违约行为认为是学校的过错，从而影响学校和用人单位的长期合作关系。用人单位由于毕业生存在违约现象，而对学校的推荐工作表示怀疑。从历年情况来看，一旦毕业生违约，该用人单位在几年之内都不愿到学校来挑选毕业生。面对激烈的就业竞争，用人单位的需求就是毕业生择业成功的前提，如此下去，必定影响今后学校的毕业生就业工作，同时影响学校就业计划方案的制订和上报，并影响学校的正常派遣工作。③就其他毕业生而言，用人单位到校挑选毕业生，一旦与某毕业生签订就业协议，就不可能再录用其他毕业生。若日后该毕业生违约，有些当初有希望到该用人单位工作的其他毕业生由于录用时间等原因，也无法补缺，影响其他毕业生就业。因此，毕业生在就业过程中应慎重选择，认真履约。

9. 意　义

(1)概述。《就业协议》作为用人单位、毕业生之间的一份意向性协议，不仅能为毕业生解决工作上存在的问题，明确毕业生在寻找工作阶段的权利与义务，也保障了用人单位能够从不同学校找到合适、优秀的毕业生。

(2)具体作用。第一，明确毕业生在寻找工作阶段的权利与义务，约束签订劳动合同的时间、劳动合同的内容等。当发现所要签订的劳动合同与就业协议不一致，特别是出现对维护毕业生权益不利的情况时，毕业生应该要求用人单位按照已经签订生效的就业协议,制订新的劳动合同,使其内容符合就业协议。第二,保障用人单位能方便地直接从学校方面调出该毕业生真实的档案、资料,以便用人单位能够清楚了解毕业生真实情况。

10. 注意事项

须注意的是,学校同意盖章这一步一定要最后执行,以保护学生的权益。

(1)毕业生和用人单位在《就业协议》上签名盖章。

(2)用人单位上级主管部门批准盖章。

(3)用人单位必须在与毕业生签署协议书起的十五天内,将协议书送学校毕业生就业工作部门。

(4)学校同意盖章,并及时将意见反馈给用人单位。

(5)采用欺骗等手段签署的《就业协议》无效,并由欺骗责任方承担违约责任。

(6)毕业生如需调整就业单位,在本市、县、区范围内的,由当地毕业生就业主管部门办理调整手续;跨地区的,由两地毕业生就业主管部门办理调整手续;从市、县、区调整到省级、中直单位,或从省级、中直单位调整到市、县、区的,或跨省(自治区、直辖市)调整就业去向的,由省高校毕业生就业指导中心办理,每位毕业生只允许调整一次就业单位。

(7)毕业生办理就业手续截止日期为6月30日。

(8)毕业生办理就业调整时,须携带如下材料:

①原就业报到证。

②以前已落实就业单位的,须出具原就业单位同意解除协议并经上级就业工作部门审核同意的书面意见。

③现已落实单位的,须出具与就业单位签订的并经上级就业工作部门审核同意的《就业协议》;或是就业单位出具的,并经上级就业工作部门审核同意的书面接收意见。

(9)已落实单位的毕业生如落实新用人单位,可凭原就业协议书(一式三份)和解除协议证明,向招生就业办申请换发新就业协议书,改派由学生自行到省教育厅签发新的就业报到证。

(二)相关证件遗失后的处理方式

毕业证书遗失:本证遗失不补,学校给予出具证明。

学位证书遗失:本证遗失不补,学校给予出具证明。

户口迁移证遗失：向发证户籍中心挂失，并补办。

就业协议书遗失：登报声明作废，携带报纸及系审核同意的书面材料到招生就业办补办（指已签好的就业协议书）。

毕业生如遗失《就业协议》，请于就近的报社登报声明作废，随带报纸经所在系负责大学生就业工作的老师签署意见，至招生就业办，招生就业办审核同意后，予以补发。补发的《就业协议》上注明"该生原件已遗失，此份为遗失补办件"，以示有别于正式的《就业协议》。

毕业生如谎报遗失《就业协议》，视情节轻重给予相应校规校纪处分。

协议区分：

大学生毕业前后往往要签署三份协议，即实习协议、就业协议、劳动合同，但是不少学生和用人单位不能区分三份协议的特点和效力。

实习协议是指在校学生通过参加实习单位的实际工作进行实践学习，明确双方权利与义务的协议；就业协议是指在校学生毕业前与学校、用人单位三方签订的协议，目的在于约束学生和用人单位在毕业后建立的劳动关系；劳动合同是指劳动者与用人单位建立劳动关系，明确双方权利与义务的合同。

（三）就业派遣、档案、户口、组织关系转接

1. 就业派遣

从传统理念来说，就业派遣表面上只是报到证的打印和签发。随着高等教育大众化及高校毕业生就业市场化，就业派遣的内涵除了报到证的打印和签发之外，还包括对就业政策的理解，对就业信息的搜集和报送，对毕业生的就业指导，就业率的统计，等等。

根据教育部的规定，地方毕业生就业主管部门和高等学校按照国家的有关政策派遣毕业生。派遣毕业生统一使用《全国普通高等学校毕业生（毕业研究生）就业报到证》，该报到证由教育部授权地方毕业生就业主管部门审核签发。

报到证的全称是"全国普通高等学校本专科毕业生就业报到证"（也简称"派遣证"），是列入国家计划内招生的大中专毕业生的一种重要标志，由教育部直接印刷，省级高校毕业生就业管理部门单独签发，列入国家就业计划的毕业生才能持有效报到证件。用人单位以报到证为依据，接转毕业生的人事档案，接收安排毕业生工作。报到证是一个从学生身份转变为工作者身份的标志性材料，是人事关系正式从学校转移到用人单位的证明。

报到证的作用如下:①到单位报到用,并开始计算工龄;②落户口的时候需要;③转正和干部身份的证明;④变更单位时可能需要。派遣证对于毕业生今后进入国家机关和事业单位工作、参加国家重点工程项目的工作、申请出国留学等方面具有非常重要的作用。派遣证只能是全日制本专科毕业生在毕业时规定的时限内获得,一旦错过不能补办。获得派遣证后,毕业生可以进入国家人事干部管理系列,否则只能进入劳动力市场。

2. 档　案

人事档案是记录一个人的主要经历、政治面貌、品德作风、德才能绩、学习和工作表现等个人情况的文件材料,起着凭证、依据和参考的作用,在个人转正定级、职称申报及开具考研等相关证明时,需要使用到,是以学生个人为单位集中保存起来以备查的文字、表格及其他各种形式的历史记录。

对于毕业生个人来说,考研、考公务员、出国、升学、结婚、生育等,都要用到档案,否则,将无法办理相关证明。当公务员或进入事业、企业单位工作时,个人在职业生涯中定级、调资、任免、晋升、奖惩等方面的呈报、审批材料都要记入本人档案,作为评价依据。如果有考公务员的意向,档案必须保管好。如果未归档,今后会影响到入党、升学,影响到评定职称、考研政审、劳动保险及日后的离退休手续办理,也会影响到出国留学。另外,工龄、待遇、社保受保时间等也是以个人档案的记录为依据的。如退休时需要依据档案认定个人出生时间,从而确定退休时间;需要确定个人参加工作时间,从而确定开始缴费或视同缴费的时间,以计算养老金等。除了领取养老金外,其他社会保险,如领取失业金等,也与个人档案相关。

高校毕业生的档案,可通过县以上党委组织部门和政府人事部门所属机构进行保管。人事档案在个人手中保存或在无档案管理权的单位保存的,应凭就业报到证先到当地政府人事部门所属人才服务机构补办有关手续,完善档案材料,然后将档案移交到人才市场,及时办理人事代理和档案托管相关证明。

按国家政策规定,组织、人事部门所属的各级人才交流机构具有资格保存大中专毕业生就业后的人事档案,各种私营民营企业、乡镇企业、中外合资或独资企业都无权管理员工的人事档案,一般由各级人才交流机构托管。毕业生也可以以个人名义委托人才交流机构管理人事关系。

3. 户口、组织关系的转递及注意事项

(1)户口迁移。入学时户口证在学校的毕业生,离校前还需办理户口转移手续,将户口迁至用人单位所在地或生源地。该项工作一般由学校户籍管理部门统一到辖区公安机关按规定办理户口迁移证,再发放给毕业生本人。

(2)组织关系的转移。毕业生离校前还要到学校党、团组织部门办理组织关系转出手续。

党员组织关系转移注意事项:

第一,党员组织关系介绍信是党员政治身份的证明,是党员变动组织关系的凭证。

第二,毕业生要与接收党员组织关系的单位组织部门联系,核实接收党员组织关系的党组织名称。

第三,所去单位党组织机构不健全的,可将党员组织关系转到所去单位上级主管部门的党组织或单位所在地或居住地或区县级以上人才服务机构的党组织。党员组织关系转到区县级以上人才服务机构,首先要办理人事代理;转到本人或父母居住地党组织的,要征得对方同意。

第四,认真核准党员组织关系介绍信上的隶属党组织名称,党员姓名、性别、年龄、民族、是否正式或预备党员、身份证号码,接收党员组织关系的单位,党费交至何月及联系电话和所在党委通信地址是否正确,并注意接转党员组织关系的有效时间,确保准确无误。

第五,一定要妥善保管党员组织关系介绍信,不得涂改,不能遗失。

第六,到工作岗位后,应持党员组织介绍信尽快同党组织联系,务必在规定的有效期限内接转党员组织关系。需逐级接转的党员组织关系应逐级接转。无正当理由超过六个月未过组织生活、未缴纳党费的党员将按《党章》进行处理。

团员组织关系转移注意事项:

第一,团关系转移资料,包括团员组织关系转移介绍信、入团志愿书、团员证的转移。

第二,已经有工作单位的毕业生,团关系转移介绍信直接转到工作单位团委;暂没有找到工作的,团介绍信转移单位可暂不填写。

第三,团员证必须由团支部填清毕业生团关系转入、转出时间,每学期团员注册时,加盖团委同意注册章。

第四,入团志愿书通过毕业生档案转递。

4. 毕业生报到

就业建议方案是以毕业生所签订的《就业协议书》为依据，在国家和省有关毕业生就业方针、政策的指导下，按照分级管理的原则编制。就业建议方案制定、报批时间一般为每年的六月中旬至八月底。高校八月底编制最终就业建议方案时，每个毕业生不管是否落实了就业单位，都必须列入。签订了就业协议书者，就业建议方案按就业协议书信息编列；未签订就业协议者，就业建议方案按生源所在地的人事或就业主管部门信息进行编制。

对于即将走上工作岗位的毕业生，了解如何办理报到、落户等手续与搜集就业信息和面试同等重要。只有熟悉就业过程中的基本操作流程，才能少走弯路，事半功倍。

(1)报到手续。毕业生凭“报到证”“户籍迁移证”，已就业者需带“就业协议书”，党员需带“组织介绍信”，在规定的期限内到指定的人事部门办理报到、户口迁移、组织关系接转、人事代理等手续，人才交流机构将提供相应的人事服务，保障毕业生的合法权益。

对毕业离校时未落实工作单位的毕业生，学校暂缓派遣，档案及户籍关系保留至毕业当年8月30日。在8月30日仍未落实就业单位的，以未就业形式开具报到证，将毕业生的人事及档案关系派回生源地人事或教育部门。公安机关按照户籍管理规定为其办理落户手续。

(2)报到材料。目前，各地接收毕业生(包括回生源所在地)的限制主要表现为有无报到证。没有报到证，异地就业无法落户，甚至回家乡就业落户也受影响，从某种意义上讲，其和毕业证书、学位证书同等重要。所以说，报到证是非常重要的，请毕业生务必保管好自己的报到证，并在报到期限内到相关单位报到。

报到证只允许一人一份，由其他部门印制或签发的报到证无效。毕业生要妥善保管报到证，不论什么原因，凡自行涂改、撕毁的报到证一律作废。

(3)报到证的形式和内容。报到证由蓝色上联和白色下联组成，上联(淡蓝色)发放给毕业生，由毕业生交报到用人单位，下联(白色，也叫通知书)存入学生本人档案。

报到证的具体内容有学生个人基本信息(姓名、性别、毕业院校、专业、学历、修业年限)，接收单位名称，报到地址，档案材料寄送方式，报到期限和备注等。毕业生报到的期限原则上为两个月。

(4)毕业证、学位证。毕业证证明毕业生具有正式学籍,学完学校教学计划规定的全部课程,成绩合格、准予毕业。本科和本科以上学历的毕业生,符合学校学位授予条件的,还应获得学位证。用人单位把毕业生能否获得毕业证、学位证作为接收的重要条件。

(5)户口迁移证。毕业生到国有企事业单位和机关等用人单位工作的,户口关系一般随报到证迁移到用人单位所在地。毕业生到民营、外资合资等企业就业的,一般将户籍转往这些企业所在地的人才交流服务中心。

毕业生户口关系的转移,由学校户口管理部门到辖区派出所(户政中心)按就业方案标明的毕业生就业单位地址办理户口迁移证。毕业生领到户口迁移证后应仔细核对并妥善保管,不要折皱污损,更不能丢失,有错漏不能自行涂改,否则作废。在办理报到时由人才交流机构在"户籍迁移证"背面注明落户方向、盖章,然后到相应的政府办证中心公安窗口或乡镇派出所办理落户手续,具体落户方向的选择有父母家、单位、住所或人才交流机构集体户。户籍的管理机关是公安部门。虽说户籍改革的呼声很高,但目前各地的户籍政策还没有完全放开,特别是有些大城市由于人口太多,在这方面有很多限制。具体的限制条件可到当地公安部门或人才交流机构进行政策咨询。一般人才交流机构均设有集体户口,所以部分毕业生可以借助人事代理来解决户口问题。当然还有些地区的人才机构没有开展这项代理业务,毕业生应事先做好相关咨询。

毕业生在毕业当年已经到人才交流中心办理了就业调整手续的,凭调整后人才交流中心签署了调整意见的报到证(人才交流中心在调整意见上应明确调整后的工作单位名称)、用人单位接收证明、毕业证书、身份证及户口迁移证等材料到落户地派出所(户政中心)办理落户手续。

未落实用人单位的毕业生,自派遣之日起三个月内,凭报到证、户口迁移证、毕业证书、户口本到生源所在地(一般指入学前的户籍所在地)的人才交流中心办理落户审批,再凭其出具的审批材料到派出所(户政中心)办理落户手续。派出所(户政中心)受理当年落户申请的截止时间一般是12月20日。如果不及时持户口迁移证到相应单位报到,户口没有进行迁入登记,就是我们俗你的"黑户",将对毕业生今后的工作和生活(结婚、买房等)带来极大的影响,所以请毕业生一定要及时落户。另外,在高考录取后没有将户口迁到学校所在地的公安机关,而是将户口保留在原籍的部分学生,在毕业时可以凭就业报到证到原籍所在地的公安机关办理户口迁出手续。

(6)人事档案。根据目前我国人事档案制度,每位学生都有自己的档案。档案的主要作用在于体现个人的经历,随工作调动而调动。学籍档案是指以文字资料的形式记录个人经历、政治面貌、品德作风等内容的书面材料,发挥着凭证、依据和参考的作用。档案里面有高考成绩、在校学习成绩,各方面的评语、家庭状况、在校期间的奖惩情况,还有入党(团)、毕业生登记表等原始材料,不可复制。学生毕业后学校在其学籍档案中存入"报到证"后,转到就业单位所属的人事部门或就业单位所在地的人才交流机构,这时的学籍档案就成了人事档案。学校保存学籍档案只是"存放",不能起到人事档案的相关作用。

学校应将毕业生档案密封后统一通过邮政局的机要处进行转递或派专人送交人事部门或就业单位所在地的人才交流机构,不可以由毕业生自行携带。人才交流机构接档后及时审核档案中各类资料是否齐全、真实、无误,将档案回执签章返回学校。毕业生就业后签订的劳动合同、考核、职务任免、奖惩、职称评定、后取得的学历等重要材料,应及时送归档案中,以保证档案的完整性,并可以成为今后工资晋级、办理养老保险、开具出国和考研等有关证明,报考公务员、事业单位等的重要依据。各地人才交流中心均有为毕业生接收并管理档案的服务。

(7)党组织关系。毕业生在校期间被发展为中国共产党党员或中国共产党预备党员,发展材料装进毕业生档案。毕业生毕业时要领取党组织关系介绍信,随报到证一起交到用人单位。在没有建立党组织的外资企业、合资企业就业的毕业生,党组织关系转往企业所在地的人才交流服务中心。

(8)就业协议书。就业协议转移是经学校签证的用人单位录用毕业生的凭据,用人单位或企业所在地的人才交流服务中心一般会在毕业生报到时验证。即使用人单位不验证,毕业生也应该留存一份,有备无患。

三、报到可能遇到的问题与处理办法

(一)用人单位拒绝接收

毕业生报到时,有的用人单位以减编、裁员、人事调整、专业不对口、公司不景气、招聘工作人员未征得领导同意、其他合伙人不同意等理由拒绝接收,这是一种严重的违约行为。根据教育部有关规定,按就业计划派遣的毕业生,用人单位不得拒绝接收或退回学校。对擅自拒收的用人单位,由其主管部门责令改正,并对有关负责人员给予行政处分。因此,遇到此类情况,毕业生要求用人单位予以妥善解决,用人单位未予解决的,毕业生可向当地人才交流中心或毕业学校提出申诉,寻求帮助。

(二)违背协议约定使用毕业生

毕业生报到时发现用人单位对自己的安排与当初签订的就业协议书不符,一方面可以要求用人单位进行更正,另一方面可以与用人单位协商解除就业协议书,由用人单位写出书面解除函,毕业生重新落实就业单位,进行改派。

(三)证件不齐或遗失

毕业生报到时,用人单位都会验收和验证毕业生的相关证件。如果证件不齐或遗失,毕业生应及时联系相关证件办理部门申请补办。

四、就业方案的调整与改派

对解除就业协议书的毕业生,学校一般采取就业调整和改派的方式重新派遣。学校就业方案报省教育厅审核批准之前,毕业生因特殊原因解除了原就业协议书,需要重新签订就业协议书并报学校审查通过重新鉴证,称之为就业调整。对已经按照省级教育主管部门审核批准的就业计划派遣,因故解除原就业协议书需要签订新的就业协议书并报学校审查通过重新派遣,称之为改派。

浙江省在当年的8月25日以前的报到证改派手续由省毕业生就业指导和服务机构办理。办理时需要携带以下资料:已签发的报到证,毕业证书,浙江省普通高校毕业生就业方案调整审核表,就业协议书,劳动合同和用人单位的录用证明。

派遣到地方毕业生就业主管部门人才交流服务中心,并且在规定时间内报到登记的需要办理报到证的毕业生,可在两年内办理改派手续。

五、报到材料的补办

(一)毕业证书的补办程序

按国家规定,高校毕业生毕业证书遗失后,可以申请补办学历证明书,不能补办毕业证书。学历证明书由省教育厅监制,内容与毕业证书基本相同,贴本人免冠照片,盖学校印章并印编号。学历证明书具有毕业证书同等效力,出国使用者可由公证处公证。补办学历证明书一般应遵循下列程序:①个人申请,写清自己的入学时间和毕业时间,以及所学专业、年龄、性别和现工作单位等;②提供身份证原件及复印件，提供本人1寸、2寸蓝底证件照各一张（含电子版）；③向毕业学校教务处申请补办，毕业学校教务处对其情况核查无误后，可补发学历证明书；④由原毕业学校教务部门具体办理并加盖印章。

（二）户籍关系的补办程序

应届毕业生携带身份证、毕业证原件和用人单位所在地或生源所在地派出所（户政中心）出具未入户的证明，到学校所在地派出所（户政中心）申请补办。派出所（户政中心）依据迁出的原始材料存根，核对无误，给予审批补发。

（三）报到证的补办程序

浙江省在当年8月25日以前的报到证遗失补办手续由省就业指导中心指导相应学校具体负责，且填写《浙江省普通高校毕业生就业报到证遗失补办申请表》，向学校就业管理部门申请补办。

浙江省在当年8月25日以后，毕业两年以内的报到证的遗失补办手续由相关省毕业就业指导和服务机构办理。同时，需要重新提供以下材料审批：毕业证书，身份证，《浙江省高校毕业生就业报到证遗失补办申请表》。最后将新补办报到证的蓝色联交毕业生本人持有，到用人单位和用人单位所在地的人才交流中心办理报到手续。

毕业两年以后不予签发新就业报到证。浙江省大学生就业指导服务中心将根据毕业生毕业时的派遣记录，出具报到证派遣证明。

第二节　师范生求职心理调适

就业本身就是我们认识和适应社会的一个过程，在求职过程中遇到困难，甚至经过几次挫折才最后成功是正常的；在就业中遇到许多心理冲突、困惑，产生一些不良情绪也是正常的。遇到就业问题时，要学会调整自己的心态，使自己能从容、冷静地面对就业这一人生重大课题，并做出正确、理智的选择。如果你遇到了就业心理困扰，可以试着从以下几个方面来调整。

一、接受客观现实，调整就业期望值

就业市场化、自主择业给大学生带来了机遇与实惠，但许多大学生对“市场”残酷的一面认识不足，对就业市场的客观实际了解不够。经过对就业市场、就业

形势的客观了解与深刻体验后，我们必须明白现实情况就是如此，无论抱怨还是气愤都没有用，这种就业情况不可能一时半会儿就能改变的。与其成天怨天尤人，浪费时间，还不如勇敢地承认和接受所面临的现实，彻底打破以往的美好想象，脚踏实地地寻求解决问题的好办法。

在就业市场上的用人单位找不到人，大量的毕业生无处去的“错位”现象普遍存在，这是因为大学生的就业期望普遍较高。因此，大学生要顺利就业就必须先根据自己的实际情况和就业形势，调整自己的就业期望值。调整就业期望值不是对单位没有选择，只要有单位就去，而是要在职业生涯规划和职业发展观念的基础上重新确定自己的人生轨迹。这就是说要树立长远的职业发展观念，放弃过去那种择业就是“一次到位”，要求绝对安稳的观念。要知道现在再好的单位，将来也有下岗的可能，因此，在择业时要看得长远一些，学会规划自己整个人生的职业生涯。在当前获得一个理想职业的时机还不成熟时，应采取“先就业，后择业，再创业”的办法。也就是说，在择业时不要期望太高，可以先选择一个职业，不断提高自己的社会生存能力，增加工作经验，然后凭借自己的努力，通过正当的职业流动，来逐步实现自我价值。许多大学生不愿意去经济落后的地区工作，可是随着西部大开发的进行，西部地区将成为经济发展的热点，也将给大学生们提供更多的发展机会，因此抢先到这些地区去工作可能会更有利于自己的职业发展，取得事业的成功。

二、充分认识职业价值，树立合理的职业价值观

传统认为人们工作就是为了满足生存需要，但是对于现代社会的人来说，职业对个体的意义已经远不是如此简单，职业可以满足人们从低层次到高层次的多方面需要。综合顾雪华(2001)等专家的研究，发现职业价值结构包括交往、义利、挑战、环境、权力、成就、创造、求新、归属、责任、自认等十一个类别的因子。可见，职业的价值是丰富的，我们要充分认识到职业对个体发展、社会进步所起到的重要作用。

在择业时不能只考虑工作的经济收入、工作条件、地点等因素，更要考虑职业对自我一生发展的影响与作用，应看重职业能否帮助实现自我价值。因此，要在考察社会需要的基础上，树立重自我职业发展、才能发挥、事业成功的职业价值观。对于那些虽然现在工作条件不怎么样，但发展空间大，能让自己充分发挥作

用的单位要优先考虑；对于那些现在经济发展水平不太高，但发展潜力大，创业机会多的工作地点也要重视。总之，盲目到一些表面上看起来不错，但不适合自己，才能不能得到有效发挥的单位去工作，是不会让自己得到满意的。与其将来后悔，不如现在就改变自己。

三、认识与接受职业自我，主动捕捉机遇

大学生就业中的许多心理困扰都与大学生不能正确认识和接受职业自我有关，因此正确地认识自我的职业心理特点并接受自我，是调节就业心理的重要途径，可以帮助大学生找到合适自己的职业方向。大学生要知道自己喜欢什么样的职业，需要什么样的职业，自己的择业标准及依自己目前的能力能干什么样的工作，这样才能知道什么样的工作更适合自己。许多同学通过亲身的求职活动后就会发现自己的能力与水平并不像自己以前想象的那么高，并容易出现各种失望、悲观、不满情绪。因此，在认识自我特点后还要接受自我，对自我当前存在的问题不能一味抱怨，也没有必要自卑，因为自己当前的特点是客观现实，在毕业期间要有大的改变是不可能的，因此要承认自己的现状，学会扬长避短。另外，要用发展的观点来看待自己，要知道有些缺点并不可怕，可以先就业然后在工作岗位上不断发展自己。

大学生就业中的机遇也是非常重要的，因此了解并接受自我特点以后，还要学会抓住属于自己的机遇，这样才能保证以后的求职顺利。要抓住机遇首先必须多搜集有关的职业信息，多参加一些招聘会，并根据已定的择业标准进行选择。需要注意的是，机遇并不是对任何人都适用的。一个工作的好与不好，是相对的，对别人合适的，对自己不一定合适，因此一定不能盲从，要时时记住，只有合适自己的才是最好的。最后要注意机遇的时效性，在发现就业机会时要主动出击，不能犹豫，也不要害怕失败，应有敢试敢闯的精神。

四、坦然面对就业挫折，提高心理承受力

面对市场竞争、就业压力，大学生在求职时总会遇到许多困难、挫折甚至是委屈。如一些专业“热门”，有些则“冷门”；又如女大学生找工作容易受到歧视；等等。面对这些问题仅抱怨是没有用的，更重要的是调整自我心态，提高自己对各种突发事件的心理承受能力。其实，就业的过程也是大学生重新认识自我、认识

社会,并主动调整自我适应社会的过程。如果能通过求职而增强自我心理调节与承受能力,对大学生今后的职业生活都是非常有用的。

大学生在求职中遇到挫折时,要用冷静和坦然的态度待之,客观地分析自己失败的原因,进行正确的归因。首先,在就业市场化、需求形势不佳、就业竞争激烈的条件下,出现求职失败是在所难免的,不能期望自己每次求职都能成功,要对可能出现的求职挫折有充分的心理准备。同时,应把就业看作一个很好的认识社会、认识职业生活、适应社会的机会,应通过求职活动来发展自己,促进自我成熟,因此不能以成败论英雄。其次,求职失败并不一定就是因为自己的能力不行。出现求职失败有许多原因,可能是因为你选择求职单位的方向不对,也可能是因为你的价值观与单位的企业文化不符合,还有可能是其他一些偶然因素。总之,要正确分析自己失败的原因,调整自己的求职策略,学会安慰自己,以便在下次求职中获得成功。

五、调整就业心态,促进人格完善

在求职时,自己或身边的同学出现一些不健康的心态是正常的,没有必要过度担心、害怕自己有心理障碍。当然对于这些不良心态也要学会主动调适,必要时还可以寻求心理专家的帮助。进行自我心理调适的方法有很多:第一,可以进行积极的自我心理暗示,鼓励自己、相信自己,帮助自己渡过难关;第二,可以向朋友、老师倾诉,寻求他们的安慰与支持;第三,可以通过体育锻炼、听音乐、郊游等方式转移自己的注意力,排解心中的烦闷,放松自己的心情。

通过对自己在就业时出现的种种不良心态的分析,可以发现自己平时不容易察觉的一些人格缺陷。应该说这些人格缺陷是产生这种就业心理问题的根本原因,如果现在没有很好地完善自己的人格,那么这些问题还会在今后的工作、生活中继续带来困扰。因此,有关问题其实是暴露得越早越好,同时也不必为自己所存在的人格缺陷而懊恼,因为很少有人是绝对的人格健全的,关键是要在发现自己问题的基础上,积极改变自己、发展自己,使自己的人格更加成熟,使自己将来的人生道路更顺利。

六、开拓进取,勇于创业

大学生是有理想、有抱负、有创新精神、敢作敢为的青年先锋,因此大学生要有自主创业的打算，这既可以在毕业后马上实行，也可以在有一定的社会积累后再实行。大学生们一定要有开拓自己事业的信心与勇气。当前的部分大学生创业时虽然遇到了一些困难，但也有相当成功的案例。大学生创业肯定是值得鼓励的，关键是要有正确的观念与思路，要对自己有一个合理的规划与定位，要与有市场经验的人合作，要摆脱学生公司的意识，要进行科学化、职业化的管理。

第三节　师范生就业权益维护

在竞争日益激烈的就业市场中，师范生作为一个庞大的就业群体，就业权益受到侵害的现象时有发生。面对侵权情况，师范生相当一部分往往不知道该如何维护自身的合法权益。因此，他们需要了解就业过程中的权利和义务，掌握相关的法律法规政策及法律知识，学会用法律武器维护自身的合法权益，提高就业权利意识。

一、师范生就业权益的基本内容

师范生作为毕业生的一个群体，同样享有相关法律法规为毕业生规定的权益。了解自己在就业过程中享有的权利是维护自身合法权益的前提。根据相关法律法规的规定，毕业生目前主要享有以下几个方面的权益。

（一）接受就业指导权

我国《中华人民共和国高等教育法》规定，“高等学校应当为毕业生、结业生提供就业指导和服务”。由此可以看出，毕业生有权从学校处获得接受就业指导。学校应成立专门机构，安排专门人员对毕业生进行就业指导，及时向毕业生传达有关就业方针、政策、法规，并对学生进行择业观念、择业技巧等方面的指导，引导毕业生根据国家、社会需要，结合个人实际情况进行择业。

（二）被推荐权

学校推荐往往会在较大程度上影响用人单位对毕业生的取舍，毕业生在就业中有权得到学校的如实推荐。高校在就业工作中的一个重要职责就是向用人单位推荐毕业生。毕业生享有的被推荐权应包含这几方面内容：如实推荐、公正推荐、择优推荐。

（三）自主择业权

《劳动法》第三条规定，劳动者享有选择职业的权利。因此，作为求职方的毕业生（委培生、定向生除外），在就业市场上享有自主选择职业的绝对权利，可以按照自己的兴趣爱好和能力去选择自己将要从事的职业。家长、学校和用人单位，可以为他们提供择业意向方面的建议、参考、推荐和引导，但不能强迫或限制他们选择职业。实行招生并轨后的毕业生要在国家就业方针政策指导下自主择业，只要符合国家的就业方针、政策，毕业生就有权自主地选择用人单位，任何强迫毕业生到某单位就业的行为都是侵犯毕业生择业自主权的行为。

（四）平等就业权

毕业生享有平等就业的权利。《劳动法》规定，“劳动者享有平等就业和选择职业的权利”，“劳动者就业，不因民族、种族、性别、宗教信仰不同而受歧视”。但在实际就业过程中，毕业生平等就业的权利常常受到侵犯，“就业歧视”现象屡见不鲜，它破坏了市场的公平竞争环境，造成了人力资源的巨大浪费。在当前，毕业生的公平待遇权受到很大的冲击，其也最为毕业生所担忧。由于各项配套措施滞后，完全开放公平的就业市场尚未真正形成，用人单位录用毕业生还不同程度存在不公平、不公正的现象。这一问题的根本解决，还有待于相关法律条例的制定和完善。就目前来说，更重要的是求职者自身维权意识的加强。毕业生在就业求职过程中，应当享有平等就业权。平等就业，应当包括及时、全面、有效地获取就业信息，能被公平、公正对待，参加“双选”时和用人单位自主洽谈协商。公平受录用权是毕业生最为迫切需要得到维护的权益。

（五）违约求偿权

毕业生的就业协议一经签订，毕业生、用人单位、学校任何一方不得擅自毁约，都应严格履行。任何一方提出变更或解除协议，均须得到另外两方的同意，并应承担违约责任。如用人一方违约，毕业生有权要求用人单位承担违约责任，支付违约补偿。

除上述五种权利外，毕业生在就业过程中还享有获取信息权、知情权等。

二、师范生就业的法律保障

师范生需要了解与就业相关的法律常识，才能在自身权益受到侵犯时，运用相应的法律知识来维护自己的合法权益。

（一）《劳动法》

1994年7月5日，第八届全国人大常委会第八次会议通过了《劳动法》，自1995年1月1日起施行。这是一部保护劳动者合法权益、调整劳动关系的法律。师范生作为劳动者，在求职择业过程中必须掌握该法律的有关内容，才能避免自己的权益遭到侵害。

《劳动法》规定：劳动者享有平等就业和选择职业的权利、取得劳动报酬的权利、休息休假的权利、获得劳动安全卫生保护的权利、接受职业技能培训的权利、享受社会保险和福利的权利、提请劳动争议处理的权利及法律规定的相应的劳动权利。《劳动法》还对劳动者工作时间及延长工作时间等做了相应的规定。

（二）《劳动合同法》

2007年6月29日，第十届全国人民代表大会常务委员会第二十八次会议通过了《劳动合同法》，自2008年1月1日起施行。这是一部调整平等主体的劳动者与用人单位之间订立和履行劳动合同的法律。师范生正式报到后与用人单位签订的劳动合同也应符合《劳动合同法》的有关规定，因此，在与用人单位签订劳动合同前，应对《劳动合同法》的相关规定进行了解，特别是合同订立阶段的有关注意事项，以更好地维护自身的合法权益。

《劳动合同法》规定了其调整对象和适用主体。从相关法条可以看出，凡是通过合同而形成的劳动关系，由《劳动合同法》调整，其他的则不予调整。需要特别注意的是，国家机关、事业单位、社会团体只有与劳动者建立劳动关系的，才适用《劳动合同法》。其次，《劳动合同法》的适用主体是劳动者与用人单位。此处的用人单位的地域范围是境内，所以外国企业的驻华代表如果在中国境内开展业务，也要受到《劳动合同法》的调整。

《劳动合同法》还对订立劳动合同的原则、形式、期限、劳动合同的生效及文本的保管、劳动合同应具备的条款及试用期的有关条款、劳动合同中违约金的约定等做了详细的规定，对保护劳动者的切身权益有着十分重要的作用。

（三）《普通高等学校毕业生就业工作暂行规定》

《普通高等学校毕业生就业工作暂行规定》是指导毕业生就业工作的最根本最具有原则性的规定。其主要内容涉及毕业生就业工作程序，毕业生就业指导与毕业生鉴定，供需见面和双向选择活动，就业计划的制订，调配、派遣工作，接收工作及毕业生待遇，违反规定的处理等方面。它对全国高校、毕业生、用人单位具有普遍约束力，是目前最为系统的就业规范。此外，国务院办公厅转发了教育部等部门《关于进一步深化普通高等学校毕业生就业制度改革有关问题意见的通知》（国办发〔2002〕19号），教育部、公安部、人事部、原劳动和社会保障部《关于切实做好普通高等学校毕业生就业工作的通知》（教学〔2002〕16号）等文件，这些是毕业生就业制度改革的新政策，毕业生需要及时学习了解。

（四）《中华人民共和国教师法》（以下简称《教师法》）

除了以上对所有毕业生通用的法律法规外，还有一些仅与师范生相关的法律法规。《教师法》第十条规定："国家实行教师资格制度。中国公民凡遵守宪法和法律，热爱教育事业，具有良好的思想品德，具备本法规定的学历或者经国家教师资格考试合格，有教育教学能力，经认定合格的，可以取得教师资格。"关于教师的资格和任用，《教师法》第十一条还规定取得教师资格应具备相应的学历。

另外，《教师法》还规定学校和其他教育机构应当逐步实行教师聘任制。教师的聘任应当遵循双方地位平等的原则，由学校和教师签订聘任合同，明确规定双方的权利、义务和责任。

综合来讲，具备《教师法》所规定的思想品德和学历要求，尚未达到退休年龄的人员；身体条件合格人员；普通话达到国家规定的标准，具有相应的等级合格证书的人员；必须取得教育学、心理学考试合格证书并参加教育教学能力测试成绩合格者，才能取得相应教师资格证书继而从教。

（五）《教育部直属师范大学师范生免费教育实施办法（试行）》（以下可称《实施办法》）

该《实施办法》是教育部专门针对师范生颁布的一个优惠政策。《实施办法》规定："从2007年秋季入学的新生起，在北京师范大学、华东师范大学、东北师范大学、华中师范大学、陕西师范大学和西南大学六所部属师范大学实行师范生免费教育。""免费师范生入学前与学校和生源所在地省级教育行政部门签订协议，承诺毕业后从事中小学教育十年以上。到城镇学校工作的免费师范毕业生，应先到农村义务教育学校任教服务二年。""免费师范毕业生未按协议从事中小学教育工作的，要按规定退还已享受的免费教育费用并缴纳违约金。省级教育行政部门负责履约管理，并建立免费师范生的诚信档案。确有特殊原因不能履行协议的，需报经省级教育行政部门批准。""免费师范毕业生一般回生源所在省份中小学任教。""有志从教并符合条件的非师范专业优秀学生，在入学二年内，可在教育部和学校核定的计划内转入师范专业，并由学校按标准返还学费、住宿费，补发生活费补助。免费师范生可按照学校规定在师范专业范围内进行二次专业选择。”“免费师范生毕业前及在协议规定服务期内，一般不得报考脱产研究生。”“免费师范毕业生经考核符合要求的，可录取为教育硕士专业学位研究生，在职学习专业课程，任教考核合格并通过论文答辩的，颁发硕士研究生毕业证书和教育硕士专业学位证书。”

三、就业协议书与劳动合同的签订

对师范生来说，就业协议书与劳动合同是他们在毕业时必须要用到的书面文本，所以掌握这些通用的法律常识对师范生的就业起着非常重要的作用。

（一）《就业协议书》与劳动合同的签订

1. 就业协议书的签订

就业协议书的概念和主要内容。教育部高校学生司制订的《就业协议》，简称为“三方协议”，是由毕业生、用人单位和学校三方之间就学生就业方向签订的一种协议，由三方共同签署后生效。其内容包括以下五个部分：①用人单位的情况及意见；②毕业生的情况及意见；③学校意见；④备注；⑤规定条款（《就业协议》背面）。

就业协议书的法律性质和地位。根据我国法律规定，合同是平等主体的自然人、法人和其他组织之间设立、变更、终止民事权利义务关系的意思表示一致的协议。毕业生所签订的就业协议书的主体是平等的，是在双方意思表示一致后订立的，并且协议书所涉及的权利义务均属于我国民事法律调整的范围，所以毕业生就业协议书具有合同的属性。就业协议书是明确毕业生、用人单位、学校三方在毕业生就业工作中的权利和义务的书面表现形式。协议在毕业生到单位报到、用人单位正式接收后自行终止。就业协议书能保障毕业生、用人单位各自的权益，是学校制订、国家审批毕业生就业计划的依据。

就业协议书的原则、程序和注意事项。当毕业生与用人单位在洽谈、协商基础上达成一致意见，便以就业协议的形式将这种关系确定下来，这就是签约。毕业生在签署就业协议书时，要遵循一定的原则和法定程序，才能最大限度地保障自己的权益。

（1）用人单位在对毕业生综合考察的基础上初步确定用人意向，由用人单位出具加盖公章的接收函,毕业生凭此函到学校就业主管部门领取三方协议。

(2)毕业生与用人单位就协议书中所列事项平等协商,在双方在场的情况下,认真填写各项基本资料并签名盖章,如另有其他约定条款的,需在就业协议书上注明或另附补充协议。

(3)学校盖章。毕业生应在十个工作日内持与用人单位双方签字盖章后的就业协议书到学校就业主管部门登记盖章。学校需对就业协议书中的内容及双方签字盖章的效力进行形式审查,签署意见,然后将该毕业生纳入当年的就业派遣方案。

(4)学校签署意见后,学校保留一份协议,毕业生自己执一份,并由毕业生将另一份协议及时反馈给用人单位。

签署就业协议书是一种法律行为,协议书一经签订,便视为生效合同,具有法律效力。因此,毕业生应注意协议内容是否明确,是否完整,避免模棱两可、含糊不清等,尤其要对关系到自己切身利益的工资待遇、工作期限(包括试用期)、发展前途、社会保障、违约责任等方面的条款逐字逐句推敲、斟酌,以免日后产生歧义。

2. 劳动合同的签订

(1)劳动合同概念。《劳动法》第十六条规定:劳动合同是劳动者与用人单位确立劳动关系,明确双方权利和义务的协议。

(2)劳动合同的分类。劳动合同按照标准可划分为不同的种类,最常见的分类有以合同的目的为标准,划分为聘用合同、录用合同、借调合同等;以合同的期限为标准,划分为固定期限劳动合同、无固定期限劳动合同、以完成一定工作任务为期限的劳动合同;按照劳动者人数不同,划分为个人劳动合同和集体劳动合同。

(3)劳动合同的基本内容。劳动合同的内容与劳动者的权益密切相关,毕业生正式报到后一定要按照相关的原则、形式和内容要求等与用人单位签订劳动合同。劳动合同的内容指的是劳动合同中双方共同达成的规定双方当事人权利与义务的有关条款。任何一份劳动合同,都应包含两个基本部分。

第一部分,又称劳动合同的法定条款,是《劳动法》规定的劳动合同必须具备的条件。按照《劳动法》规定,劳动合同的法定条款包含以下几项:劳动合同期限;工作内容;劳动保护和劳动条件;劳动报酬;劳动纪律;劳动合同终止的条件;违反劳动合同的责任。

第二部分,是指劳动者和用人单位在不与国家法律及有关规定相抵触的前提下，双方协商约定的那部分合同内容。比如劳动者担任的职务、发生争议时解决的途径等内容。

常见的协商条款有试用期条款、培训条款、保密条款等。在此需要提到的是，试用期是劳动合同中的一项约定，没有单独的试用期合同，用人单位和大学生约定试用期考察合格后才签订正式的劳动合同，这是明显违反法律规定的。

(4)劳动合同的签署原则。根据《劳动合同法》的规定，毕业生在与用人单位签订劳动合同时，应注意以下几个原则。

一是合法原则，主要从以下三方面内容来把握。其一签订劳动合同的主体合法：用人单位必须是依法设立的企业、事业单位、国家机关、社会团体和个体经济组织等；劳动者必须是达到法定年龄、具有劳动权利能力和行为能力的自然人。其二劳动合同的内容合法，即劳动合同的所有条款都不能违反国家法律、法规的规定。其三劳动合同订立的形式和程序必须合法，即劳动合同必须有规范的文本，并经用人单位与劳动者在劳动合同文本上签字或者盖章生效。劳动合同文本由用人单位和劳动者各执一份。

二是公平原则。公平原则是指劳动合同当事人要公平地确定合同权利义务，使双方的权利义务对等，合同当事人不得利用自己的优势地位或对方的不利地位而订立显失公平的合同。

三是平等、自愿、协商一致原则。平等是指当事人双方在签订劳动合同时依照法律规定地位平等，没有任何隶属关系、服从关系，即用人单位与劳动者是以平等的身份订立劳动合同的；自愿是指订立劳动合同完全出于当事人自己的意志，任何一方不得把自己的意志强加给另一方，也不允许第三者干涉劳动合同的订立；协商一致是指合同的双方当事人对合同的各项条款，只有在双方充分表达自己意志的基础上，经过平等协商，取得一致意见的情况下，劳动合同才能成立。凡是违反平等自愿、协商一致原则签订的劳动合同，不仅不具有法律效力，而且双方当事人应承担一定的法律责任。

四是诚实信用原则。诚实信用原则是指劳动合同当事人在订立劳动合同时要诚实，不得有欺诈行为。

(5)劳动关系的法律特征。在签约的基础上，毕业生完成大学学业领取了就业报到证之后，去用人单位上班，此即为正式报到。为了更好地保障自己的权益，毕业生应及时和用人单位签订劳动合同，此时劳动者与用人单位之间依据劳动合同形成了法律上的权利义务关系即劳动关系。这种法律关系，具有以下几种法律特征：

一是劳动关系的主体是特定的，即一方是劳动者，另一方是用人单位。用人单位包括企事业单位、机关、社会团体、个体工商户等。

二是劳动关系的发生、变更和终止，以及当事人双方在劳动过程中的权利、义务等均应依照《劳动法》和《劳动合同法》处理。

三是劳动合同的标的是劳动过程，而不仅仅是劳动成果。只要劳动者按时完成了劳动合同所规定的工作量，用人单位就应当按照劳动合同的约定支付劳动报酬。

3. 就业协议书与劳动合同的区别

(1)签订时间不同。就业协议的签订时间是学生在校期间，而劳动合同是在大学生毕业离校后到单位正式报到后签订的。

(2)主体不同。就业协议的主体是三方，即学校、毕业生和用人单位；而劳动合同的主体是两方，即劳动者和用人单位。

(3)内容不同。就业协议的主要内容是毕业生如实介绍自身情况，并表示愿意到用人单位就业，用人单位表示愿意接收毕业生，学校同意推荐毕业生并列入就业方案；而劳动合同是记载劳动者和用人单位的权利和义务，是劳动关系确立的法律凭证。

(4)目的不同。就业协议是毕业生和用人单位关于将来就业意向的初步约定，经用人单位的上级主管部门和高校就业部门统一鉴证，一经毕业生、用人单位、学校签字盖章，即具有一定的法律效力，是编制毕业生就业方案和将来双方订立劳动合同的依据；而劳动合同是约束劳动者和用人单位履行权利与义务的依据。

(5)适用的法律不同。三方协议的制定、发生争议后的解决依据主要是《国家关于高校毕业生就业的规定》《民法》《合同法》等，而劳动合同的订立及发生争议后的解决依据主要是《劳动法》和《劳动合同法》。

所以，就业协议不能等同于劳动合同。在就业中处于弱势地位的大学生，千万不能因为签订了就业协议就忽视了劳动合同的签订，万一发生事故或其他劳动纠纷则很难得到全面保护。

(二)就业过程中的违约、违约责任及劳动争议的解决

1. 关于违约

国家基于维护广大毕业生的利益,要求用人单位维护毕业生就业计划的严肃性,且规定就业协议一经签订,用人单位不得拒收毕业生,同时毕业生也不得随意更换单位,否则都属于违约行为。

2. 违约责任

签订《就业协议》后一般不允许违约。双向选择的就业机制及各单位在招聘时间上存在的差异,使毕业生在就业过程中,违约现象时有发生。一方面,用人单位单方面违约,在这种情况下,毕业生应该具有维权意识,主动运用法律的武器积极主张权利,追究用人单位的违约责任,也可以向用人单位上级主管部门和学校申诉,必要时可以向单位所在地劳动仲裁机构投诉或直接向人民法院起诉,从而保护自身的合法权益。另一方面,可能是毕业生出于种种原因造成的违约,这时候,毕业生应该跟用人单位在坦诚协商的基础上,合理解决并取得原单位同意后,再跟新单位签订新的三方就业协议。但任何情况下其中一方提出违约的,都须经另两方同意后才能办理并要承担违约责任。另外,毕业生还须履行以下职责:

一是要征得原用人单位同意,并出示原单位向学校开具的退函,将因此造成的对学校的不良影响减至最小。

二是违约调整要符合国家就业政策导向。

三是学校审核同意毕业生个人违约后,毕业生提供新单位的接收函,重新办理相关手续。

3. 劳动争议的解决

《劳动法》第七十七条规定:“用人单位与劳动者发生争议,当事人可以依法申请调解、仲裁、提起诉讼,也可以协商解决。”另外,根据《劳动法》第七十九条及《中华人民共和国企业劳动争议处理条例》(1993年7月6日国务院颁布),劳动争议处理程序可以分为协商、调解、仲裁、诉讼四个阶段。当然,这些阶段并不是按先后顺序的,当事人可以依法选择。

(1)协商。《劳动法》第七十九条及《中华人民共和国企业劳动争议处理条例》第六条规定:劳动争议发生后,当事人应当协商解决;不愿协商或协商不成的,可以向本单位劳动争议调解委员会申请调解。可见,协商不是处理劳动争议的必经程序,不愿协商的可以直接向本单位劳动争议调解委员会申请调解。

(2)调解。《劳动法)》第七十九条及《中华人民共和国企业劳动争议处理条例》第六条规定:调解不成的,当事人一方要求仲裁的,可以向劳动争议仲裁委员会申请仲裁。当事人一方也可以直接向劳动争议仲裁委员会申请仲裁。可见,调解也不是处理劳动争议的必经程序。

(3)仲裁。《劳动法》第七十九条及《中华人民共和国企业劳动争议处理条例》第六条规定:对仲裁裁决不服的,可以向人民法院提起诉讼。因此,仲裁是处理劳动争议的必经程序。

(4)诉讼。《劳动法》第八十三条规定:"劳动争议当事人对仲裁裁决不服的,可以自收到仲裁裁决书之日起十五日内向人民法院提起诉讼。一方当事人在法定期限内不起诉又不履行仲裁裁决的,另一方当事人可以申请人民法院强制执行。

1. 通过学习,归纳总结师范生就业程序与权益保护的途径。

2. 深入剖析自己的心理,运用章节中所学内容进行心理调适,列出你认为相对有效的几条。

延伸阅读

“红船精神”与师范生就业创业

“红船精神”的内涵与价值

一、“红船精神”的历史开端①

红船精神反映的历史条件是中国共产党的创建，中国共产党创建的标志是党的第一次全国代表大会。党的一大于1921年7月21—30日在上海举行，开会过程中受到法租界的干扰，所以中共一大上海会议没能完成建党任务。摆在中共一大代表面前一个非常重要非常迫切的问题就是，能不能找到一个安全的地方继续开会？当时中共一大代表李达的夫人王会悟建议：会议从上海转移到浙江嘉兴南湖继续召开。

转移到嘉兴南湖继续开会的理由是

(1)嘉兴离上海很近。我们国家第一条铁路，是1909年开通的沪杭铁路，嘉兴就在中间，从上海到杭州，中间就是嘉兴，距离近，方便转移。

(2)嘉兴南湖，不光风景优美，更主要是便于党的一大代表能够在比较安全的环境下——在湖中继续开会。

(3)嘉兴有着悠久的产业发展的基础，跟上海产业发展有着天然联系，另外嘉兴的群众基础、社会基础比较好。

基于以上理由，王会悟的提议得到了中共一大代表们的一致同意，代表们从上海转移到嘉兴南湖继续开会。

嘉兴南湖的会议从上午11点开始一直到傍晚结束，大概只有半天的时间，但这半天时间的会议却非常重要。

会议通过了中国共产党的第一个纲领，也就是党的一大纲领。一大纲领在上海会议过程中起草，在嘉兴南湖的会议上得到通过。

① 徐连林：《红船精神的历史内涵与价值意义》，共产党员网，http://www.taodocs.com/p-171552766.html。

会议通过了中国共产党的第一个决议，这是党的历史上第一个关于工作任务的决议，决议提出中国共产党成立以后，要马上组织开展工人运动。

选举产生中国共产党的第一个中央领导机构，当时叫中央局，由陈独秀、张国焘和李达三人组成。

按照马克思主义政党学说，党的纲领的诞生就意味着政党的诞生。所以从这个意义上说，嘉兴南湖这次会议宣示了中国共产党的正式诞生，嘉兴南湖的这条小船也就被赋予了"红船"这个名字。

这是红船精神产生的社会历史条件，红船精神的提出是我们后来对党的创建这段历史所反映的这种精神面貌的概括。红船精神的提出跟习近平同志有着很深切的关联。

2002年10月，习近平同志到浙江工作。工作后不久，他就来到嘉兴南湖瞻仰红船。2005年，全党开展先进性教育实践活动。是年6月21日，习近平同志在《光明日报》发表署名文章《弘扬红船精神，走在时代前列》，在文章中第一次公开阐述"红船精神"，同时对红船精神的历史地位、历史内涵及现实意义做了系统的阐述。

二、"红船精神"的核心内涵①

习近平同志在文章中用三句话概括了"红船精神"的内涵：开天辟地、敢为人先的首创精神；坚定理想、百折不挠的奋斗精神；立党为公、忠诚为民的奉献精神。

（一）开天辟地、敢为人先的首创精神

开天辟地、敢为人先的首创精神，反映的是中国共产党创建时期的社会历史条件及早期共产党人的追求和他们改变近代中国社会的迫切愿望。

近代中国社会从1840年鸦片战争之后，由一个全盛的封建帝国逐步沦为半殖民地半封建社会，所以近代中国面临的时代课题可以用四个字来概括：救亡图存。

关于怎么救亡图存，早期的先进分子想了各种办法。当时中国社会的主流思潮主要有君主立宪和民主革命两种，代表人物分别是严复和孙中山。但无论是君主立宪所主导的社会变革，还是民主革命所主导的资产阶级革命，事实上都没能成功。当然这里面有包括封建势力的强大、中国近代民族资本主义发展的落后等

① 《红船精神的历史内涵》，共产党员网，http://xuexi.1237/.cn/2016/10/17/ART11476694296035-462.shtml。

等在内的很多因素，但根本性的因素就在于没能找到一个先进的思想武器，没能找到一个先进的阶级依靠，所以近代中国广大先进分子处在一个彷徨困惑时期。就在这时候，俄国爆发了十月革命。

俄国的十月革命，对近代中国社会产生了重大影响。这个影响，不光是让处在彷徨中的近代中国先进分子看到一丝曙光、一丝新的希望，更重要的是给我们提供了一个新的思想武器——马克思主义。在马克思主义的指导下，我们孕育诞生了一个新型政党，通过这个政党来组织劳苦大众，推翻反动的专制政权，建立我们自己的民主政权，这就是近代我们提出的改变中国社会的一种新的方案。

中国共产党就在这么一个历史条件下诞生，所以红船精神中说的敢为人先、开天辟地指的就是这么一个社会历史条件及这么一个客观的历史运动。

（二）坚定理想、百折不挠的奋斗精神

坚定理想、百折不挠的奋斗精神，指的是中国共产党在早期的创建过程及诞生以后的历史实践中，反映出的我们这个政党所特有的政党品质，以及广大共产党人的理想和追求。

中国共产党的诞生跟西方其他政党诞生的社会历史条件不一样，西方是追求民主的产物，我们是反对专制的产物；社会理想不一样，西方的政党通过合法选举的渠道实现自己的政治主张，我们是通过革命的手段来实现社会理想；群众基础不一样，西方是通过自己的政治主张来赢得社会多数，而我们是通过对未来的追求和理想及现实的努力来赢得社会的多数。

理想、追求对我们党具有特殊重要的意义，它不仅是我们党内的一个凝聚，同时也是对社会的一个改造。离开了理想信念，共产党就缺乏内在的凝聚力，离开了理想信念就没有办法去改造社会的广大群众，我们党就没有力量，就没有基础。所以从这个意义上说，理想、信念是我们党与生俱来的政党品质，这个政党品质对广大共产党员来说就是要具有奋斗精神，要百折不挠。早期共产党创建的过程及创建之后我们的这段社会历史的实践，充分反映出理想、奋斗、追求对我们共产党具有特殊重要的意义，所以我们说坚定理想、百折不挠的奋斗精神是我们中国共产党的政党品质。

（三）立党为公、忠诚为民的奉献精神

立党为公、忠诚为民的奉献精神，是我们党区别于任何一个其他政党的最本质的东西，它实际上讲了两个问题。

1. 共产党的社会理想和价值取向——立党为公

无论从马克思主义的社会理论、马克思主义的世界观，还是马克思主义对无产阶级政党的要求，都充分说明，共产党没有任何自身特殊的利益，有的就是人民的利益。背离了这一条，就背离了中国共产党的党性，所以党性修养，最根本的就是这一条。没有自身利益，共产党的本质就是立党为公。它的另外一个方面，对我们广大共产党员来说，就是一种道德要求，或者说道德信念。

2. 共产党人的根本宗旨和道德要求——忠诚为民

忠诚为民就是我们说的要全心全意为人民服务，这是我们党的宗旨和一种道德信念，所以我们说共产党除了阶级性、革命性，还有一个人民性。这个人民性就是我们所做的所有努力，都是为了中国最广大人民的根本利益。历史上就是这样，党的一大纲领讲得非常清楚，共产党奋斗、追求是为了什么？为了劳苦大众。二十八年民主革命，我们建立了一个政权，这个政权叫人民民主专政；今天我们讲改革，讲发展，以及邓小平同志提出的“三个有利于”中很重要的一条就是是否有利于广大人民生活水平的提高；“三个代表”重要思想反映的也是代表全体人民的利益；科学发展观提出以人为本；今天讲“四个全面”，最核心的问题就是把我们党的宗旨、把以人为本的思想能够专门通过“四个全面”加以真正的落实。

所以红船精神的内涵，反映的是中国共产党的建党精神，它反映的是我们共产党内在的文化标签，反映的是我们党内最核心的一种价值要求。正因为这样，习近平同志在2005年的这篇文章当中，用两句话对红船精神的历史地位做了一个明确而又深刻的概括。

(1)“红船精神”是中国革命精神之源。中国革命精神，既包括民主革命时期，也包括社会主义革命，当然也包括我们今天改革发展，在这每个时代浪潮中所产生的种种精神。但这种革命精神的源头就在共产党的创建所蕴含的这种基因中，今天我们称之为“红船精神”。

(2)“红船精神”是党的先进性之源。这与上一句话具有内在的相同性，但中国革命精神之源是从历史的内在逻辑来阐述的，而党的先进性之源更多的是站在我们这个时代的角度来阐述。今天我们共产党开展先进性建设，我们需要用我们精神的原动力，它的原动力是什么？就是早期共产党人给我们今天的共产党人所提供的这种精神风范，这种风范我们称之为“红船精神”。

三、“红船精神”的育人价值①

“红船精神”是中国共产党的革命精神之源，集中体现了党的先进性，中国共产党历史上形成的优良传统与革命精神，无不与之有着直接的渊源关系。在高校开展“红船精神”教育，有利于大学生确立正确的世界观、人生观、价值观，有利于大学生形成高尚的情操和健全的人格。

（一）“红船精神”具有开拓创新的品质养成价值

开拓创新精神是开拓进取、勇于创新的精神，是一个民族的重要素质，是国家和民族发展的不竭动力。大学生是十分宝贵的人才资源，是民族的希望，是祖国的未来。培养大学生的开拓创新精神，是高校育人工作的重要组成部分。“红船精神”基本内涵中的开天辟地、敢为人先的首创精神，其实质就是开拓创新精神。中国共产党的成立，本身就是一件开天辟地的大事，是革命先驱开拓创新的结果。纵观中国共产党的发展历史，也是一部开拓创新的光辉历史。我们党能始终站在历史和时代发展的前列，靠的就是富于进取的开拓创新精神。我们要大力弘扬“红船精神”，教育引导大学生认真学习开天辟地、敢为人先的首创精神，认真学习中国共产党诞生、发展、壮大过程中丰富的开拓创新案例，认真学习中国共产党人先进的开拓创新事迹，不断增强大学生的开拓意识和创新能力。

（二）“红船精神”具有理想信念的目标导向价值

习近平同志指出，青年一代有理想、有本领、有担当，国家就有前途，民族就有希望。教育引导大学生树立正确的理想信念，是大学生思想政治教育的重要课题。坚定理想信念是“红船精神”的重要内涵，是共产党人的目标追求。在白色恐怖的年代，党的一大能在上海召开，最后在南湖红船上宣告中国共产党的诞生，靠的就是坚定的理想信念。无论是在革命年代，还是在和平建设时期，中国共产党不管风吹浪打，胜似闲庭信步，靠的还是坚定的理想信念。我们要大力弘扬“红船精神”，教育引导大学生向革命先辈学习，坚定共产主义远大理想，坚定正确的政治立场和政治方向，志存高远，脚踏实地，在实现中国梦的生动实践中放飞青春梦想，在为人民利益的不懈奋斗中书写人生华章。

---

① 黄文秀：《充分发挥红船精神的育人精神》，《中国教育报》，2018年1月11日第5版。

（三）“红船精神”具有百折不挠的意志培养价值

一个人在生活和成长的过程中，必定会遇到各种问题与挫折。挫折在人的一生中是不可避免的。帮助大学生正确认识挫折、预防挫折、正视挫折，增强对挫折的承受力，养成百折不挠的意志品质，是大学生素质教育的重要内容。“红船精神”蕴含着丰富的百折不挠的意志品质，正因为有了这样一种意志品质，党的一大并没有因为敌人的干扰而中断，党的事业并没有因为遇到挫折而停顿，反而愈挫愈勇，不断奋进。我们要大力弘扬“红船精神”，教育引导大学生学习中国共产党建设和发展过程中形成的坚强的意志品质，以积极的心态去面对挫折，增强抗挫折能力，学会在挫折中磨炼，在挫折中成长。

（四）“红船精神”具有忠诚为民的宗旨教化价值

忠诚为民，是指忠诚于党，忠诚于国家，忠诚于人民，做到全心全意为人民服务。忠诚为民是“红船精神”的本质所在，是贯穿于中国共产党革命与建设的一条红线，是党的先进性的具体体现，是同人民群众保持血肉联系的内在要求。我们要大力弘扬“红船精神”，教育引导大学生热爱党、热爱国家、热爱人民，增强时代使命感、社会责任感。教育引导大学生牢固树立人民利益高于一切的职业观，发扬党的优良传统和作风，志存高远，脚踏实地，刻苦学习，努力提高为人民服务的本领。

“红船精神”与师范生就业

作为教育战线的普通教师，“红船精神”也是我们立足教育、扎根教育、创新教育的重要思想引领。“红船精神”引导广大教师大胆创新、大胆突破，敢为人先，为我国的教育事业和经济社会发展做出贡献，满腔热情地投入教育教学改革，不断提升教育教学水平，做新时代的“四有”教师，做学生锤炼品格、学习知识、创新思维培养的引路人。

一、教师职业道德的含义

（一）教师职业道德的内容

（1）树立远大的职业道德思想。

（2）掌握正确的职业道德知识。

（3）陶冶真诚的职业道德情感（职业正义感、职业责任感、职业义务感、职业良心感、职业荣誉感、职业幸福感）。

(4)磨炼坚强的职业道德意志。

(5)确定坚定的职业道德信念。

(6)养成良好的职业道德行为习惯。

(二)教师职业道德的规范

1. 爱国守法

热爱祖国,热爱人民,拥护中国共产党的领导,拥护社会主义。全面贯彻国家教育方针,自觉遵守教育法律法规,依法履行教师职责权利。不得有违背党和国家方针政策的言行。

2. 爱岗敬业

忠诚于人民教育事业,志存高远,勤恳敬业,甘为人梯,乐于奉献。对工作高度负责,认真备课上课,认真批改作业,认真辅导学生,不得敷衍塞责。

3. 关爱学生

关心爱护全体学生,尊重学生人格,平等公正对待学生。对学生严慈相济,做学生良师益友。保护学生安全,关心学生健康,维护学生权益。不讽刺、挖苦、歧视学生,不体罚或变相体罚学生。

4. 教书育人

遵循教育规律,实施素质教育。循循善诱,诲人不倦,因材施教。培养学生良好品行,激发学生创新精神,促进学生全面发展。不以分数作为评价学生的唯一标准。

5. 为人师表

坚守高尚情操,知荣明耻,严于律己,以身作则。衣着得体,语言规范,举止文明。关心集体,团结协作,尊重同事,尊重家长。作风正派,廉洁奉公。自觉抵制有偿家教,不利用职务之便谋取私利。

6. 终身学习

崇尚科学精神,树立终身学习理念,拓宽知识视野,更新知识结构。潜心钻研业务,勇于探索创新,不断提高专业素养和教育教学水平。

二、“红船精神”与教师职业道德的价值契合

(一)教师的奉献精神

当老师就别想着发财,当老师就别想着升官,当老师就别想着名利双收……老师,因为其职业的特殊性,因此更加强调其职业精神和道德属性。老师们深深

明白:热爱祖国、遵纪守法是每个公民(当然也包括每个教师)的神圣职责和义务。虽然他们做不到"无欲无求,不思任何回报",但"三钱粉笔,万钧重担"的道理他们还是懂的;虽然他们不能一味地强调教师职业神圣性的一面,但不得不承认教师这一职业思想境界的不一般;虽然它只是一种平凡的社会职业,但无论待遇怎样,社会舆论怎样,他们依然有他们不容许超越的行为底线,他们依然有他们不容置喙的职业操守。

(二)教师的奋斗精神

奋斗精神,是支撑师范生努力完成梦想的支柱,是中华民族的优良传统。郎平曾这样寄语当代青年:"年轻人要有自己的理想和追求,在实现自己梦想的过程中,会遇到很多困难,应发扬永不放弃的精神去战胜它……虽然时代不同了,但奋斗精神永不过时,它是到达梦想彼岸的挪亚方舟。"奋斗精神不光是青年人不能丢弃的,在社会主义的新时期,也是全国人民要继续坚持和发扬的精神。作为一名教师,能吃苦、敢吃苦、不怕吃苦是他们必备的精神,是支撑他们继续奋斗在三尺讲台的基础信念。靠着这种不怕吃苦的奋斗精神,他们才能培养出能吃苦、敢吃苦、不怕吃苦的新一代,才能培养出能拼搏、敢拼搏、不怕拼搏的具有奋斗精神的新一代接班人。

(三)教师的创新精神

"首创精神"是和"保守、固执、一成不变"相对的,"首创精神"重在一个"创"字,即勇于创造和敢于争先。改革开放许多年来,没有"首创精神",就没有今天社会的发展和进步,就没有今天各行各业一系列的智慧和成果,就没有今天祖国的繁荣和富强。在新课改如火如荼地开展的今天,全体教师应该继承和发扬奋斗精神,在新课改中越走越成熟,越走越充满朝气和活力。

三、新时期下"四有"好老师

(1)要有理想信念。这是实现中国梦的思想基础,体现了思想育人的导向。思想是行动的先导,有什么样的思想就会有什么样的行动。教育作为百年大计之本,教师作为教育之本,首先要在思想上保持先进性、纯洁性,而先进性和纯洁性,就是始终坚持共产主义理想信念。只有全体教师树立了正确的思想观念,才能把这种观念传递给每一个学生。学生就像一棵棵小草,需要教师这个园丁去浇灌、呵护。但教师在浇灌中使用什么样的水、何种肥料,都影响着小草是否能够健康生长。理想信念不仅是共产党员精神上的钙,也是每一名教师的灵魂之钙,更是每一名学生急需补充的思想之钙,这个钙补得及时、适量,就会让每一名学生坚定理想信念,树立远大理想,立志报效祖国。

(2)要有道德情操。这是教书育人的前提条件,体现了道德育人的导向。古人云,师者,传道、授业、解惑也。一个道德情操高尚的教师,他的学生也会是道德楷模。反之,老师道德滑坡,学生的思想自然正不了。当下,受西方金钱拜物的影响和冲击,个别老师把教书育人当成了赚钱的机器,课堂上留一点知识,课下在外边办补习班,让学生劳累、增加学费不说,还会让学生满脑子都是金钱至上的思想。更有甚者,采取多种形式向学生索要钱财,如有的老师每年家人过生日都要请学生家长参加,目的就是要份子钱。因此,要在全社会营造尊师重教的氛围,让教师有尊严,有职业荣誉感,确立高尚的道德情操。

(3)要有扎实知识。这是对教师的起码要求,体现了知识育人的导向。教师的职业就是教书育人,如果自己一瓶不满、半瓶晃荡,那是教不好学生的。扎实的知识,是一个与时俱进的概念,作为教师不仅要教好学生,还要勤勉学习。在这个知识爆炸的时代,教师面临的教书难度越来越大,有的教师甚至有一种危机感,因为学生学习的途径也越来越多,如果教师故步自封就会被学生淘汰,被社会淘汰。因此,教师要甘当小学生,要面向世界、面向未来,不仅要学习书本的知识,更要加强研究学习课外的知识,不断丰富自己的思想,提高自己的认知能力,这样才能得到学生的尊重,才能得到社会的认可。

(4)要有仁爱之心。这是教师从事的职业所需,体现了和谐育人的导向。孟子曰,仁者爱人。教师就是人类社会灵魂的工程师,只有真心诚意地去爱每一名学生,才能成为一名合格的教师。有了爱人之心,才会产生教书育人的动力,否则,只能是应付了事。十年树木,百年树人,教育是百年大计,教师必须心怀理想,出于爱心,才能坚持社会主义核心价值观,社会上才能涌现出一大批好老师。仁爱之心,既是对教师的要求,也是对教师的挑战。要想有仁爱之心,必须热爱这个职业,把学生当亲人,努力与学生和谐相处,成为一家人。同时,要提高教师的待遇,吸引更多优秀的学生加入教师队伍行列,实现学生想当教师,教师想教学生的其乐融融的喜人局面。

“红船精神”与师范生创业

“红船精神”与“创新创业”有着天然的内生关系，互相联系、互相促进。“红船精神”是我党第一次创业的伟大成果和精神财富，是驱动创新创业的强大精神动力，创新创业则是“红船精神”推进社会发展的有效外化载体和落脚点。党的十八大报告提出：“引导劳动者转变就业观念，鼓励多渠道多形式就业，促进创业带动就业。”吹响了创新创业的时代主旋律，引发了创业教育的再思考与再实践。习近平同志对青年人提出了希望：“要勇于创业、敢闯敢干，努力在改革开放中闯新路、创新业，不断开辟事业发展新天地。”

一、创　业

（一）创业的内涵

创业是指人们在自身兴趣的驱使下，不断追寻和把握机会，由此创造出新产品、新服务、新岗位，并依法实现其价值的过程。

创业有狭义和广义之分。狭义的创业是指创造了新的就业岗位的创业活动，如自己做老板开店、办公司等，不仅解决了自己的就业问题，也使他人（雇员）有业可就，我们平常所说的“自主创业”就属于这种创业活动。广义的创业还包含在已有岗位上的创业活动，这个岗位虽然不是自己新创造的，但在这一岗位上能够创造出新的业绩，就是我们常说的“岗位创业”。所以，创业与就业是紧密联系、不可分割的，人们可以通过创业实现就业，也可以在就业岗位上创业；创业可以发生在企业等营利性的组织中，也可以发生在社会服务机构、民间艺术团体等非营利性的组织中。本章所说的创业是狭义上的创业，即自主创业。

第一，创业是一个过程。这是一个激情与忧虑并存、成就与挫折齐驱的复杂过程，创业者只有坚持不懈，才能在渐进的成功中分享丝丝欢乐；这是一个循序成长的过程，经营实体从小到大，利润从少到多，品牌的知名度由低到高等，都不是静止的，它包含了一系列行进中的决策和行动，创业者只有不断地总结经验，不断地学习提高，才能使企业一直保持旺盛的生命力。这一过程是长期的，创业者必须付出大量的时间和常人难以想象的努力，否则，就会功亏一篑。所以，对于有意创业的大学生来说，要提前做好足够的思想准备。

第二，创业必须有明确的价值取向。价值包括经济价值、社会价值和自我价值。这三种价值有机统一的标准，就是法律和道德。依法经营，诚信经营，是一个创业者起码的价值底线，创业者通过市场依法向社会提供产品或服务，满足了社会需求，在实现社会价值的过程中，获得经济价值，体现自我价值。如香港实业家李嘉诚等一大批企业家多年来无偿投资公益慈善事业，回报社会的同时，也使企业和自身的价值得到了提升。

第三，创业要有浓厚的兴趣，兴趣是创业者永不枯竭的催化剂。比尔·盖茨就是在兴趣的驱动下，由一个小小电脑迷成长为世界首富。还在西雅图的公立小学读书时，盖茨迷恋电脑游戏，后来到了管教严格的私立胡佛中学就读，对软件产生了兴趣，他只要在程序上略施小计就可以使自己座位的前前后后都是女生。盖茨17岁进入哈佛大学法律系学习后，课余时间，除了疯狂地玩扑克，就是玩电脑，盖茨的同学说，就是这样一个“电脑迷”，19岁那年，在大学三年级，辍学办了电脑公司；36岁时便成为世界上最年轻的亿万富翁；39岁起，也就是从1994年以来，盖茨常年被评为《福布斯》世界首富。2004年，他的净资产已达466亿美元，是兴趣造就了这位IT行业的常青树。

第四，创业必须寻找机会，把握机会，并承担风险。机会就意味着风险，要想成为一名企业家，就要有承担相应的财务风险、精神风险和社会风险的心理准备。寻找机会，是企业家这个词的本义。

（二）创业精神

1. 创业精神是什么

在英文中，创业精神与企业家精神是同一个单词，根据时代的要求，原来都译为企业家精神，这里我们把这两者统一起来。

熊彼特（1934）：企业家精神就是做别人没做过的事或是以别人没用过的方式做事的组合。企业家精神就是一种不断创新的精神，是社会发展的策动力量。

熊彼特将企业家精神总结为四个方面的内容：第一，建立私人王国的梦想（开拓者，获得社会地位和名望）；第二，在利润和金钱之上的对胜利的热情（征服）；第三，创造的喜悦（以冒险为乐事）；第四，坚强的意志（坚韧不拔的奋斗精神）。

桑巴特（1958）：企业家精神是一种不可遏制的、动态的力量，是一种世界性的追求和积极的精神，包括重视核算、注重效益。

柯兹纳（1973）：企业家精神就是抢先抓住新的机会的能力。认识到机会并抓住机会可以“矫正”市场，把市场带回平衡状态。

夏莫和克里斯曼(1999):企业家精神包括组织的创建、重组,或是组织内部及外部的革新行为。

2. 对创业精神的分析

彼得·德鲁克继承并发扬了熊彼特的观点。他提出企业家精神中最主要的是创新,进而把企业家的领导能力与管理等同起来,认为企业管理的核心内容,是企业家在经济上的冒险行为,企业就是企业家工作的组织。

世界著名的管理咨询公司埃森哲的工作人员,曾在26个国家和地区与几十万名企业家交谈。他们指出,其中79%的企业领导认为,企业家精神对于企业的成功非常重要。

第一,冒险是创业者的天性。

理查德·坎蒂隆(1755)和奈特(1967)两位经济学家,将创业精神与风险或不确定性联系在一起。

没有甘冒风险和承担风险的魄力,就不可能成为企业家。

(为了发现王子,你必须和无数个青蛙接吻)

第二,创新是创业精神的灵魂。

熊彼特(1939)关于企业家是从事"创造性破坏"的创新者观点,凸显了企业家精神的实质和特征。

创新就是敢于冒险,出奇制胜,就是以别人没有想到的新思路、新点子、新策略、新方法谋求企业的发展。

(创业精神的本质就是创新,创新是企业持续发展的根本)

第三,合作是创业精神的精华。

艾伯特·赫希曼(1977)说过,企业家在重大决策中实行集体行为而非个人行为。

(不是努力成为一个超人,应努力成为蜘蛛侠,要有非常强的"结网"能力和意识)

第四,敬业是创业精神的动力。

马克斯·韦伯在《新教伦理与资本主义精神》(1905)中写道:"这种需要人们不停地工作的事业,成为他们生活中不可或缺的组成部分。"

货币只是成功的标志之一,对事业的忠诚和责任,才是创业者的"顶峰体验"和不竭动力。

第五，执着是企业家精神的本色。

英特尔总裁葛洛夫有句名言："只有偏执狂才能生存。"

创业者具有坚韧不拔的毅力，百折不挠战胜困难和失败的勇气与能力，在成功和理想驱动下的百折不悔的创业和永无止境的探索与奋斗。

（锲而不舍，金石可镂；锲而舍之，朽木不折）

第六，诚信是创业精神的基石。

诺贝尔经济学奖得主弗利曼(1962)更是明确指出："企业家只有一个责任，就是在符合游戏规则下，运用生产资源从事利润的活动。亦即须从事公开和自由的竞争，不能有欺瞒和诈欺。"

（诚信是创业者的立身之本）

第七，学习是企业家精神的关键。

彼得·圣吉在其名著《第五项修炼》(1990)中说道："真正的学习，涉及人之所以为人此一意义的核心。"

（学不可以已）

（三）创业的特征

创业的特征就体现在"创"字上。"创"就意味着创新、创建、创造。创新是创业的本质特征，是企业不断发展壮大的驱动力。所谓"创新"，最早是由奥地利经济学家约瑟夫·舒彼特(Joseph Schumpeter)在20世纪30年代中期提出来的。他认为，"创新"是经济增长的内生变量，它把生产要素和生产条件的新组合引入生产体系，其目的是获取潜在的利润。他还认为，创新就意味着"创造性毁灭"。所谓"创造性毁灭"，在他看来，就是用相应的更好的产品、工序、观念和企业，来替代现存的产品、工序、观念和企业的过程。通过对旧的方法和产品的毁灭迎来对新的方法和产品的创造，而这一过程背后的驱动者就是企业家。熊彼特对"创造性毁灭"的描述更进一步突出了创新在创业中的重要作用。企业家的创新活动，促进了新思想、新方法、新技术、新产品、新机制和新的管理模式的产生，从而推动企业和社会不断发展。从中国古代的四大发明，到18世纪西方蒸汽机、电灯的出现；从近代晶体管、集成电路的诞生，到现代计算机、纳米技术日新月异的应用，这些创新的成果无不推动着社会的进步。

创建是创业的外在特征，是为企业量身定做的组织形式。对任何一个创业者（自由职业者除外）来说，必须依托合适且合法的组织形式才能开展创业活动。组织形式多种多样，如股份有限公司、有限责任公司、个人独资企业、合伙企业、中外合资企业及“中心”“所”“城”“室”等。采用哪种组织形式，创业者必须根据自己的实际情况来定。在一个企业内部，也要创建合理的组织形式，如管理队伍、营销队伍、研发队伍、公关队伍等的搭建，这样能最大限度地发挥员工潜能，有利于员工成长，创建具有企业自身特色的企业文化。

创造是创业的终极特征，是企业赖以存在的关键。创业不仅创造了新产品、新服务，也创造了新利润、新理念，不仅给自己创造了新的就业岗位，同时也为更多人创造了新的就业岗位。

（四）大学生创业的重要意义

1. 大学生创业能推动社会生产力发展

纵观美国企业发展史，许多著名的高科技大公司，几乎都是大学生创业者们利用风险投资创造出来的。美国经济由于创业革命而发生了巨大的转变，当今美国超过95%的财富是在1980年后创造的。未来学家约翰·奈斯比特说，创业不仅是美国过去经济繁荣的基础，更是未来持续繁荣的基础。

我国政府一贯鼓励和支持大学生自主创业。全国各地的高科技园区都相继出台了许多鼓励大学生自主创业的优惠政策，各省区市都在积极为大学生自主创业创造条件。如北京的中关村成就了一大批新经济时代下的风云人物。自主创业，对当代大学生来说，既是机遇，也是挑战。它将成为我国现代经济发展的最重要的动力之一，也是我们进行改革创新、制度创新、理论创新的主要实践手段。

2. 大学生创业能实现就业渠道多元化

我国是人口大国，劳动力资源丰富，就业压力一直是国家和社会关注的热点重点。对我国劳动力总量供大于求而造成就业压力巨大的现实，要实现充分、合理的就业，降低失业率，除了继续保持较快的经济发展速度，为具有职业资格的劳动者提供更多的就业岗位外，还应大力提倡自主创业，为社会创造更多的就业机会。大学生掌握了先进的科学技术，并具备较丰富的专业知识和较高的综合素质，实现成功创业的可能性非常大。因此，自主创业将开辟新的就业渠道，实现就业渠道多元化，有利于缓解国家的就业压力。

促进以创业带动就业，有利于激发劳动者的创业精神，激活人力资源市场，实现就业的倍增效应，是市场就业的主要措施，是就业工作中最活跃、最根本、最有效的战略。

3. 大学生创业能实现社会贡献最大化

大学生创业能够为全社会营造出一种鼓励科技创新的氛围。

4. 大学生创业能培养一大批精英人才

提倡并鼓励大学生创业，是提高大学生能力素质和心理素质的一条有效途径。从广义上讲，创业活动为平时“一心只读圣贤书”的大学生们提供了一个直接接触社会的机会，对开阔大学生的视野和提高大学生的创新能力都十分有益。中国需要大批创新型的人才，急需一支高素质的企业家队伍。提倡并鼓励大学生创业必定会为社会培育出一大批精英人才，并造就一批未来社会的中坚力量。

5. 大学生创业能促进全新成才观形成

新世纪大学生创业浪潮的涌起，对中国传统教育提出了两个方面的挑战。一是大学生在创业中出现的问题，暴露了传统教育存在的弊端；二是社会和大学生对创业的需求，要求对高等教育进行卓有成效的改革。自主创业有利于学生开动脑筋，超越自我，不断创新，向智力极限挑战。而传统的教育禁锢了学生的思想，使其视野狭窄，不适应当今日新月异的社会。大学生创业促使大学生将聪明才智最大限度地转化为社会的需要，实现人生价值的最大化。同时也能促进全新成才观的形成，即无论身在何地，只要能够实现自己的价值，便是人生最大的追求和满足。这些都促使社会、学校和大学生个人新的成才观的形成。

(五)师范生创业

据不完全统计，我国师范毕业生的从业分布基本是教育、政府部门、事业单位和社会团体等公职领域，在公司、企业、工厂等经济领域所占比例较少，成为企业家者更是凤毛麟角。在市场经济建设的今天，对一名合格的毕业生，不仅要求其具备理论知识，更要具备创新精神和技能，毕业生将不仅仅是合格的工作者，更应该是新工作岗位的创造者。师范生可以在各个领域开创新的事业，充分实现自己的人生价值。

阅读材料

中国最富有的教师：俞敏洪

俞敏洪这个名字，相信当今大多数年轻人都知道。在一些大学生、留学人员及白领的心目中，俞敏洪的形象就像神一般，他们“崇拜”俞敏洪。有人估算，在海外的中国留学生中，有70%是新东方的学生。在国内，大学生要是没听过俞敏洪的演讲，更是被看作落伍。

俞敏洪的成长过程，是一个不断在失败中寻找与把握机会的过程。俞敏洪在北大教书四年后，离开北大申请出国留学，惨遭失败。生命和前途似乎都到了暗无天日的地步，但正是这些折磨使他找到了新的机会。尽管留学失败，俞敏洪却对出国考试和出国流程了如指掌，这帮助他抓住了个人生命中最好的一次机会：创办北京新东方学校。

在北京冬日的寒风中，俞敏洪是这样起家的：一间10平方米的破屋，一张破桌子，一把烂椅子，一堆用毛笔写的小广告，一个刷广告的胶水桶。北京寒风怒号的冬夜，俞敏洪骑着自行车在北京的大街小巷刷广告。个人创业是孤单的，俞敏洪想起了海外的“兄弟”徐小平、王强和包凡一。于是，他不远万里，前去邀请他们回来一起办新东方。靠着这种梁山聚义的草寇方式，借着当时英语学习热和出国热，新东方开始如野草般疯狂成长。

2006年9月7日，纽约证券交易所敲响了新东方教育科技集团上市的钟声，曾经自称“土鳖”的俞敏洪带着中国第一支教育概念股，进入这个全球最大、最具流动性的证券交易所。据测算，上市后，44岁的俞敏洪的资产至少达1.21亿美元，可谓“中国最富有的教师”。

（来源：中国总裁网）

二、“红船精神”融入创业教育的可行策略

弘扬开天辟地、敢为人先的首创精神，科学规划创业愿景，为大学生实现“创客梦”提供精神支持。其一，高校创业教育要对内做好学生创业规划教育，加强课程设置的引导性。大学生在就业压力之下，会关注自身的未来走向，思考创业选择的可能，并为此做出选择。高校要以敢为人先的精神鼓励大学生做出创业选择，引发大学生在校学习期间不断提升自我的高要求和高标准，努力提升自身就业创业能力，并根据自身特点规划创业项目，做好职业规划。创业是一项富于挑战、冒险和激情的复杂的活动，充分反映了创业者的身心特点和气质。如何走好创业第一步，做好创业规划至关重要。因此，高校要在创业教育中扶持大学生开天辟地去创新实践，让创客的梦想成为可能，让创业的步伐永远在路上，帮助大学生树立创业的信仰。要在课程设计中加强对大学生的精神品质和创业人格的培养,要求创业者必须具备扎实的创业知识素养,培养创业者具备一些创业特质,如敢于冒险、自信、担当、责任、风险意识和实干能力。只有这样,创业者在创业过程中才可以游刃有余地去面对不可预料的风险。适时引入首创精神的教育,就能为大学生的创客梦注入无限的正能量,使大学生敢于尝试,勇于创新,开拓进取,占得创业先机。其二,高校的创业教育要积极适应外界环境的变化,对接地方产业转型升级的实际需要,调整好学生的就业创业观念,让大学生做好适应创业环境的心理准备。高校可以以创业文化引领大学生创业选择,改善大学生创业环境。通过建立大学生创业服务平台,为大学生创业者提供专业咨询服务,为大学生创业营造出一个良好的创业扶持软环境,激发大学生的创业热情与创业行动。高校还可以组团参加各类创业大赛,开展专业设计、营销宣传、义卖支教、产品推广等创业社会实践活动,培养大学生的创业意识,为实现"创客梦"做好积累,筑梦起航。

弘扬坚定理想、百折不挠的奋斗精神,夯实创业实践教学,促成大学生的创业行动力。首先,以奋斗精神"孵化"大学生的创业项目。调查显示,大学生对创业"心动"远远大于"行动"。从"学而优则仕"到"学而优则就""学而优则闯""学而优则创""学而优则商"等教育理念的转变,对高校创新创业人才提出了高要求和高标准。针对什么是"学而优"也就有了新的符合时代及社会发展需求的价值取向的评估。人生态度的选择,主体价值取向的确立,自身竞争力的形成,就是坚定理想、锐意拼搏的创业精神塑造。其次,为大学生搭建"创业孵化"平台,培养学生的人际交往、领导组织等综合能力。蔡元培对教育的理解是对学生的学习提供某种帮助,因此教会学生独立思考和做出行动就显得尤为关键。其中,"做",说明了实践的重要性。教育是个性化、社会化的过程,创业教育也是如此。敢于挑战、吃苦、冒尖、冒险,敢于挑战落后陈腐的观念,与时俱进,也应是创业教育的目标。丰富的创业经历对创业能力的形成有显著影响,可鼓励学生多参与一些校内外实践活动。最后,培养大学生树立全过程学习和终身学习的理念。创业是一项综合性和实践性交叉互动很强的活动,融入了诸多学科知识、方法经验。学校要提供各种便利资源,建立专业的创业导师团,重视大学生企业管理、创业理论等课程体系建设,注重理论和实践交叉的学习,向社会移植成熟的创业项目,通过社会的历练,接受市场的考验,提高创新实践的综合能力。责任与创新是创业成功的两翼,因此高校要加强大学生社会责任感教育,让大学生不惧怕风险,持之以恒,乐观自信,勇于解惑,迎接挑战,抓住机遇,实践远航。

弘扬立党为公、忠诚为民的奉献精神，注重创业文化教育，引导大学生形成正确创业价值观。“红船精神”根植于社会历史文化中，同样适用于现代社会的发展和文化的创新。“红船精神”有利于凝练当代文化价值，寻找与创业教育的结合点，助推创业教育有效开展。首先，大学生面对纷繁的物欲社会，容易出现道德误区，导致行为失范。高校有针对性地用红色资源中的精神财富教育引导大学生树立正确的世界观、人生观、创业观，使他们不忘本、不变质，肩负起振兴中华民族的历史使命，显得更为重要。“红船精神”蕴含着共产党人的世界观、人生观、价值观，对于大学生保持高尚的情操、坚定理想信念意义重大。以“奉献精神”的道德标杆作用于大学生创业价值观的形成，把个体的创业理想融入“中国梦”，让个体在创业奉献中成就自己、服务他人。其次，创业价值观强化创业动机，正确的创业动机可以提升大学生创业的持久力和积极性。价值引导教育有利于树立大学生高尚的创业品质，能够培养大学生独立思考、乐于奉献、勇于承担、团结协作等优良的创业品质。加强高校“创业园”的文化建设，组织大学生参观校友创办的知名企业，感知企业家的人格魅力和企业文化的魅力，让大学生亲身体验创业情感和创业行为后会产生的内化的创业认知，形成高尚的创业品质。大学生在创业初期可能会遭遇各种各样的困难，需要对创业有清醒认识，对创业文化有深刻的理解。将“红船精神”融入创业文化建设，能够通过创业文化发挥对创业团队凝聚、陶冶与教育作用，并外化在创业的过程中，铸造独特的文化特征与精神气质。可见，创业实践的过程中伴随着创业者对精神文化、人生价值的思考与追求。

“红船精神”是红色文化、党建文化的旗杆，也是社会主义核心价值观的重要源泉，已成为推动我国社会进步的强大精神动力。“红船精神”渗透到创业教育体系中，引领大学生创业的全过程，符合新常态下社会创新发展的现实需要。这对于培养大学生的自立和自强意识，增强适应社会环境的能力，促进人才的全面发展和充分解决社会就业问题具有深远意义。“红船精神”融入创业教育体现高校对用人单位德育要求的主动回应，在丰富大学生创业教育理论，形成创新人才观，提高人才培养质量等方面具有重大的现实意义，也从社会的现实需求上充分印证了“红船精神”的当代价值。

三、师范生创业的可能选择

(一)创业的途径与建议

1. 兼职创业

这种方式一般是利用自己的专业经验和厂商资源,在上班时间以外进行创业尝试,增加收入。其好处是没有任何风险,但应该处理好本职工作与创业的关系。对于师范生,兼职创业有着不一样的内容:个人或者团队进行创业时,可考虑选择加盟当地教育机构,成为合作伙伴。为教育机构将举办的课程提供优质的教师资源的同时,创业者也可以在教育机构提供的平台上实现个人价值的提升和创业梦想。

建议:对于师范生,注意自身或团队与选择的教育机构属于平等的合作关系。选择这种创业方式,首先应具有过硬的教育教学能力和自身素养,且此种方式并不稳定,时刻都需要思索可行的转换方式。

2. 加盟连锁创业

所谓的加盟,就是企业组织将其服务标章授权给加盟主,让加盟主可以用加盟总部的形象、品牌等,在消费市场上,招徕消费者前往消费。而且加盟主在创业之前,加盟总部会将本身的技术、经验等,教授给加盟主并且协助其创业与经营,双方签订加盟合约,以获利为共同的合作目标;加盟总部可因不同的加盟性质而向加盟主收取加盟金、保证金及权利金等。

加盟连锁时一定要看准,如果早点介入,成功的可能性比较大。师范生可选择加盟当地知名教育品牌或者知名但还未入驻所在城市的教育机构。除此之外,也可选择加盟互联网公司,作为该公司的线下交流平台,解决线上教学过于依赖用户个人自觉性、网课学习断课率过高的问题。作为线下机构可跟进网课学习,降低断课率,并提供各项服务。

建议:

(1)选对加盟行业。加盟条件严格的品牌往往有较完整的加盟制度及较强大的财力与实力,反而较有能力保证加盟者获利。正因为如此,越有信誉的连锁企业,挑选加盟者时把关就越严谨。

(2)最好能与连锁总部“面对面”。现在连锁企业很多,加上前几年加盟店利润可观,使得有些新兴的连锁企业和加盟者都比较浮躁。亲自到总部及其加盟店考察搜集第一手信息,非常必要,以免草率签约而陷入困境。

(3)整个投资不宜过大。找利润高、投入少的小产品加盟,没有经验的人切忌加盟大的连锁项目,没有一定的经营经验注定会失败,千万别太相信加盟企业的“无经验”一样经营、“全程营销辅导”的谎言。

(4)作为线上课程的线下服务平台,需要抓住自身的定位,多方面发展,做实事,让线下与线上共同发展,相辅相成。

3. “教育+N”创业

作为师范生,在运用教育技能进行创业的同时,也需要关注社会到底需要什么,进行符合社会需求的创新。“教育+N”创业是将教育与旅游、文化等行业产业融合,开辟儿童“美丽乡村”体验游、革命红色路线体验游、少儿红色教育启蒙、儿童“非遗”传承等新项目。

建议:结合师范生特色与创新思维,根据“社会缺少什么、需要什么”的热点、痛点,来思考创业思路,落实创业实践。

4. 其他创业

其他创业即抛开学习的专业,选择喜欢、有兴趣的方面进行创业。

建议:在非熟悉的领域进行创业,一定要对市场有所把握。任何创业都存在一定风险,必须不断进行知识补充,提高创业成功率。

(二)创业的区域

对于初次创业者来说,创业的区域选择尤为重要。在城市中心地区商铺供应量大,但市场需求增速更快,导致空置率下降,租金不断上扬。在这种情况下,大学生创业者寻找店铺最好避开闹市区,选择那些初具规模但尚未形成热点的区域,这样才能有效降低创业成本,走稳关键的第一步。现今有以下一些区域可供选择。

创业园区:这是为创业者量身订制的创业场所,配套设施齐全,还有政府优惠政策支持。创业园的定位各不相同,创业者可根据自己的创业方向选择。

大学园区:最近几年,市区大学向郊区分散,郊区的大学园区、大学城也初具规模。随着学生的大批进入,这些大学城及其周边区域充满了商机。

学校附近:学校驻地附近往往聚集着很多学生及为学校、学生服务的群体,从幼儿园小朋友到博士生、从在校生到在职人员都有不同的需求。这也是个不错的创业之地。

廉租房或平价房开发区：近年来在一些平价房、拆迁房、城中村集中区域，由于居民不断迁入而成为新的人口聚集地，在日常生活服务、零售、餐饮、教育等领域，为创业者提供了大量的机会。

市社区街道商铺：各社区街道有不少物业闲置房，其实也是不错的创业场所，并且租金低廉，特别适合从事社区服务项目的创业者。

市大型开发区：虽然这些开发区的商铺市场尚未形成气候，但从今后的趋势看，具有一定的发展潜力。

新兴商铺市场：各类新兴商铺如社区商铺、地铁商铺、步行街商铺等，配套设施齐全，消费群体成熟，但租金相对较高。

高级居住区：近年来各地建立了一批高级住宅区，对有意涉足高层次服务领域的创业者来说，这些地区有着诸多商机。

新兴城镇：根据国家城乡一体化的总趋势，各地都制订了一些城镇开发计划，城镇配套商业蕴藏着丰富的商机。

（三）大学生创业的相关政策法规

1. 经费支持

为了鼓励高校毕业生自主创业和灵活就业，国家出台多项政策给予经费支持，广泛吸纳社会资源，多层次多渠道设立专门的风险投资基金，为大学生创办企业提供资金支持。2009年1月19日，国务院办公厅下发了《关于加强普通高等学校毕业生就业工作的通知》，提出对高校毕业生从事个体经营符合条件的，且在工商部门注册登记日期在其毕业后两年内的，自其在工商部门首次注册登记之日起三年内免收管理类、登记类和证照类行政事业性收费。

此外，国家针对所有自主创业的大学生还制定有大学毕业生在毕业后两年内自主创业，到创业实体所在地的工商部门办理营业执照，注册资金（本）在五十万元以下的，允许分期到位，首期到位资金不低于注册资本的10%（出资额不低于三万元），一年内实缴注册资本追加到50%以上，余款可在三年内分期到位。大学毕业生新办咨询业、信息业、技术服务业的企业或经营单位，经税务部门批准，免征两年企业所得税；新办从事交通运输、邮电通信的企业或经营单位，经税务部门批准，第一年免征企业所得税，第二年减半征收企业所得税；新办从事公用事业、商业物资业、对外贸易业、旅游业、物流业、仓储业、居民服务业、饮食业、教育文化事业、卫生事业的企业或经营单位，经税务部门批准，免征企业所得税一年。

2. 贷款支持

通过财政和社会两条渠道，为高校毕业生提供创业小额贷款和担保。如在《关于加强普通高等学校毕业生就业工作的通知》中提出：在当地公共就业服务机构登记失业的自主创业高校毕业生，自筹资金不足的，可申请不超过五万元的小额担保贷款；对合伙经营和组织起来就业的，可按规定适当扩大贷款规模；从事当地政府规定的微利项目的可按规定享受贴息扶持。自愿到西部地区及县以下的基层创业的高校毕业生，自筹资金不足时，也可向当地经办银行申请小额担保贷款。

此外，国家还规定，各国有商业银行、股份制银行、城市商业银行和有条件的城市信用社要为自主创业的毕业生提供小额贷款，并简化程序，提供开户和结算便利，贷款额度在两万元左右。贷款期限最长为两年，到期确定需延长的，可申请延期一次。贷款利息按照中国人民银行公布的贷款利率确定，担保最高限额为担保基金的五倍，期限与贷款期限相同。

3. 培训和技术支持

各部门近几年来认真开展创业培训工作，积极组织面向高校毕业生的创业培训，并与就业指导、咨询服务、后续扶持有机结合起来。通过开展多渠道、多层次的创业培训活动，帮助大学生树立主动创业的精神，掌握企业经营与管理知识，提高捕捉商机的本领和处理问题的能力。《关于进一步做好促进高校毕业生就业工作的意见》中指出："要组织优秀青年企业家对有意向有条件的毕业生进行创业指导和辅导。继续办好'挑战杯'全国大学生课外学术科技作品竞赛和创业计划竞赛，积极推动学生科技成果转化工作，帮助大学生凭借知识优势自主创业。"

4. 其他支持

2002年3月，国务院办公厅转发教育部等部门《关于进一步深化普通高等学校毕业生就业制度改革有关问题意见的通知》明确规定："鼓励和支持高校毕业生自主创业，工商和税收部门要简化审批手续，积极给予支持。"

2003年6月，共青团中央、教育部、财政部、人事部联合颁发《关于实施大学生志愿服务西部计划的通知》，为鼓励大学毕业生到西部地区工作和创业制定一系列优惠政策，以多种形式引导毕业生到西部地区工作，满足西部开发对人才的需求。文件中还规定了激励保障和经费保障政策，并鼓励大学毕业生自主创业。

此外，国家还规定，政府人事行政部门所属的人才中介服务机构，免费为自主创业毕业生保管人事档案(包括代办社保、职称档案工资等有关手续)两年;后这里被修改为提供免费查询人才、劳动力市场供求信息,免费发布招聘广告等服务;适当减免参加人才市场或人才劳务交流活动的费用;为创办企业的人员提供一次培训、测评服务。

(四)典型的师范生创业项目

在知识更新速度飞快的今天,激烈的竞争使各行各业、各个阶段的人都需要不断学习,这就给教育培训行业提供了发展的契机。与此同时,站在创业起跑线上的师范生们,由于其特殊的教育成长背景,较其他学科的毕业生具备了更多的优势。

教育培训机构涉及方方面面的培训内容,规模不等,办学形式多样,小到上门家教,大到开班授课。目前,在国内教育培训行业,知名度最高的就是新东方,堪称教育培训行业的老大。其创办人俞敏洪成了很多培训行业创业者的偶像与目标,他的创业史也被很多年轻人奉为经典。作为投资教育培训行业的创业者,选择对自己来说信息最畅通、资源最丰富的领域,路才会走得更加顺畅。

1. 大学生培训

对于大学生来说,不管是备战大学的四六级考试,还是想在雅思、托福的考试中取得骄人的成绩,或是想在考研大军中脱颖而出,参加培训班是大多数人心目中最快捷、最有效的学习途径。就拿考研培训市场来说,新东方在线、中公考研、海天考研等都是大学生耳熟能详的培训品牌,校园里的各种招贴广告和传单更是随处可见。每年,都有不少大学生通过培训班获得了进一步发展的“通行证”,培训机构在方便大学生的同时赚鼓了腰包。

2. 职场人培训

职场人参加培训以英语口语、职业技能和后续学历教育为主。作为职场人,进外企需要具备流利的英语表达能力;能够使用英语无障碍沟通,是升职加薪的筹码,在事业单位或者国企评职称时需要进行职业资格考试和英语考试;IT等行业技术更新快,从业人员需要不断补充新知识;在职人员学历提高需要参加成人教育类如专升本、硕士博士学位班等。以在职白领英语口语培训为例,华尔街英语、英孚英语、ABC语言培训等都已经形成了一定的品牌,在市场中具备良好的口碑。

3. 儿童特长培训

相比在大城市广受欢迎的职场培训，儿童特长培训在一、二线城市有深厚的群众基础。独生子女群体的出现让家长更加注重孩子综合素质的提高。

常规的儿童特长培训以乐器、舞蹈、美术等科目为主。最近几年，在大城市还出现了婴儿早期教育、相声、快板、武术、魔术等特色课程。

而对于短期班来说，每年的暑假寒假都是招生旺季；对于长期班来说，每个周末都有学生前来上课。总之，特长培训班的生意从年头火到年尾。有学校，有大型社区的地方，都会有若干特长培训班。

现在，参加培训课程已经成为一种时尚潮流，也成为一种重要的文化消费方式，培训市场的不断扩大给越来越多的创业者提供了机会。纵观该行业各成功典范的发展轨迹，办学质量是他们壮大发展的关键，满意的学员是最好的广告。作为知识密集型的行业，教育培训行业有着广阔的发展前景。创业者一旦选择了这一行，不妨向俞敏洪学习，着眼细节，从小做起，办出特色。这样，不仅助推别人的人生发展，也为自己的掘金之路打好基础，更为祖国的经济、文化建设出一份力。

4. 可以独立运作的专业项目

这指在经营中，通过业务拆分，让专业人才或以其为主的小团队独立自主运作。互联网的兴起为这种办公方式提供了条件。这在国外叫虚拟组织，国内许多公司已经接受这种方式，这为大学生创业提供了一个新途径。

(1)图书制作前期工作，比如选题策划、文字录入、版式设计、包装设计，还有校对等，都能独立来做。文科类、编辑出版类毕业生可以做。

(2)各类平面设计工作，比如设计广告、宣传画、封面、商标等。此类工作对有兴趣者特别适合，重要的是拿得出有创意的成果。适合于艺术设计、广告设计、装潢包装类毕业生。

(3)各种专项代理业务，如专利申请代理、技术产权代理、各类注册代理等。许多公司、团体都有需要注册的对象，但缺少相关知识，对注册条件、范围、流程并不清楚。

(4)网络维护。许多企事业单位的业务依赖计算机和网络，它们中有的有专门的网络维护员，有的为了节约成本，使用兼职维护员，定期或随时进行维护。许多学生对网络很熟悉，尤其是计算机专业的毕业生，不妨成立专家小组，同时为几家公司做兼职维护工作。

(5)手工制造。有兴趣和专长的毕业生可以尝试手工制造。延安大学一个女孩，把剪纸做得很专、很透、很有规模，她制作的产品销到了许多国家，还搞起了专业培训。

(6)数码产品工作室。现在个性化、可定制的数码产品开始出现，如个人挂历台历数码照片、数码水杯、个人杂志、大头贴，各类学生会成为忠实的消费者。因此，在学校周边做数码产品零售店是一个不错的选择。

(7)各类信息服务。不论哪类信息，只要够专业、够翔实、够深度，就会有许多人需要，各种专业咨询，大到行业、小到名录都有商业价值。

(8)主题假日学校。凡是与学生德、智、体发展有益的事情都可以办主题鲜明的假日学校。做好这件事，选题很重要，借助有影响、有公信力的资源，或与旅游公司联手，都会事半功倍。

(9)会议礼仪服务。利用大学生中的人力资本优势，成立一家大学生礼仪服务队，既可以与专业礼仪公司合作，也可直接服务于各类大型会议。

(10)回收出版社退书。很多大学都有自己的出版社，它们每年都有销不完的书从发行商那里退回来或存放在仓库，然后送给造纸厂化成纸浆。相关人员可以以公斤计价把书收过来，用较低折扣，直接进入销售终端。

(11)速记训练营。许多场合，如研讨会、新闻发布会、各种论坛等，都需要速记人员配合。因此，可以培训专业人才做速记员。

(12)出租旅游用品。针对学生们喜欢野营旅游这点，还可以自己探索，寻找新景点，设计新出行线路，创造新野营模式。

(13)经营体育用品服装等。如陕西师范大学体育学院的几个学生加盟了一个体育用品公司，直接从厂家进运动器材、服装等，在本校和周边几个学校经营，销售情况很不错。

(14)婚礼相关服务。婚礼经济长盛不衰，又总是与双休日捆绑在一起，服务内容分门别类。不限于化妆和司仪，任何一个单项，都可以独立打造成有特色、有创意的服务内容，只要品质优秀，许多专业公司求之不得。

(15)成熟技术转让，特别是理、工、农、医类院校，都有一些技术课题和成熟技术项目，而老师忙于研究，无暇顾及那学生可以把这件事做起来，为技术寻找市场，实现转化。

阅读材料

安徽青年杰出创业奖获得者:李利军

李利军,安徽师范大学2005级美术教育专业学生,首届“安徽青年杰出创业奖”中唯一一名在校大学生。2006年起,他白手起家开设广告公司,一年之内在合肥、马鞍山、蚌埠、阜阳等地开了7家分公司、办事处,凭借自己的努力和所学知识把高校广告做成一个“大蛋糕”,服务对象已扩展到7地市的21所高校,拥有员工90多人,并且全部为在校大学生。

大一时,李利军就已经把目光投向创业。为了让自己的大学生活过得更加充实,军训一结束,他就从南京买来电脑,自己琢磨电脑艺术设计,同时应聘到一家广告公司义务做兼职。尽管一分工资都没有,但李利军在广告公司干得还是很卖劲儿的,他说这样能让自己得到很好的锻炼。

大二时,学美术教育的李利军发现学校里有很多乱贴的广告,既影响校园形象,效果也不好。于是他策划以公益事业为主,在高校开展广告业务。初次创业的小小成功,让李利军尝到了甜头。于是,他又上网查询了相关情况,在几个志同道合的同学的帮助下,经过一段时间的准备,大家一起开始了艰难的创业之路,成功注册了“利军文化传媒有限公司”。公司的定位就是做校园公益广告宣传,为高校营造独特的校园文化氛围。

对于一个大学生而言,缺少社会经验和资金,经营公司困难重重。创业初始,他白天上课,晚上工作,有时去外地出差,为了省钱就在网吧里过夜,舍不得下馆子,就买个面包充饥。

刚开始,一些高校对他们的想法并不太支持,以校园内不允许做广告为由拒绝他们。李利军凭着坚持与耐心,一次次与对方沟通,在得到对方“试试看”的许可后,凭着优惠的价格和真诚的态度,李利军的创业之门逐渐打开,商路也慢慢拓展开,还有了不少回头客。

大学3年,凭借自己的努力与天分,李利军先后获得多项大奖:在首届安徽省高等艺术院校大学生美术作品展中获奖,在2006年全国“和谐中国”公益设计大赛中有两幅作品获奖,在2006年全国“大学生设计年鉴”评比中获得优秀奖,作品入编《07中国经典设计》《中国高等美术院校在校学生美术作品年鉴》等。

身为“80后”，李利军曾质疑过他的公司究竟能做多大，能走多远，有时压力大了，团队成员就会相互鼓励，坚持走下去。在李利军看来，每个人都有自己的梦想和目标。“我的梦想就是能在芜湖这片土地上拥有自己的空间，先立足安徽，再覆盖全国。这样由点到面的发展，最后希望能打造中国高校传媒的第一品牌。”李利军说。

（来源：中国信息网）

（五）师范生的创业困境

师范生在创业时除了面临其他大学生的困难以外，还具有如下问题。

1. 师范生整体竞争力偏低

很多师范生对师范教育有一定的认识误区，认为师范教育就是培养将来的教师，是属于从教室到教师的教育，从课桌到讲台的教育，认为今天是优秀的学生，明天就是优秀的教师。因此他们更多地侧重教师技能方面的学习和培训，对课堂教学比较适应，习惯课堂教育学习，对创新探索兴趣不强，对主动的研究性学习信心不足。结果造成其专业素养过硬，但组织协调能力、创新能力、规划预测能力、对事物的判断和驾驭能力等方面的教育和锻炼的机会相对缺乏，在创业上必然导致竞争力相对偏弱。

2. 师范生对新事物敏感度不高，对创业教育不关注

创业教育以提高学生的创业素质和修养为核心，是高校素质教育的重要组成部分。然而由于师范院校的很多师生对其没有足够的重视，形成了对创业教育认识的误区，他们中的很多人认为创业教育就是为将来创业服务的技能性培训，自己不需要创业，自然就不需要创业教育的培训，造成广大师范生成为创业教育的“局外人”。

3. 创业观念更加保守，认为师范生不能也不应该创业

师范教育培养出来的学生从事的是教师职业，好像和创业教育风马牛不相及，其实这是对创业教育的一种误解。创业教育的核心在于通过养成性教育和拓展性教育，培养学生的创新意识、创业素质和个人修养，使大部分学生具备独立开创事业的能力，而不是简单地让学生去创业。师范教育需要培养有事业心、开创性的人才，同样需要创业教育贯穿其中。

4. 创业教育精英化痕迹对师范生的遮蔽

由于我国高校实施的大学生创业教育始于创业大赛,因而印有极强的精英化痕迹,关注的只是少部分人的骄人业绩,大多数学生只是袖手旁观的"看客"。相对于非师范生参与全国性"大学生挑战杯创业大赛",师范生参与的切入点更窄、难度更大,无形之中就会造成对师范生的遮蔽,进而造成创业教育对师范生的遮蔽。创业教育的重要性就在于通过培养和训练学生的创业观念、创业思维、创业知识和创业技能等综合素质,为将来事业的成功打下坚实的基础。如果创业教育对师范生遮蔽,就会使其进一步丧失竞争的资本。

5. 师范生及家长对事业单位和公务员岗位难以割舍

很多师范生及其家长仍将稳定作为求职的首要条件,如此一来,使得中央、地方各级公务员考试及事业单位招考的竞争日益激烈。尽管我国的《公务员法》已打破了传统的铁饭碗形式,对公务员进行考核任用,部分事业单位也逐渐改制,步入企业化的管理模式,但对于师范生及其家长而言,传统的观念依然难以在短时间内改变。

6. 高等师范院校缺乏企业家式的校友,缺乏与经济实体的联系

有关数据显示,我国高等师范院校毕业生基本分布在教育、政府机关等行政事业单位和社会团体等领域,在公司、企业等私营经济领域比例很少,高等师范院校毕业生中成为企业家的更是寥寥无几。在市场经济建设快速发展的今天,高等师范院校缺乏企业家式的校友,缺乏与大量经济实体的联系,这在一定程度上影响到学校的发展和学校的社会影响力。高等师范院校应该借鉴英国高等教育拨款委员会提出的世界级技能战略,通过为社会、为用人单位培养具有创新创业精神的高素质人才,最终提升高校自身的综合竞争力。

7. 师范生创业教育师资短缺

大学开展就业教育的较多,开展创业教育的较少,这和学校师资有密切的关系。就业教育属于静态教育,有固定教材,对师资水平要求相对不高;创业教育不但没有固定的教材,同时还需要教师有更加广阔的理论视野和较为丰富的社会实践,能够在创新思维、创新意识、创新技巧及方法等方面有足够的积累,对理论向实践转化过程中的具体环节、过程比较熟悉,能够激发、调动学生的创新意识和创业热情,而师范院校恰恰缺乏兼有丰富实践创业经验的师资。

（六）师范生创业对策

1. 摒弃旧观念束缚，增强创业意识

目前，相当比例的师范生对创业教育认识模糊。他们中很多人认为，创业是企业家的理念，是校园之外的事；还有人认为，综合性大学、理工科院校及高职院校的学生才适合创业。21世纪的师范生，应尽早摆脱这些传统旧观念的束缚，转变思想，正确了解社会的发展，充分认识自主创业的重要性和紧迫性，主动利用校内外的有利资源积极参与各类创业活动，树立起“自主创业、自我发展”的观念，从根本上增强自我创业的意识。其实，作为一个年轻的群体，接受新事物的能力很强，面对越来越严峻的就业压力，师范生进行自主创业不失为一种明智的选择。在了解创业需要的基本能力与素质后，师范生可以在在校期间注意培养和增强这方面的能力，然后将其付诸实践，这样既能提升个人技能，在解决自身就业问题的同时，也为社会提供更多的就业岗位。

2. 以兴趣为方向，寻求创业定位

满腔热情地投身创业浪潮的大学生们，往往会受自己所学专业的影响。所以大学生应根据自己所学的专业特长进行创业，使自己学有所用。而实际上，创业的定位关键在于兴趣，有兴趣才有奋斗的热情，才能保持对创业热情长盛不衰。对于那些兴趣与专业存在偏差的大学生，应在学好本专业的同时，立足个人兴趣，尽可能挖掘出专业与兴趣之间的共同点，搭建好两者间的桥梁，方能正确进行创业。

3. 提升整体竞争力

工作经验不足、所学专业单一、社会经验少，使得师范生的求职之路愈加艰难。然而，创业是一个系统工程，它要求创业者在企业定位、战略策划、产权关系、市场营销、生产组织、团队组建、财务体系等系列领城都要有一定的知识积累。因此，在日常学习之外，师范生必须有意识地通过学习和实践丰富自己的阅历，掌握更多的专业知识和经验，培养自己各方面的综合能力，多进行创业思考，多参加创业实践。否则，仅凭好的想法与创意就匆忙踏上创业之路，很可能会因为准备不充分或根本就没有思考对策与设计好退出机制，缺少解决困难的能力，导致失败而终。师范生只有努力提升整体的竞争力，才能提高创业的成功率。

4. 培养良好的团队精神

所谓团队精神，简单来说就是大局意识、协作精神和服务精神。由于师范生这一特定创业群体，一般年龄在25岁以下，他们的社会与人生经验不足，正好处于热血沸腾的阶段，个性化、自信心等较强，但缺少服务精神，所以在团队组建、团队分工、团队规则制度等诸多体现“人与人合作”的工作中容易出现问题。因此，在实际工作中，师范生应努力克服以己为主、刚愎自用等不利于合作创业的缺点，以团队为主，充分发挥个人在团队中的能动作用，将团队的优势最大化。

5. 提高心理素质，勇于承担失败

部分师范生由于受专业发展的限制，对自己信心不足，虽然希望去尝试新的职业，但是害怕失败，耐挫力与承受力弱。针对这些心理特点，首先，师范生要自觉加强对心理健康知识的学习，掌握解决心理问题的技巧与方法。其次，要向榜样学习，请教创业成功人士，了解他们的创业经历、经验与教训，以激发自己的创业热情和敢作敢为的精神。创业者应该善于在犯错误后分析与总结，学会从失败中找到自己的弱点与不足，并加以改正。

6. 树立坚持就是胜利的信心

再充分的创业准备都是不完善的，再周密的创业计划书也难免有没顾及的地方，再团结的创业伙伴也会发生摩擦，再厚实的资金也有周转不灵的时候——这些都说明在瞬息万变的创业环境中，能影响创业的不确定因素太多了。谁都无法保证在下一个路口能选对方向，所以创业过程中遇到挫折与失败是再正常不过的事情了。因此，师范生只有树立起坚持就是胜利的信心，才能在创业之路上走得更长更远。

7. 努力为自己创业寻求个性化的职业指导

师范生要尽早做好自己的职业设计和职业发展规划，要从跨入校门时开始，投身到职业规划发展中去，努力寻求适当的个性化设计并不断调整这种设计，使其在大学过程中，指导自己的学习、生活、工作，从而准确而自信地参与创业，参与社会化竞争。

8. 投身创业实践，培养创业能力

师范生自身创业水平与能力的高低，是决定创业成功与否的最重要因素。只有在实践中进入创业角色，将所学运用到实操过程，才能体验到创业的艰辛与快乐，才能对创业的真正意义有正确的认识。有志于创业的师范生有必要在创业前通过模拟创业或实习为创业积累相应的经验；有必要利用相关优惠政策，多方寻找风险投资与融通资金；有必要组建具有相应能力与水平的创业团队，以克服创业过程中的问题。

同时，师范生要积极参加各种专业性的竞赛、创业研究、创业大赛等活动，要定期到企业、政府机关等各种机构去实践；还要积极加入大学生科技社团，积极参与科技创新、科技创业活动，这些都为自主创业提供了实践机会。还有学校组织创业体验活动，如建立自主管理、自主经营的科技服务公司，建立学生超市、书亭、家教中心等实体，在教师的指导下，让师范生以直接参与者的身份体验创业的全过程。

1. 通过学习，谈谈你对“红船精神”内涵的理解。

2. 结合本书有关就业、创业、职业等方面的知识，谈谈“红船精神”对你的启发，谈谈你对“红船精神”融入就业、创业的看法。

参考文献

[1]刘淑玲.师范生职业发展与就业指导[M].北京:高等教育出版社,2010.

[2]郝文静.大学生就业指导[M].北京:科学技术文献出版社,2015.

[3]李录志,王丽,王庭照.成长与超越:师范生的职业发展研究[M].北京:北京师范大学出版社,2017.

[4]洪早清,吴伦敦.教师职业素养导论——师范生读本[M].武汉:华中师范大学出版社,2011.

[5]林祥春,宋孔鹏,李建华.幼师生职业生涯规划与就业指导[M].长沙:湖南大学出版社,2018.

[6]肖建中.职业规划与就业指导[M].北京:北京大学出版社,2006.

[7]苏文平,大学生职业生涯规划与就业指导[J]. 北京:中国人民大学出版社,2018.

[8]李海洲,唐衍军.谈"红船精神"涵养大学生价值观培育的向度[J].浙江工商职业技术学院学报,2017(4):60-62.

[9]肖明朗,邹建良.以"红船精神"引领大学开展创新创业校园文化建设[J].长春教育学院学报,2016(4):12-14.

[10]杨燕群,战昕.红船精神融入创业教育的理论逻辑与实施策略[J].人民论坛,2016(2):192-193+256.